Julius Wellhausen

Der Text der Bücher Samuelis

Julius Wellhausen

Der Text der Bücher Samuelis

ISBN/EAN: 9783744619707

Hergestellt in Europa, USA, Kanada, Australien, Japan

Cover: Foto ©Lupo / pixelio.de

Weitere Bücher finden Sie auf **www.hansebooks.com**

Der Text

der

Bücher Samuelis

untersucht

von

Lic. Julius Wellhausen,
Privatdoc. der Theol. in Göttingen.

Göttingen,

Vandenhoeck und Ruprecht's Verlag.

1871.

Vorrede.

In dem vorliegenden Buche möchte ich zu einer dereinstigen Ausgabe des Alten Testaments einen Beitrag liefern. Direct, durch eine Reihe fertiger Verbesserungen, die ich vorlege — indirect, durch die Weise wie ich sie gewinne. Ich sehe mich veranlasst, auf die Methode beinah eben so viel Gewicht zu legen als auf die Resultate. Mir scheint, dass man gegenwärtig in der Textkritik des A. T. zu sporadisch verfahre. Man begnügt sich mit einzelnen Emendationen, ohne auf eine zusammenhängende Würdigung der Natur des überlieferten Textes einzugehen, man kommt nicht dazu, die Constitution des Patienten erst im Ganzen kennen zu lernen, sondern heilt gleich ungeduldig auf ihn ein. Eine umfassendere Betrachtungsweise ist aber grade im Alten Testament durch die Natur der Varianten nahe gelegt und trägt grade hier die lohnendsten Früchte. Sie modificiert in sehr eigenthümlicher Weise die gewöhnlichen Begriffe davon, was überhaupt Aenderung sei und was nicht, was mögliche und was unmögliche, was vorsichtige und was gewagte, und erlaubt in vielen Fällen mit einer Sicherheit — ich hoffe mich nicht zu täuschen — zu conjicieren, welche die Conjectur kaum noch als solche erscheinen lässt.

Ich habe mich hierüber, angeregt durch Geiger's Urschrift und Uebersetzungen der Bibel, im Eingange meiner Arbeit ausgesprochen. Zwar keineswegs erschöpfend — denn ich wollte nur einen Vorbegriff der Anschauungsweise geben, von welcher meine Behandlung des Textes ausgeht. Eine Critica Sacra zu schreiben war nicht des Ortes und stand auch nicht in meiner Macht, da meine eigenen Vorarbeiten dazu nicht entfernt genügten und auch durch das Werk des Ludwig Cappellus nicht wesentlich unterstützt worden wären — hätte ich dasselbe gekannt: es ist mir aber leider erst ganz kürzlich bekannt geworden in der mit werthvollen Anmerkungen bereicherten Ausgabe von G. J. L. Vogel und J. G. Scharfenberg (Halle 1775. 78. 86). Nachträglich scheint es mir doch, als sei in jener Einleitung Manches zu kurz berührt; ich will sehen, was sich hier nachholen lässt.

Ausgehend von einer These Lagarde's, die einen wichtigen Gegenstand zur Sprache bringt und unberücksichtigt geblieben ist, habe ich die Meinung ausgesprochen und mit ihr Ernst gemacht, dass die hebräische Schrift in Betreff der Anwendung der Buchstaben Alef, He, Vau, Jod eine Geschichte gehabt habe und dass die uns vorliegende ziemlich consequente Orthographie des Ketib aus einem viel regelloseren Uebergangszustande sich herausgearbeitet habe, ohne dessen Spuren ganz zu verwischen. Ich füge hier hinzu, dass G. J. L. Vogel, geb. zu Feuchtwangen den 16. März 1742, gest. zu Altorf den 12. Februar 1776 als a.-o. Prof. der Phil. zu Halle, im Jahre 1767 eine Dissertation hat erscheinen lassen, welche die Aufschrift führt: De matribus lectionis librariorum arbitrio olim relictis. Nach dem, was ich davon kenne aus dem Auszuge, den der Vf. selbst davon giebt in Note 23 zu Cappellus' Critica Sacra (I. S. 52 ff.), geht sie hauptsächlich von der Vergleichung hebräischer Codices aus: bekanntlich „besteht weit über die Hälfte der Kennicott'schen Varianten in Abweichungen der vollen und defektiven Schreibart." Aber die Untersuchung muss in grösserem Zusammenhange geführt werden. Eine Geschichte der semitischen Schrift überhaupt scheint mir erforderlich, namentlich der syrischen und arabischen, welche von Haus aus mit der hebräischen identisch schliesslich unter Einwirkung ähnlicher Verhältnisse ihren Abschluss gefunden haben. Für das Arabische hat Nöldeke

in lehrreicher Weise vorgearbeitet, Geschichte des Qorans S.
234—261; das wahrscheinlich ungleich wichtigere und rei-
chere Material, welches das Syrische liefert, ist so viel ich
weiss noch gar nicht verwerthet. Auf einige Analogieen
möchte ich hier aufmerksam machen, welche die Verwendung
des Alef betreffen.

Nach der in dem massorethischen Texte befolgten Regel
soll dieser Buchstabe stets geschrieben werden, wenn er Radikal ist, auch in den Fällen, wo er seinen sylbentrennenden
Werth verliert; dagegen als Zeichen für nicht sylbenanfan-
genden Vokal soll er eigentlich nicht gebraucht werden, ausser in wenigen Wörtern, wo es regelmässig geschieht. Namentlich in Bezug auf den letzteren Punct sind nun aber die
Ausnahmen sehr häufig, ebenso häufig wie bei der Regel, dass
Vau (auch Jod) nicht für Kürzen zu verwenden sei. Dieselben fehlen übrigens auch keineswegs in Bezug auf den ersteren Punct. Zunächst, wo Alef am Ende der Sylben steht
und der Natur der Sache nach nicht lauten kann, da ist es
oft genug auch nicht geschrieben. In diesem Falle ist nur
das phonetische nicht etymologische Princip der hebräischen
Orthographie durchgeführt, ein Unterschied der Aussprache
besteht nicht zwischen מצאתי und מצתי, zwischen גיא und
גי (vgl. Nöldeke a. a. O. S. 257 Z. 21 f.). Anders liegt die
Sache in חֵמָה statt הֵמְאָה, משרת statt מְשָׁרֵת, wo sylben-
anfangendes Alef nach geschlossener Sylbe ausgefallen ist,
vgl. de Sacy, Gr. Ar. 2 éd. §. 128. Ew. Gr. Ar. §. 114. Nöldeke a. a. O. S. 257 Z. 6 ff. Ebenso in den häufigeren Beispielen, in denen sylbentrennendes Alef nach Schwa mobile
ausgefallen ist; vgl. das Syrische.

Eine eigene Classe bilden diejenigen Fälle, wo Alef mit
Jod oder Vau zusammentrifft. Hier wird in יש = איש kein
lautlicher Unterschied anzunehmen sein, vgl. zu 1 Sam. 14,
49. 2 Sam. 23, 8. Wichtig für das Alter der Sitte, anlau-
tendes î einfach י zu schreiben ist das Beispiel ישׁבכר. Denn
dass dieses zu 1 Sam. 14, 49 richtig beurtheilt ist, beweist
mir jetzt vor allen Dingen das doppelte שׁ, welches nur
dann zu erklären ist, wenn man zur Zeit, als die Schreibart

sich festsetzte, zwei trennbare Bestandtheile in dem Namen
empfand, deren einer dann nur איש gewesen sein kann. Dagegen, wenn Alef in der Mitte der Wörter im Zusammenstoss
mit Jod (= î) und Vau (= û) verschwunden ist, kann man
zwar nicht daran zweifeln, dass die Sylbenabtheilung geblieben ist; es ist aber die Frage, ob der Spiritus lenis nicht
etwas von der Natur des Halbvokals angenommen hat. Vgl.
Einl. S. 19, zu den dort gesammelten Beispielen kommen
noch hinzu פֻוָּה Gen. 46, 13. Num. 26, 23 vgl. mit פּוּאָה 1
Chr. 7, 1 und höchst wahrscheinlich auch יְכֻוָּה. Wie nahe
der Uebergang zwischen Alef und Jod auch unter weniger
günstigen Umständen liegt, zeigt die Schreibweise ויאמר für
die erste Pers. Sing., welche nicht nur in den Ochlah W'ochlah
Nr. 133 aufgeführten vier Fällen, sondern auch z. B. Jud. 9,
29 vorliegt, wo der Sinn erfordert wird: so würde *ich* dem
Abimelech sagen.

Man neigt in neuerer Zeit dazu, diese Abweichung von
der orthographischen Regel als Schreibfehler zu betrachten.
Ich halte das nicht für richtig. Die Ausnahmen sind noch
jetzt zu zahlreich und zu consequent, dazu mit Rücksicht auf
das Syrische und Arabische zu erklärlich, um als zufällig
gelten zu können, sie sind aber nur ein stehen gebliebener
Rest aus einer Zeit, wo dergleichen noch viel häufiger war.
Das folgt theils aus dem massorethischen Texte selbst, wenn
eine falsche Auffassung der Wörter glücklicherweise die nicht
regelrechte Schreibung conserviert hat, vor allen Dingen aber
aus der LXX und den übrigen Uebersetzungen. Auf dem
Standpuncte einer völlig aprioristischen Beurtheilung der Orthographie des Ketib glaubt man sich freilich sehr wundern
zu müssen, wenn etwa jemand לחי als לאחי deutet, und zu-
folge derselben petitio principii hält man sich für berechtigt,
auf die LXX herabzusehen, wenn sie sich Aehnliches zu
Schulden kommen lässt und gar daraus eine schlechte Gewohnheit macht. Nur vergisst man dabei zu erklären, nicht
bloss wie es kommt, dass לחי nur als لَحْي aufgefasst einen
Sinn giebt, sondern namentlich, wie es der LXX überhaupt
möglich war, z B. 1 Chr. 2, 24 in so scharfsinniger Weise

zu verstehen, wenn es ihr nicht als völlig freie Möglichkeit
gegolten hätte, ב als בא auszusprechen. Selbst eine solche
tolle rabbinische Erklärung wie בושש Exod. 32, 1 als בא שש
muss ein formales Recht gehabt haben — sonst ist ihre
Entstehung undenkbar, um so undenkbarer, je toller sie ist.

Es giebt natürlich Gründe, welche die Massorethen bewogen, die jetzige Orthographie durchzuführen. Ich gestehe
auch gerne zu, dass gleichwie die Aussprache der Punctatoren treuer hebräisch ist als die aramaisierende der LXX, so
auch bei der consonantischen Orthographie der Palästinenser
das Bestreben geherrscht habe, Aramaismen zu vermeiden
und das eigenthümlich Hebräische hervortreten zu lassen
(vgl. ähnlich את für ל, י für ה als Suffix der 3ten sg. m.).
Es mag also sein, dass auf diese Weise wenigstens in einigen
Puncten ein älterer Zustand der Schrift hergestellt wurde.
Aber auch die palästinensischen Handschriften waren durch
den Uebergangszustand gegangen. Denn sowie das Schicksal
des massorethischen Textes im Allgemeinen nicht von dem
des alexandrinischen unterschieden, sondern vielmehr durch
dieselben Einflüsse bedingt gewesen ist, so ist es auch in
Hinsicht auf die Orthographie der Fall. Dann aber ist es
nicht von grossem praktischen Werthe, zu entscheiden, ob
man den Uebergangszustand durch Zurückgehen auf einen
älteren reineren Zustand überwunden hat, oder ob man neue
Principien aufgestellt hat, die eine grössere Folgerichtigkeit
und Regelmässigkeit der Schreibweise bezweckten. Wahrscheinlich ist Beides zusammen anzunehmen. Vgl. Geiger a.
a. O. S. 231—259.

Noch eine hieher gehörige Bemerkung habe ich auf dem
Herzen, betreffend die Spaltung des ש. Das ist weiter nichts
als eine an bekannte Lautwechsel anschliessende Fortent-
wicklung der Sprache, nachdem die Orthographie in Bezug
auf die nichtvokalischen Buchstaben schon fixiert war. Nöldeke hat daher Recht, wenn er darauf hält, dass man ש
und ס etymologisch nicht verwechseln dürfe, aber Unrecht,
wenn er meint, das spätere ש solle lautlich verschieden sein
von ס. Es ist nur Beibehaltung der alten Schreibweise, nach-

dem sich der Laut verändert hatte *). Ehe der diakritische
Punct aufkam, stellte man wohl ein ס hinter das ש, um die
Aussprache zu bestimmen, vgl. עַמְשִׂי und כְּפִישִׂים. Die Anfänge der in Rede stehenden Erscheinung reichen hoch hinauf, verfolgbar bis Jud. 12, 6; der dortige Erzähler spricht
aber noch jedes ש wie sch. Dass die Schrift zäher ist als
die Sprache, ist bekannt — daher die Erscheinung, dass die
Orthographie, die ursprünglich wohl überall phonetisch ist,
im Laufe der Zeit etymologisch wird. In dem besonderen
Falle, der uns beschäftigt, liegt es nahe, daran zu denken,
dass auch in den meisten Gegenden Deutschlands „sprechen"
in der Schrift beibehalten wird, während mündlich „geschpro-
chen" wird, und dass umgekehrt eine allmählich aussterbende
ältere Generation meiner Landsleute zwar „Schwager, Schlüs-
sel" schreibt, aber stets „Swager, Slüssel" spricht, wie denn
meine Grossmutter in der Schule angehalten ist „Swester"
zu sagen, weil „Schwester" adlig sei.

Ebenso wichtig als Vorarbeit für eine künftige Critica
Sacra wie die geschichtliche Würdigung der hebräischen Orthographie wäre eine Darstellung der hebräischen Stilistik
und Rhetorik, die sich zunächst nur auf die erzählende Prosa
zu beschränken hätte. Auch diese müsste erwachsen aus um-
fassender Kenntnis der semitischen Literatur überhaupt, damit das wenige Material des Alten Testaments nicht dazu
verführe, die Möglichkeiten einseitig zu bestimmen. Hinein-
gezogen werden muss aber auch vor allen Dingen das Judengriechisch, denn grade in dem fremden Gewande stossen die
Eigenthümlichkeiten der hebräischen Art am ehesten auf, um
so leichter, je besser man Griechisch kann. In welcher Weise
die Kenntnis dieser Dinge der Textkritik zu Gute komme, ist,
sofern es nicht von selbst klar ist, Einl. S. 10 Anm. 2. S. 21 ff.
zu zeigen versucht. Ein interessantes weiteres Beispiel zu

---

*) Daher ist es auch zu erklären, dass, während in weniger ge-
bräuchlichen Wörtern ש und ס nicht selten wechseln, dieses grade bei
den häufigsten nicht vorkommt — denn grade bei den gewöhnlichsten
Wörtern ändert sich die Orthographie am schwersten, sie haben uns
am treusten das Alte bewahrt.

dem Einl. S. 11 Bemerkten theilt mir mein Freund Theodor Zahn mit, dass nemlich ἀλείφειν bei Ignatius hie und da durch die Bedeutung von *allef* tingiert zu sein scheine. Zu S. 26 wird man mit Nutzen die Noten 19. 20. 21 in Vogels Ausgabe von Cappellus' Critica Sacra I. S. 30—51 vergleichen können, ebenso auch Not. 2, wo die Meinung des Hieronymus über ein theologisch wichtiges כל (Deut. 27, 26. Gal. 3, 10) mitgetheilt wird.

Diese indirecten Mittel zur Würdigung des alttestamentlichen Textes, die meist nur erlauben und nicht erlauben, aber nichts bestimmen, muss man um so sorgfältiger zu Rathe ziehen *), je trauriger es um die directen bestellt ist — zum Theil auch durch unsere Schuld, denn warum ist z. B. der Amiatinus noch nicht herausgegeben? Ist es nicht ein Jammer, dass man in einer so alten Wissenschaft, wie die Theologie ist, oft noch Tantalusqualen erleidet? Die Aufgabe selbst nun, die Kritik, wird dadurch erheblich erschwert, weil sich zwei Gebiete nicht ganz reinlich sondern lassen. Der Process, durch welchen die geschichtliche Literatur des Alten Testaments zu ihrer gegenwärtigen Gestalt heranwuchs, hat noch Lebensäusserungen gezeigt bis unter die Zeit herab, wo die LXX entstanden ist. 1 Sam. 18 bietet einen unanfechtbaren Beweis dafür, nach meiner Meinung aber auch 1 Sam. 13, 1 und 17, 12—31, vgl. meine Erörterungen zu den betr. Versen im Commentar. Ist es nun Aufgabe der Textkritik, diese Stücke auszuscheiden? Aber wie will man sich dann zu 1 Sam. 10, 8. 11, 12—14 stellen? Zuerst war ich selbst geneigt, diese Stellen, welche sicher nicht in den ursprünglichen Zusammenhang gehören, einfach zu streichen, dann aber sah ich, dass ich damit auch 1 Sam. 7. c. 8. 10, 17—

---

*) Die Geschichte der hebräischen Orthographie fienge man vielleicht am besten an mit einer Concordanz der Eigennamen, nach der Aussprache des überlieferten Textes und der Uebersetzungen — woraus man zugleich auch für die Punctation genug würde lernen können. In Bezug auf die durch den Stil ermöglichten Schwankungen des Textes ist die Vergleichung der Varianten in den Evangelien, namentlich dem des Johannes, sehr lehrreich.

27. c. 12. c. 13, 8—15 strich. Letztere Stücke sind nemlich
nichts weniger als ein zweiter ursprünglich von c. 9. 10, 1—
16. c. 11 unabhängiger Bericht über die Entstehung des Königthums in Israel; sie sind vielmehr mit Beziehung auf jene
ältere Erzählung geschrieben und von Anfang an so in dieselbe eingeschaltet, wie sie uns vorliegen. Den zwingendsten
Beweis dafür liefern 10, 8. 11, 12—14, welches die Klammern sind, wodurch Altes und Neues zusammengehalten wird,
Klammern, die nicht etwa ein Dritter erst angebracht hat —
denn ohne 10, 8. 11, 12—14 wäre c. 12. c. 13, 8—15 gar
nicht zu verstehen. Dass c. 8 und was dazu gehört dem 9.
Capitel und dessen ursprünglichem Zusammenhange widerspricht, widerlegt meine Ansicht durchaus nicht, — was der
Verf. von c. 8 u. s. w., dessen Gesammtanschauung der heiligen Geschichte sehr einheitlich ist, an widersprechenden
stofflichen Einzelheiten vertragen kann, zeigt in sehr lehrreicher Weise c. 12, ein Stück, über dessen Einheit und innig-
sten Zusammenhang mit c. 7. 8. 10, 17—27 ich kein Wort
verlieren werde. Mit dem Stoffe verfährt eben dieser Vf. so
frei wie möglich und nur scheinbar bringt er selbst neuen
hinzu: worauf es ihm ankommt, ist S. 67 Z. 24 ff., S. 77 Z.
16 f. auseinandergesetzt; was er wagte, darüber habe ich S.
176 Anm. 1 eine Vermuthung aufgestellt. Auf eine so mechanische Weise, wie man es sich jetzt im Gegensatz zu
Ewald gewöhnlich vorstellt, sind überhaupt die geschichtlichen
Bücher des A. T. nicht entstanden. Auch im Pentateuch
sind nicht zwei oder mehere grosse geschichtliche Zusam-
menhänge, die den selben Gegenstand haben, ursprünglich
unabhängig von einander geschrieben, so dass der spätere
vom früheren keine Notiz nimmt. Vielmehr an Einen Kern,
in welchem zum ersten Male die bis dahin vereinzelten mündlich und schriftlich vorliegenden Geschichten aneinandergefügt
wurden, setzten sich theils kleinere Stücke an *), wie Gen.
4 an Gen. 2. 3 — denn so deutlich es ist, dass der Vf. von
Gen. 4 mit steter Beziehung auf Gen. 2. 3 schreibt, so deut-

*) oder wurden auch wohl hineinverarbeitet.

lich ist es auch, dass der geistreiche Citierer 4, 7 nicht der
Vf. von 3, 16 sein kann, abgesehen davon, dass הָיָה in c. 2. 3
vielmehr הָאִשָּׁה heisst — theils ward das Ganze im Zusammenhange neu bearbeitet, vielleicht so, dass es selbst seinem
wesentlichen Inhalte nach der neuen Bearbeitung von Anfang
an einverleibt blieb, oder so, dass nur die Grundlinien seines
Planes für diese massgebend waren, wodurch es einem späteren Redaktor möglich ward, Altes und Neues zu combinieren — für beide Möglichkeiten spricht Vieles. Auf alle Fälle
sind Modificierungen des ursprünglichen Kernes und Umar-
beitung kleiner Stellen, Aenderungen einzelner Wörter, ge-
ringfügige Einsätze (Gen. 3, 20) mit der Entstehungsweise der
geschichtlichen Bücher unzertrennlich verbunden, und es ist
schwierig die Grenze zu finden, wo die Literarkritik aufhört
und die Textkritik beginnt. Vgl. zu 1 Sam. 23, 14 ff. 26, 4.
27, 7—12 (S. 140 Anm. 1) 2 Sam. 2, 10 f. 3, 6. 5, 17. 23, 13.
24, 1 *).

Offenbar hängt mit dieser Eigenthümlichkeit des Alttestamentlichen Textes, durch welche das Ineinandergreifen beider
Arten von Kritik veranlasst wird, die Art und Weise nahe zusammen, wie Geiger denselben betrachtet und behandelt. Aber ich
glaube mit Recht gegen eine *grundsätzliche* Vermischung der
Aufgaben protestiert zu haben. Man kann wohl die Sache
so vorstellen, dass es im Grunde die selben Triebe waren,
welche in älterer Zeit zu zeitgemässer Umgestaltung des ganzen überlieferten historischen Stoffs führten, in jüngerer Zeit
zu zaghafter Beseitigung einzelner Anstösse; aber die Resultate sind doch zu verschieden und beruhen auch auf einer
principiell verschiedenen Stellung zu den heiligen Schriften.
Ausserdem, welches Recht hat Geiger, erst mit Esra jenen
Process der Umgestaltung der biblischen Bücher beginnen zu
lassen? Das Deuteronomium zeigt doch, dass er viel höher

---

*) Auch wirkliche eigentliche Glossen sind nicht selten, wie z. B.
2 Sam. 12, 10—12. Es ist möglich, dass manche von den Verstellungen, welche ich annehmen zu müssen geglaubt habe, darauf beruhen,
dass Zusätze vom Rande an eine falsche Stelle des Zusammenhangs
eingedrungen sind. Z. B. 1 Sam. 1, 24. 2 Sam. 14, 14.

hinaufgehe, und lange vor dem Deuteronomium ist er lebendig
gewesen, wie schon die Verwerthung der heil. Geschichte bei
den ältesten Propheten wahrscheinlich macht. Es bleibt also
bei dem Urtheil, welches ich Einl. S. 29 f. zu motivieren versucht habe. Die Bedeutung des Geiger'schen Werkes beruht
auf dem dritten Buche und zwar, wie ich S. 33 hervorgehoben habe, besonders auf dem fruchtbaren Gedanken, dass der
Text des Ketib unter der Einwirkung der selben Einflüsse
gestanden habe, welche deutlicher in den Uebersetzungen und
dem Qeri zu erkennen sind, dass überhaupt das Schicksal des
Ketib von dem des Textes der Uebersetzungen und des Qeri
nicht zu trennen sei *). Als Beispiel der Art von Textesmo-
dificierungen, auf welche Geiger zuerst aufmerksam gemacht
hat, habe ich S. 30 f. die Veränderung des Namens בעל in
בשׁת gewählt **). Ich kannte die Ansicht Geigers über diesen Punct, über welchen er in der „Urschrift" schweigt, nur
im Allgemeinen, erst jetzt hat mich ein Citat bei Kuenen,
de Godsdienst van Israel I. S. 404 auf den Aufsatz DMGZ
XVI. S. 730 f. aufmerksam gemacht. Mit gemischten Gefüh-
len ersehe ich daraus, dass Geiger mir in der Emendation
von 2 Sam. 23, 8 zuvorgekommen ist; dagegen kann ich jetzt
noch אבי־עלבון 2 Sam. 23, 31 = אבי־אל 1 Chr. 11, 32
hinzufügen. Erfreut bin ich darüber, dass Geiger der Meinung Ewalds beitritt, wornach Baal, wie Adon, in alter Zeit
ein völlig unschuldiger Name Jahwe's war, von ebenso allge-
meinem Gebrauch unter den semitischen Stämmen wie der
Name El. Man begreift in der That nicht, wie Kuenen a. a.
O. anderer Meinung sein kann. Namentlich wenn יובל Jud.
9, 26 so viel als בעליה 1 Chr. 12, 5 sein soll, was an sich zwar

---

*) Ich hätte Einl. S. 27 (worauf ich im Commentar oft habe ver-
weisen müssen) weiter eingehen sollen auf die Reste der LXXlesarten, die
in den mass. Text eingedrungen sind und am handgreiflichsten lehren,
wie gemeinsam das Schicksal beider war. Vgl. auch, was S. 14 Anm. 2
über den MT. gesagt ist, mit den Dupletten der LXX.

**) die übrigens, wie es scheint, in der echten LXX noch nicht
vorkommt. Ich mache darauf aufmerksam, dass ארון האלהים, welches 1 Sam. 14, 18 nur im mass. Texte für האפוד corrigiert ist, 1
Reg. 2, 2 auch in die LXX eingedrungen ist.

nicht nothwendig ist, in diesem Fall aber dadurch an
Wahrscheinlichkeit gewinnt, dass der mass. Text das appellative Schimpfwort עבד dafür setzt (Gaal, Sohn eines Sklaven), so wäre das ein guter Beweis nicht dafür, dass
die Phönicier etwa den Baal auch Jahwe nannten, sondern
dafür, dass die *Israeliten* dem Jahwe das Prädikat Baal gaben. Denn dass Gaal Israelit sei und grade als solcher dem
Abimelech entgegentritt, ergiebt sich aus 9, 28, wie Kuenen
richtig behauptet I. S. 299. 300, so unrichtig im Uebrigen seine
Uebersetzung des Verses ist: אנחנו kann nur den אנשי המור
entgegengesetzt sein, man lese יעבדו für עבדו (vgl. cod. 82
Holm.) und vertausche *vίὸς Συχεμ* und *vίὸς Ἱεροβααλ*. Für
בל = בעל liesse sich אשבל = *Ἀσβηλος* anführen, dessen Bedeutung durch אשבאל sicher ist und auch dadurch, dass 1
Chr. 7, 6. 10 f. ידיעאל an seine Stelle tritt. Und wenn *Ῥουβηλ*
mehr wäre als späte Lautabwandlung, so wäre nach רעואל
die Ableitung רעובל ansprechend, obwohl wegen Reguel und
Regebalos schwierig: aber Gen. 29, 32 legt Veto ein.

Plänemachen ist zwar eine üppige und unter Umständen
unchristliche Geistesbeschäftigung Matth. 23, 4; da aber die
Inschrift des Mesa neben vielem Anderen auch das lehrt, dass
die Alttestamentlichen Gelehrten um Stoff verlegen sind, so
gedachte ich dem Mangel dadurch abzuhelfen, dass ich auf
einige uns „Epigonen" zum Glück noch übriggelassene Aufgaben hinwies, gegen welche die Erklärung jener Inschrift
sich beinah spöttisch ausnimmt. Auf dem Grunde dieser Vorarbeiten denke ich mir die künftige Ausgabe des Alten Testaments so zu Stande kommen, dass zunächst der hebräische
Text der LXX, der der Peschito des Targums und der Vulgata, und der massorethische, jeder für sich, festgestellt wird.
Dazu müssten natürlich die Uebersetzungen selbst in verlässi-
gen Texten vorliegen.

Ich schliesse dieses lange Vorwort, indem ich die Hoff-
nung ausdrücke, dass mir die vorliegende Arbeit nicht den
Vorwurf zuziehen werde, als sei ich ein untheologischer Klei-
nigkeitskrämer. Sie ist aus sachlichem Interesse hervorgegangen und ich denke, das zeigt sie auch. Aber zu ernten

ohne gesäet zu haben, gilt mir nicht für theologisch. Das eigentliche Studium kann ich nur auf die Mittel richten, nicht auf die letzten Ziele; diese sind Früchte, die von selbst abfallen, wenn sie reif sind — wo aber nichts gewachsen ist, da hilft kein Schütteln. „Es hat sich also, als wenn ein Mensch Samen aufs Land wirft — und schläft und stehet auf Nacht und Tag und der Same gehet auf und wüchset, dass ers nicht weiss. Denn die Erde bringet von ihr selbst zum ersten das Gras, darnach die Aehren, darnach den vollen Weizen in die Aehren." Marc. 4.

Göttingen, den 24. Juli 1871.

Der Verfasser.

Verzeichnis einiger gelegentlich besprochenen Stellen.

Berichtigungen.

S. 15 Z. 12 ist אֲדֹנִי וַיֹּאמֶר *hinter* הִנְנִי zu setzen.

S. 25 Z. 25 lies אִשָּׁה statt אִישָּׁה.

S. 29 Z. 4 von unten l. *Zeitstimmung* statt Zeitbestimmung.

S. 46 Z. 8 v. u. l. *feindliche* statt freundliche.

S. 53 Z. 14 v. u. l. *dürfte* statt durfte.

S. 55 Z. 20 l. אֲלֵיהֶם statt אלהם.

S. 74 ist Anm. 1 zu streichen.

S. 74 Z. 22 l. ist in der Recap., *wie* in v. 10, vorangestellt.

S. 91 Z. 8 l. 26a statt 26⁰.

S. 111 Z. 5 v. u. l. 17 f. statt 7 f.

S. 112 Z. 2 l. das Gegentheil. V. 17—20. 21b. 9—11 sind

S. 121 Z. 4 u. 10 v. u. l. *Poel* statt Poal.

S. 125 Z. 3 l. *innama* statt innaha.

S. 131 Z. 12 v. u. l. *eben* statt aber.

S. 157 Z. 11 l. וַיֹּלֶד־ mit Dagesch im Jod.

S. 159 Z. 4 v. u. l. *nirgends* statt irgends.

S. 175 Z. 15 v. u. l. Revue statt Révue.

1. Das Unternehmen, den anerkanntermassen schlecht überlieferten Text der Bücher Samuelis zu verbessern, wird demjenigen gewagt vorkommen, um mich gelinde auszudrücken, der von der kritischen Beschaffenheit des Hauptmittels, welches zu diesem Zweck in Anwendung kommt, nemlich der Septuaginta, nur einigermassen Kenntnis genommen hat. „Ehe die Urform der griechischen Uebersetzung vorliegt, darf die ägyptische Recension nicht zur Kontrolle der palästinensischen benutzt werden.“ Wie nothwendig diese Forderung Lagarde's sei [*]), ergiebt sich aus den Folgen wenn man sie nicht beachtet. Denn vielfach haben auch ausgezeichnete Gelehrte Verderbnisse in den Copien der LXX für ursprüngliche Eigenthümlichkeiten des Originals angesehen und daraus zurückgeschlossen auf die hebräische Grundlage der alten Uebersetzung. Mehr vereinzelte Früchte eines solchen Verfahrens sind z. B. einige Stadt- und Flussnamen, mit denen man das geographische Material des Alten Testaments vermehrt hat, welches weit eher der Verminderung bedürfte: je durchgehender und systematischer aber in den Commentaren von Otto Thenius [**]) die LXX zur Vergleichung herangezogen und als kritisches Hilfsmittel verwerthet wird, desto schädlicher werden die Folgen kritikloser Benutzung ihres überlieferten Textes. In umfänglichem Masse hat sich der genannte Gelehrte namentlich in der Beurtheilung der sogenannten Dupletten täuschen lassen, die auch in der übrigens mit Recht von ihm bevorzugten römischen Ausgabe der LXX häufig genug vorkommen. Es sind dies bekanntlich doppelte und oft nur wenig verschiedene Wiedergaben desselben hebräischen

---

*) Anmerkungen zur griech. Uebers. der Proverbien 1863. S. 2.
**) Die Bücher Samuels erklärt. 2. Aufl. 1864. Die Bb. der Könige erklärt. 1849. (Kurzgefasstes exeget. Handb. zum A. T. Lief. IV u. IX). Nur den erstgenannten Commentar citiere ich im Folgenden.

Textes oder auch neben einander gestellte Uebersetzungen
zweier Varianten desselben, von denen nur die eine der LXX
angehört, die andere irgend einer jüngeren griechischen Version. Nicht als ob nicht auch Thenius wüsste, dass es dergleichen gäbe.*) — aber nachdem er die Duplette erkannt
hat, hat er es sonderbarer Weise nicht für seine nächste Aufgabe gehalten, ihre oft recht verschlungenen Bestandtheile
nach festen Kriterien aus ihrer Verwicklung reinlich zu sondern, zu prüfen, welche gegründeten Anspruch habe der LXX.
anzugehören und sich so des Bodens unter seinen Füssen zu
versichern, sondern als ob sich das Alles von selbst mache,
hat er auf gut Glück, was ihm aus dem Gewirre gefiel, in
beliebiger Auswahl mit dem massorethischen Texte verglichen;
ohne auch in Bezug auf den letzteren den Umfang des zur
Vergleichung Heranzuziehenden klar abzugrenzen und aus der
Umgebung zu scheiden. Uebrigens sind auch die Fälle nicht
eben selten, wo sorglos zwei parallele Lesarten der Sixtina
als zwei sich ergänzende Texthälften angesehen und mit einander verbunden wird, was neben einander gestellt werden
musste. Vgl. z. B. 1 Sam. 3, 20 f. 4, 14 ff. 5, 6. 13, 15. 14,
24 f. 14, 41. 15, 12 f. 16, 17. 27, 8. 30, 28. 2 Sam. 2, 22. 3,
12. 13, 16. 13, 34. 14, 8. 15, 17 f. 19, 24. 20, 18 f. 20, 22.
24, 15.
Wie es sich straft, wenn man nicht bedenkt, dass eine
Version nur in ihrer reinen Gestalt als Zeuge benutzt werden
darf für den Text des Originals, aus welchem sie geflossen,
ersieht sich noch handgreiflicher aus den Früchten, welche
die Vergleichung der Vulgata dem Bearbeiter der Samuelis-
bücher im Kurzgef. ex. Handb. eingetragen hat. Er schenkt
einer alten Baseler Ausgabe Vertrauen und setzt ohne Weiteres voraus, sie werde getreu mit der Uebersetzung des Hieronymus stimmen. Bei keiner der besonders in den Büchern
Samuelis äusserst zahlreichen Stellen, wo die Vulgata ausser
dem massorethischen Texte noch einen andern mit der LXX
übereinstimmenden ausdrückt, scheint ihm der doch nicht
fern liegende Gedanke zu kommen, es möchte wohl im Verlauf der Zeit aus der Itala sich ein Stück in die Arbeit des
Hieronymus eingeschlichen haben — beides wird vielmehr
gleichmässig auf den letzteren zurückgeführt, beides war
ebenso wie in dem Froben'schen Drucke vom Jahre 1491 verbunden auch in der hebräischen Handschrift, aus welcher jener Presbyter übersetzte. Dadurch wird einer Afterüber-
setzung, der aus der LXX geflossenen Itala, der Rang einer

---

*) vgl. S. XX 3. XXI a.

primären zu Theil; für die abweichenden Lesarten der „ägyptischen Recension", auch für die vermeintlichen und ganz besonders für die Dupletten der römischen Ausgabe, wird ein zweiter „unabhängiger" Zeuge gewonnen und es ist noch der glücklichste Fall, wenn dieser sie bloss bestätigt; es kommt auch vor, dass die Vulgata allein das Richtige hat, d. h. den Duplettenschatz selbständig um einen neuen Zuwachs bereichert, der dann für die Vervollständigung des Urtextes verwerthet werden muss. Wie illusorisch so gut wie alle kritischen Ergebnisse sind, welche man dieser Vergleichung der Vulgata verdankt, erhellt jetzt unwidersprechlich aus dem Sammelwerke Vercellone's *): aber dass die erheblicheren und umfangreicheren Abweichungen der Vulgata nicht unabhängig mit der LXX zusammentreffen und nicht direct auf ein hebräisches Original zurückgeführt werden dürfen, stand fest, lange bevor man den urkundlichen Beweis dafür in Händen hatte, dass sie auch nicht einmal auf Hieronymus zurückgehen **).

Es ist also nicht bloss eine überspannte Forderung unfruchtbarer methodischer Strenge, sondern ein Grundsatz von grosser practischer Bedeutung, dessen Vernachlässigung sich auf das empfindlichste rächt, dass „die LXX nur in ihrer ursprünglichen Gestalt zur Kritik unserer masorethischen Diaskeuase angewandt werden darf." Aber so beherzigenswerth dieser Grundsatz ist, so bedeutet er doch keineswegs, dass man sich, ehe eine „definitive" Ausgabe der LXX voll-

---

*) Variae lectiones vulgatae latinae Bibliorum editionis. Der zweite Theil (Rom. 1864) enthält die Bücher Samuelis.

**) Statt aller anderweitigen Belege diene, was Thenius in der Einl. S. XXIII sagt: „Der hebräische Text, der der Uebersetzung des Hieronymus zu Grunde lag, ist offenbar aus dem, den LXX vor sich hatten, geflossen." In Wahrheit stimmt derselbe bis auf Kleinigkeiten mit unserem mass. Texte, wie der cod. Amiatinus beweist, dessen besondere Herausgabe auch für das A. T. dringend zu wünschen wäre. — Eine unvollständige Zusammenstellung der in den Bb. Sam. vorfindlichen Additamenta aus der Itala giebt Vercellone a. a. O. S. IX. Höchst lehrreich für das Zustandekommen der jetzigen Vulgata ist, was er in der Anm. zu S. XVI anführt. Die Randbemerkung eines Schreibers zu 1 Sam. 14, 41: in hoc loco vide ne quid praetermissum sit — zog sich ein folgender so zu Herzen, dass er auch die Warnung selbst in den Text aufnahm, so dass derselbe aus Hieronymus Itala und der erwähnten Note zusammengesetzt nun folgendermassen lautet: Et dixit Saul ad Dominum Deum Israel: Quid est quod non respondes servo tuo hodie? Si in me aut in Jon. filio meo iniquitas est, da ostensionem; aut si ita est in populo tuo iniquitas, da sanctitatem. Domine D. J. da indicium *in hoc loco; vide quod ne praetermissum sit.* Et deprehensus est Jonathan et Saul.

ständig vorliege, vor der Hand alles Gebrauchs derselben zu kritischen Zwecken enthalten müsse*). Man kann auch mit zweischneidigen Messern ohne Gefahr operieren, wenn man nur weiss, dass sie zweischneidig sind und sie vorsichtig benutzt.

2. Damit bei der Vergleichung der LXX mit dem massorethischen Texte Schaden verhütet werde, kommt es nur darauf an, dass man der beiden zu vergleichenden Grössen da sicher ist, wo man sie wirklich vergleicht. Ein grosser Theil der Verbesserungen des *Griechischen,* welche von einer kritischen Ausgabe der LXX zu hoffen stehen, wirft für unseren Zweck keinen Gewinn ab, weil auch ein grosser Theil der Verderbnisse demselben nicht hinderlich ist. Ob Jud. 1 ff. $\tau\acute{v}\pi\tau\omega$ oder $\pi\alpha\tau\acute{\alpha}\sigma\sigma\omega$ das septuagintamässige sei, interessiert uns nicht, da kein Zweifel besteht, dass beide Wörter auf dieselbe Grundlage zurückgehen; ob 1 Sam. 5, 4 $\dot{\alpha}\mu\varphi\acute{o}\tau\varepsilon\varrho\alpha$ $\tau\grave{\alpha}$ $\ddot{\iota}\chi\nu\eta$ $\chi\varepsilon\iota\varrho\tilde{\omega}\nu$ $\alpha\dot{v}\tau o\tilde{v}$ oder $\dot{\alpha}\mu\varphi\acute{o}\tau\varepsilon\varrho o\iota$ $o\dot{\iota}$ $\kappa\alpha\varrho\pi o\grave{\iota}$ $\tau\tilde{\omega}\nu$ $\chi\varepsilon\iota\varrho\tilde{\omega}\nu$ $\alpha\dot{v}$-$\tau o\tilde{v}$, ob $\tau\grave{\alpha}$ $\dot{\varepsilon}\mu\pi\varrho\acute{o}\sigma\vartheta\iota\alpha$ oder $\tau\grave{o}$ $\pi\varrho\acute{o}\vartheta\nu\varrho o\nu$ oder $A\mu\alpha\varphi\varepsilon\vartheta$ den Vorzug verdiene, ist uns ebenso gleichgiltig. Kurz alle Varianten**), die es nur im Griechischen sind, nicht auch die voraussetzliche *hebräische* Grundlage ändern — und deren ist deshalb eine grosse Anzahl, weil die LXX nicht nach dem Hebräischen, sondern nach anderen griechischen *Uebersetzun-*

---

*) So könnte man wenigstens die Worte Lagarde's deuten, obwohl ich bezweifle, dass sie im Ernste so gemeint sind. „Wollen wir über den hebräischen Text ins Klare kommen, so gilt es zunächst die Urform der griechischen Uebersetzung zu finden. Ehe diese vorliegt, darf die ägyptische Recension nicht zur Kontrolle der palästinensischen benutzt werden. Ehe aber eine solche Kontrolle vorgenommen ist, hat Niemand das Recht, die Ueberlieferung als fest und bekannt anzusehen. Alle Untersuchungen aber über das Alte Testament schweben in der Luft, wenn sie nicht auf den möglichst beglaubigten Text zurückgehen." A. a. O. S. 2. Sollte übrigens, was ich für Misverständnis halten muss — schon nach den kritischen Grundsätzen, welche Lagarde a. a. O. S. 3 aufstellt und welche eigentlich ein Hand in Hand gehen der Kritik des hebräischen und griechischen Textes indirect fordern, oder nach der Art, wie er z. B. über Olshausen in den G. G. A. 1870 S. 1549 ff. geurtheilt hat — sollte das dennoch die wahre Meinung sein, so wäre man mit seinem Studium übel daran, da es einem Tiro auch nicht gestattet sein würde, zu der methodisch vor der Hand allein berechtigten Aufgabe der alttestamentl. Wissenschaft, zur Kritik der LXX, sein Scherflein beizusteuern: nam tirones ab hoc toto studiorum genere arceo dejicio depello — heisst es Genesis Gräce S. 16 in der Erörterung über Mittel und Wege zur Herstellung einer genügenden Ausgabe der griechischen Uebersetzung.

**) Als solche kann man auch die Dupletten betrachten, welche nur in Einer Handschrift verbinden, was sonst auf zwei vertheilt zu sein pflegt.

gen geändert wurde, so dass häufig nur etwa einer freieren eine wörtlichere Wiedergabe des gleichen Textes substituiert oder beigeordnet wurde — alle diese gehen uns nur sehr mittelbar an*); denn nur die hebräische Septuaginta hat für uns Bedeutung.

Innerhalb derselben aber ist wiederum ein Unterschied zu machen zwischen solchen Stellen, die von dem mas. Texte abweichen und solchen, die ihn bestätigen. Bei weitem am wichtigsten sind für unsern Zweck die ersteren, die *Varianten* der „ägyptischen" Recension von der palästinensischen. Für sie nun liegt die Bürgschaft ihrer Septuagintamässigkeit in der Thatsache des Variierens selber**). Man kann nemlich im Allgemeinen annehmen, dass diejenige Recension der Grundschrift, auf welche die späteren Versionen zurückgehen, der *uns* überlieferten sehr nahe kam, weit näher, als die, nach welcher die LXX übersetzt. Sollte aber wirklich dieser Kanon einmal trügen und die LXX einmal mit der Massora stimmen an einer Stelle, wo etwa Symmachus abwich***), so wäre für unsere Endabsicht, die auf Gewinnung der Urschrift geht, nicht auf die Herstellung der reinen Gestalt der ältesten Uebersetzung, der Schade nicht eben gross, wenn wir einen falschen Namen wählten für einen zuverlässigen Zeugen. Solcher Fälle werden aber verschwindend wenige sein und die Regel nicht umstossen, dass, was sich innerhalb des griech. A. T. als Abweichung seiner hebräischen Grundlage von der mass. Recension herausstellt, für echten Bestandtheil

---

*) sofern ein einzelner Fall über sich hinauswirken kann auf die Concordanz und Stilistik des Ganzen und somit die allgemeinen Mittel für die Constituierung der hebräischen Septuaginta beeinflusst. Vgl. z. B. meine Beurtheilung von 2 Sam. 13, 34 *ἐκ πλευρᾶς*. So wäre es auch werthvoll, wenn man ein griechisches Hapaxleg., welchem an der Stelle, wo es jetzt vorkommt, im mas. Texte nichts entspricht, noch an einer anderen Stelle auffände und dadurch vielleicht eine Bestimmung des hebr. Worts, dessen Uebersetzung es ist, ermöglichte (1 Sam. 14, 14 *κόχλακες*). Einen so weit gehenden Gebrauch würde man aber auch von einer vollkommen zuverlässigen Concordanz der LXX schwerlich machen dürfen, wie ihn Lagarde Ges. Abhh. S. 99 ff. von der Concordanz der Peschito für die Herstellung ihres neutestamentl. Textes machen will, weil die Uebersetzer auch innerhalb derselben Bücher nicht in allen Fällen sich treu bleiben.

**) Vgl. Lagarde Provv. S. 3. III.

***) Als solche Fälle liessen sich anführen etwa 2 Sam. 1, 19. 27. Doch ich muss gestehen, dass ich den Angaben bei Montfaucon über die Vertheilung der Lesarten oft gar wenig Glauben schenke, z. B. eben 2 Sam. 1, 19 nicht. Aber auch 1 Sam. 4, 19. 25, 31. 2 Sam. 13, 16 ist es klar, dass „ein Anderer" nur eine in der angeblichen LXX verderbte Lesart richtig erhalten hat.

der LXX zu gelten habe und mit Sicherheit zu kritischen Zwecken benutzt werden dürfe.

Der Gefahr nun, für eine Variante — der hebräischen Septuaginta — anzusehen, was nicht Variante ist, Dupletten-complexe, zufällige Verderbnisse, zu geschweigen der Zusätze griechischen Ursprungs, dieser Gefahr ist derjenige am wenigsten ausgesetzt, der behuf Vergleichung mit dem uns erhaltenen Originaltexte die LXX ins Hebräische retrovertiert in der Absicht, beide Recensionen irgendwie aus einer gemeinsamen Urquelle abzuleiten. Er wird durch die Natur seiner Aufgabe selbst auf den Weg geführt, ausser dem auch dem Herausgeber des griechischen Wortgefüges kein anderes Mittel übrig bleibt, das Wahre aus dem Falschen zu erkennen und zu scheiden*). Die unreinste Ausgabe der LXX würde für den kritischen Gebrauch, wenn auch nicht so bequeme doch eben so sichere Dienste thun wie die gereinigteste: falls darin nur unter dem Schutte der Interpolationen und Correcturen der Bestand der alten LXX, wenn auch durch zufällige Verderbnisse alteriert und z. Th. nur errathbar, doch *vollständig* vorläge. Das ist nun allerdings in Tischendorfs Ausgabe, welche ich benutzt habe, keineswegs der Fall, und das ist die Ursache, warum oben unterschieden ist zwischen denjenigen Lesarten der hebr. Septuaginta, welche eine Variante begründen und denen, welche unsere Ueberlieferung beglaubigen. Die alte LXX wich an manchen Punkten von letzterer ab, wo die Tischendorfsche Ausgabe harmoniert; gar nicht selten hat eine Uebereinstimmung schaffende Interpolation sich nicht bloss als Duplette neben der echten Lesart eingenistet, sondern letztere gänzlich verdrängt (vgl. 2 Sam. 24, 5 die röm. Ausg. mit codd. Holm. 19. 82. 93. 108), häufiger noch wird, was in der alten LXX fehlte, auch in der Sixtina ergänzt sein (vgl. 1 Sam. 15, 4. codd. 19. 108). Es folgt daraus, dass man auf die *Bestätigung* durch die „Septuaginta" nicht allzuviel geben darf, namentlich nicht an solchen Stellen, die einer inneren Gewähr ihrer Richtigkeit entbehren; man wird hier die Möglichkeit offen lassen müs-

---

*) Vgl. Lagarde a. a. O. S. 3. I. Ich habe ein Interesse daran, Lagarde gegenüber zu betonen, dass ohne beständige Vergleichung des mas. Textes sein Haupthilfsmittel zur Entdeckung der echten LXX („die *Fähigkeit*, die verschiedenen Lesarten auf ihr semitisches Original zurückzuführen") practisch unanwendbar ist, wenigstens in allen verwickelten Fällen. Erst wenn man im Allg. eine Idee davon hat, was etwa in σκέπη νεανίδων σιρομαστῶν ἀνῄφθη καὶ σιρομάστης Hebräisches zu suchen sei, wird man das Richtige finden: auf diese Ahnung aber führt das mas. מגן אם יראה ורמח. Vgl. zu 1 Sam. 5, 6.

sen, dass die ägyptische Recension in Wahrheit variierte, aber
in der röm. Ausgabe und dem Cod. Alex. die Variante ab-
handen gekommen ist*). Das aber folgt nicht, dass, weil die
textkritische Ausbeute, welche Tischendorfs Ausgabe zulässt
— dass sie der Rede werth sei, zeigt schon Thenius' Commentar — noch einer Erweiterung fähig ist, man vor der
Hand auf das, was auch sie uns bietet, verzichten müsse,
oder dass, weil sie für einen untergeordneten Zweck der kritischen Vergleichung, die Bestätigung, nicht immer Stich hält,
man auch den anderen ohne Vergleich wichtigeren fahren lassen müsse, der im grossen Umfange auch von ihr aus zu erreichen steht. Wenn eine neue Ausgabe neue Varianten —
hoffentlich möglichst viele, aber natürlich Varianten in unserem Sinne — bietet, so wird man sie nachtragen können,
inzwischen aber nicht verschmähen, was sich mit den vorhandenen Mitteln gewinnen lässt, und nur nicht behaupten, dass
nichts zu gewinnen mehr übrig bleibe.

Die Mittel lassen sich steigern, in dem Gebrauch der
vorhandenen kommt es auf Urtheilsfähigkeit an, und die hat
ein Jeder das Recht sich zuzutrauen. Ob er sie besitzt, muss
die Praxis lehren. Ich verweise auf meine Behandlung der
S. 2 citierten Stellen zum Entscheide darüber, ob ich es verstanden habe, die Behauptung zu bewähren, dass die Vergleichung einer unreinen LXX zu kritischen Zwecken ihr
Correctiv in sich selber trage. Versuche, echtes Gut der alten
Uebersetzung aus der Ueberwucherung durch jüngere Versionen zu befreien**), sind z. B. 1 Sam. 3, 20 f. 4, 14 ff. 30,
28. 2 Sam. 2, 22. 15, 17 f. 19, 24. 20, 18 f. gemacht und
auch entstellte Reste genügten bisweilen in Verbindung mit
dem hebr. Texte zur Herstellung des Ursprünglichen, oder ga-

---

*) Es steht nichts im Wege, in solchen Fällen Holmes zu verglei-
chen. Die Bearbeitung der Aufgabe, die ich mir gestellt, wird am ehesten einen Leitfaden liefern, der durch das Gewirre der Oxforder Variantensammlung hindurchführt. Man muss einen Vorbegriff haben von
der Wahrheit, um sie zu finden. Es braucht natürlich keiner fertigen
Conjectur. sondern die Gesichtspunkte zur Auffindung des Werthvollen
aus dem Wuste des Nichtsnutzigen liefert schon ein sehr ungefähres
und negatives Bild des Wahren. Das eine wie das andere wird sich
nur aus dem mas. Texte ergeben, ohne den die LXX gar nicht zu verstehen wäre, und das Sensorium dafür wird sich am besten durch
eine Arbeit wie die vorliegende entwickeln und schärfen.

**) Lagarde a. a. O. S. 2 erwähnt ausser den Dupletten judenchrist-
liche Aenderungen. Zu diesen boten die Bb. Sam. wenig Veranlassung.
Doch scheint 2 Sam. 23, 1—8 in einem Psalme, der als אשם sich bezeichnet (Num. 24, 3) und messianisch gedeutet ward, derartiges unter-
gelaufen zu sein.

ben doch wenigstens einen Fingerzeig dafür, in welcher Richtung es zu suchen sei 1 Sam. 5, 6. 27, 8. 2 Sam. 3, 12. 13, 16. 34. Am leichtesten heilen sich bei diesem Verfahren die zufälligen oder unwillkürlichen Verderbnisse, die namentlich in den Eigennamen sehr häufig sind: es müsste in der That sonderbar zugehen, wenn sinnlose Versehen, die sich nur aus specifisch griechischem Ursprunge erklären, nicht am besten aufgedeckt und gehoben würden durch den Versuch einer Zurückführung auf die nichtgriechische Grundlage und durch Vergleichung des mas. Wortlautes *). Den ganzen vielfältigen Gewinn, den eine gegenseitige Confrontierung für beide Theile hat, stellt in lehrreicher Vereinigung die von Ewald G. G. A. 1867. S. 635 f. besprochene Stelle Jud. 5, 8 dar. אִם מָגֵן יֵרָאֶה וָרֹמֵה lässt erkennen, dass in σκέπη νεανίδων σιρομαστῶν ἀνήφθη καὶ σιρομάστης des cod. Al. eine Duplette vorliegt, dass man lesen müsse σκέπην ἐὰν ἴδω κ. σιρομάστην und σκέπη ἐὰν ὀφθῇ καὶ σιρομάστης und dass das Erstere die wahre Lesart der LXX sei (אִם אֶרְאֶה).

3. Nach sachgemässer Methode also kann die Kritik des überlieferten hebräischen und des überlieferten griechischen Textes Hand in Hand gehen, und die Combination derselben zur Gewinnung des Urtextes ist schon jetzt erlaubt und erspriesslich. Bei grösserer Vorsicht hätte Thenius auch mit den Mitteln, die ihm zu Gebote standen, die notierten Versehen vermeiden können, und übrigens beeinträchtigen sie den Werth seines Buches nicht so wesentlich. Wenn er durch die Vergleichung eines mangelhaften Textes der LXX dazu gebracht wird, im Süden Juda's die Städte Kimath Safek und Themath zu gründen, die es nie gegeben hat, so kommt z. B. Knobel durch gänzliche Ignorierung der alten Uebersetzung

---

*) Viele Fälle der Art, wie auf die angegebene Weise die zufälligen Entstellungen der Versionen erkannt und verbessert werden können, bietet wegen der Eigenthümlichkeit der syr. Schrift die Peschito. Z. B. im 1. Buch Sam. ist nach זבח 1, 20 zu lesen ܘܢܒܚ statt ܘܢܒܕܗ, nach כי ליהוה 2, 8 ܡܛܠ ܕܠܐܠܗܐ statt ܠܐܠܗ ܡܛܠ (worin das Anfangsmem ausgefallen ist), nach נשבעתי 3, 14 ܝܐܡܝܬ statt ܝܐܡܪܬ ܗ, nach וינגד 3, 19 ܘܢܦܠ statt ܘܢܓܕ, nach שלישה 9, 4. 2 Reg. 4, 42 ܬܠܝܬܝܐ statt ܬܠܝܬܐ, nach החיל 17, 20 צבא 28, 1 ܚܝܠܐ statt ܚܝܠܐ u. a. Für das Alter mancher dieser Fehler zeugt der Araber, 1 Sam. 3, 14 muss freilich Aphraates noch richtig gelesen haben. Wright I. S. 77. 316.

zu demselben Ergebnis, wenn er Athak und Rakal Jos. 15
vermisst, Eder Adada Bizjotheja beibehält: aber nur jener
hat strebend geirrt und verzeihlich. Um solcher Irrthümer
willen, die in beschränkterer Weise auch dem Besten passieren können, hätte ich es nicht für nothwendig gehalten, die
Arbeit von Thenius in dem Umfange zu wiederholen, als es
geschehen ist; einzelne Berichtigungen hätten genügt. Aber
ganz abgesehen von der richtigen Feststellung und der ebenso
unerlässlichen richtigen Begrenzung der beiden zu vergleichenden Grössen selbst befinde ich mich im vollen Widerspruch
gegen das Wie der Vergleichung. Ich meine hier nicht die
Ausführung derselben im Einzelnen, die allerdings nicht wenig zu wünschen übrig lässt, sondern ich meine die Grundsätze selbst, die man sich über die Natur der kritischen Mittel erst im Allgemeinen bilden muss, ehe man sie im Einzelnen anwendet. Die allgemeinen Gesichtspuncte zu erproben,
von denen meine Kritik ausgegangen ist, ist der Zweck meines Commentars; an dieser Stelle handelt es sich darum, sie
andeutungsweise darzulegen.

Ist man in der Lage eine Version als kritisches Hilfsmittel benutzen zu müssen, so wird zunächst der Character
ihrer Uebersetzungsart zu untersuchen sein. Man muss zu
scheiden versuchen, was von den Abweichungen der LXX,
verglichen mit dem uns überkommenen hebr. Texte, auf Rechnung der Uebersetzer zu setzen sei und was auf Rechnung
des ihnen vorliegenden Textes. Dass nun überhaupt ein be-
trächtlicher Theil dieser Abweichungen auf Rechnung eines
abweichenden *Textes* komme, darüber braucht man keine
Worte zu verlieren; die übereinstimmenden Stellen müssen
für die variierenden zeugen, und für eine gute Menge der
letzteren speciell gilt das Wort Dathe's zu LXX 2 Sam. 17,
3: lectio quam profecto non ex ingenio suo dederunt — das
Ingenium der siebenzig Dollmetscher ist nicht weither und
darum machen sie keine Conjecturen. In der Opposition gegen Frankel*) hat Thenius darin das entschiedenste Recht —
und es zum Bewusstsein in weiteren Kreisen gebracht zu haben ist das wirkliche Verdienst seines Commentars —, dass
die älteste griechische Uebersetzung der Bücher Samuelis zurückgehe auf eine von der massorethischen stark verschiedene

---

*) Historisch-kritische Studien zu der Septuaginta. I, 1: Vorstu-
dien zu der Sept. Leipz. 1841. Die Arbeit ist nicht fortgesetzt, als
Ausführung der darin dargelegten Grundsätze (für LXX Pentateuch)
kündigt sich an: „Ueber den Einfluss der paläst. Exegese auf die ale-
xandr. Hermeneutik. Leipz. 1851.

Recension der Urschrift. Andererseits aber wäre es verkehrt, etwelche „Freiheit" der Uebersetzung in Abrede zu stellen, die zum Theil schon durch die fremdartige Natur der griechischen Sprache, zum Theil dadurch bedingt ist, dass eine Uebersetzung ein vorhergehendes Verständnis voraussetzt, dieses aber bei den LXX nothwendig dem Verständnisse der Zeit adäquat sein musste. Die Bücher Samuelis sind gewiss im Ganzen äusserst wörtlich übersetzt (vgl. die Beispiele bei Thenius S. XIX), aber man würde irren, diese Wörtlichkeit als ausnahmslos zu betrachten, noch mehr, ihr durch Zurückführung auf religiöse Skrupulosität der Uebersetzer den Character des Principiellen zu verleihen*). Wie wollte man es denn erklären, dass die Skrupulosität sich bloss bei der Uebersetzung, nicht auch bei der Erhaltung des Urtextes geäussert hätte, und zwar besonders bei der ältesten jüdischen Version — denn die uns erhaltenen späteren sind von Wörtlichkeit theilweise weit entfernt — und schliesslich auch bei dieser keineswegs überall, z. B. nicht im Buche Iob. Die Wörtlichkeit, soweit sie vorhanden ist, entspringt bei den LXX nicht aus bewusster und beabsichtigter Verzichtleistung auf besseres Griechisch, sondern ist völlig unwillkürlich. Man muss, um die Manier der Uebertragung in dieser Hinsicht richtig zu würdigen, einerseits in Anschlag bringen, dass sie ein erster Versuch war, andrerseits den Eindruck, den auf uns ihr hebraisirendes Griechisch macht, nicht verwechseln mit dem, den die hellenistischen Juden davon gewinnen mussten, die semitisch dachten auch wenn sie griechisch sprachen; ihnen konnte dasselbe kaum besonders auffallend, geschweige unverständlich sein, zumal da ein Judengriechisch, zunächst für religiöse Dinge in der Synagoge mündlich ausgebildet, schon vorhanden gewesen sein muss, als die erste schriftliche Uebersetzung entstand**).

---

*) „Das Bestreben des Uebersetzers gieng offenbar dahin, das was er im hebr. T. vorfand, mit diplomatischer Genauigkeit oder vielmehr mit religiöser Treue wiederzugeben." A. a. O. S. XVIII.

**) 1 Sam. 15, 22 ist εἰ θελητὸν τῷ κυρίῳ θυσίας zwar kein Griechisch, aber auch keineswegs wörtliche Uebersetzung des Hebr., sondern nur zu erklären aus der anderweit herrschenden Gewohnheit, griechische Elemente zu hebräischen Sätzen zu verbinden. Wenn ferner die LXX חָרִץ wiedergiebt mit σχίζα, פַּח mit φακός, דָּרְבָן mit δρέπανον, הִבְרִיחַ mit ἐξέβραξεν (beachte das ξ), so lässt sich in allen diesen Fällen nicht annehmen, dass ihr die wahre Bedeutung von חָרִץ u. s. w. unbekannt war, sondern sie kannte vielmehr die betreffenden griechischen Wörter nur in dem hebräischen Sinne. Nicht als ob es nicht

Auf diese Weise begriffen schliesst die durchgehende Wörtlichkeit, welche richtiger Unbehülflichkeit genannt werden könnte (חרֹשׁ 1 Sam. 13, 19 = τέκτων σιδήρου), Ausnahmen im Einzelnen keineswegs aus. Diese sind denn auch in Wirklichkeit häufig genug, z. B. 1 Sam. 5, 12 καὶ οἱ

---

auch vorkäme, dass für ein unverstandenes hebr. Wort auf ein gleichklingendes griechisches gerathen wurde, welches seine Originalbedeutung im Bewusstsein der LXX keineswegs verloren hatte (רק ῥάχις, אֶשְׁכָּר ἰσχαρίτης, בַּרְיָה βρῶμα, מֵעֲלִי Job. 30, 30 μεγάλως, 2 ברתן Sam. 2, 29 παρατείνουσα, wie in der Peschito ܠܚܡܐ 1 Sam. 1, 5 für אַפַּיִם, ܥܠ 2, 3 für חבך, ܥܠ 20, 13 für ויטב; vrgl. Perles, melet. Peschit. S. 24), aber הרין σχίζα kann auf diese Weise so wenig erklärt werden wie הברית ἐξέβραξεν. Ich bin geneigt, auch manche andere sprachliche Erscheinungen, worin mit dem Griechischen umgesprungen wird als sei es nur verkleidetes Hebräisch, ebenfalls auf Rechnung nicht erst der LXX zu setzen. Wenn dasselbe griechische Wort gezwungen wird, die verschiedenen Bedeutungen zu tragen, welche im Semitischen durch die Stammbildung aus Einer Wurzel entspriessen (wie 1 Sam. 4, 2 ἔπταισεν ἀνὴρ Ἰσραὴλ ἐνώπιον ἀλλοφύλων, 4, 3 εἶπαν· κατὰ τί ἔπταισεν ἡμᾶς κύριος;), so ist vorab völlig ausgeschlossen, dass den LXX der Unterschied zwischen Qal und Hifil u. s. w. nicht sollte bewusst gewesen sein. Aber auch das ist unglaublich, dass sie nicht Willens oder im Stande gewesen wären, denselben durch *zwei* griechische Worte auszudrücken, denn in den meisten Fällen haben sie das sowohl gewollt als gekonnt. Vielmehr haben sie sich nach schon vorhandenem Sprachgebrauche ihrer Volksgenossen, den sie natürlich in einer Menge von Fällen consequent erweitern mussten, gerichtet und zwar um so gewisser, als es durch die Willkür Einzelner nicht erklärbar ist, warum z. B. in προσάγειν = נגשׁ הגישׁ, das *Hifil* für die Wahl des griechischen Wortes massgebend gewesen ist, in anderen Fällen das Qal. Auch die nicht seltenen Beispiele, wo ein hebräischer Ausdruck, welchem je nach dem Zusammenhange, in dem er gebraucht wird, *verschiedene* griechische entsprächen, constant durch einzigen so vertreten wird, dass man sieht, das Bewusstsein des Unterschiedes zwischen der Originalbedeutung beider ist verloren gegangen und der griechische ist seelenloser Substitut des hebräischen geworden, dessen sämmtliche Nüancen er mitmachen muss, werden ihrer Möglichkeit nach ähnlich begriffen werden müssen; so auch der stehende Gebrauch des griechischen Aoristes als Inchoativ, entsprechend dem hebr. Perfectum, obwohl hier das classische Hellenisch Anknüpfungspunkte bot. Dass die LXX in derartigen Fällen ihren ältesten Lesern verständlich war und zwar nicht erst durch die Brücke der Vergleichung mit dem Urtexte, durch welche wir alleine uns helfen können, lehrt im Allg. ihre weite Verbreitung, wonach sie einem entschiedenen Bedürfnis genügt haben muss, im Einzelnen des Oefteren das Neue Testament oder die Itala. — Uebrigens verdient eine ausführliche Untersuchung, was hier nur anmerkungsweise behandelt werden konnte.

ζῶντες καὶ οὐκ ἀποθανόντες = וְהָאֲנָשִׁים אֲשֶׁר לֹא־מֵתוּ, 6, 7
ἄνευ τῶν τέκνων = אֲשֶׁר לֹא עֲלֵיהֶם עַל, 8, 5 καθὰ καὶ τὰ
λοιπὰ ἔθνη, 9, 5 der ganze Vers, 17, 10 μονομαχήσομεν
ἀμφότεροι = נִלֹּחֲמָה יַחַד, 24, 9 ἀναστάντας θῦσαι = קוּם
עַל, ganz abgesehen von solchen stehenden Erscheinungen
wie אֲדֹנִי κύριος, בְּנִי τέκνον, vgl. Joh. 20, 16 Ραββουνί, ὃ λέ-
γεται διδάσκαλε. Deutlich tritt namentlich die Einwirkung
der zeitgenössischen Hermeneutik in freieren Umschreibungen
hervor. Πανδημεὶ Deut. 13, 16 lässt keinen Zweifel darüber,
dass σὺν παντὶ τῷ λαῷ 1 Sam. 7, 9 Deutung von כָּלִיל sei,
ebenso hat man keine Gründe, anzunehmen, dass πρὶν ἐπι-
σκευασθῆναι 1 Sam. 3, 4 nicht auf טֶרֶם יִכְבֶּה zurückgehe
oder παρασκευάσασθαι 24, 4 nicht auf לְהָסֵךְ רַגְלָיו; vgl. ἐπι-
κληθῆναι als Uebersetzung von שָׁכַן Exod. 29, 45 f. Deut. 12,
5. 11. 14, 23. 16, 2. 6. 11. 26, 2. Sind doch auch die Umdeu-
tungen des Qeri fast regelmässig in der griechischen Uebersetzung acceptiert. An solchen Stellen vorzüglich, wo die
LXX und die übrigen Versionen darin übereinkommen, dass
sie das uns vorliegende Hebräisch *nicht* ausdrücken, doch aber
in der Wiedergabe eines andern nicht einig sind, spricht die
überwiegende Wahrscheinlichkeit dafür, dass wir es nur mit
verschiedenen Deutungen zu thun haben: womit nicht geleug-
net werden soll, dass auch positive Uebereinstimmung der
Versionen in der Abweichung vom mass. Texte nur auf gemeinsamer Abhängigkeit von der traditionellen Hermeneutik
beruhen *könne* — z. B. 1 Sam. 1, 16 ἐκτέτακα אֹרַכְתִּי für
דִּבַּרְתִּי, 2, 1 ἐστερεώθη בָּ קָם תָּקַם für עָלַי (vgl. Prov. 11, 16.
28, 12. Syr.), 17, 4 ἀνὴρ δυνατός בֵּין הַבֵּינַיִם für אִישׁ־הַבֵּנַיִם,
24, 8 ἔπεισεν פָ יֶס für וַיִּפְצַר.

Von den *Sonderbarkeiten* der Haggada indes findet sich
in der LXX kaum eine Spur*). Völlig verunglückt ist der

---

*) Geiger, Urschrift S. 161: „Die ägyptischen und die sonstigen
griech. redenden Juden, welche sich immer mehr der LXX als eines
Originals bedienten, standen dem Brennpunkt der weiter sich ausbil-
denden Schriftdeutung, den gesetzlichen Discussionen, der aggadischen
Entwicklung fern. Die neuen Resultate Palästinas, vorzüglich soweit
sie das practische Leben berührten, drangen zu ihnen hin und wurden
auch wohl grösstentheils von ihnen aufgenommen; allein man beruhigte
sich bei der Autorität der palästinensischen Gelehrsamkeit, behielt aber
seinen Bibeltext, d. h. seine recipirte griech. Uebersetzung nach wie
vor bei.“ Darin liegt die Anerkennung, dass die LXX nicht unter dem
Einflusse der späteren palästinens. Haggada gestanden habe.

Versuch Frankels (Vorstudien S. 189), 1 Sam. 28, 14 dergleichen nachzuweisen. Dass der LXX יְקָר dort verderben konnte in יְקָר und dass sie demgemäss אִישׁ ז עֹלֶה übersetzte mit ἄνδρα ὄρθιον ἀναβαίνοντα, das begreift sich sehr wohl. Dagegen begreift sich gar nicht, wie anders als aus einem ganz zufälligen Anlasse die tolle Fabel entstehen konnte, dass die Zauberin aus dem Anblicke des *Todten* deshalb den sie Befragenden als König erkennen konnte, weil jener aufrecht mit dem Kopfe zu oberst erschienen sei — das geschehe nemlich von den citierten Geistern nur dem Könige zu Ehren, während sie vor gewöhnlichen Menschen mit den Füssen zu oberst, also auf dem Kopfe stehend auftauchen. Man sollte froh sein, hier einmal wirklich den Anlass eines der mancherlei singulären Züge, von denen die jüdische Sage voll ist, in einem Schreibfehler nachweisen zu können, und nicht sich bestreben, das Klare aus dem Dunkeln zu verstehen. Oder ist, wenn man etwas auf die „Tradition" zurückgeführt hat, jedes weitere Fragen damit abgeschnitten? Die Tradition stammt doch nicht als Ganzes von Adam her und lässt sich auch zum grossen Theile nicht aus dem Geiste der Zeit oder allgemeinen volksthümlichen Motiven ableiten, sondern in ihren oft so sonderbaren Eigenthümlichkeiten ist sie nur aus ganz bestimmten Anlässen erklärbar*), nach denen gefragt werden muss, wenn sie auch in den wenigsten Fällen sollten aufgezeigt werden können.

Völlig eine Handschrift ersetzen thut keine Uebersetzung und auch die LXX nicht. Z. B. in vielen Fragen, die mehr die Form der Worte als den Sinn des Satzes betreffen, wird es gefährlich sein, aus der Vergleichung des Griechischen Entscheidungsgründe herzunehmen. Aber auch sonst kann man nicht überall sicher das Original aus der Uebersetzung herausfinden; eine Scheidung zwischen dem, was stets nur griechisch existiert hat und dem, was hebräisch vorgelegen haben muss, ist sogar in recht zahlreichen Fällen nicht möglich. Für unsere Aufgabe, für die Herstellung des *wahren* Textes, ist diese Scheidung indes nicht so wesentlich als man meinen sollte; aus Gründen, die später (s. weiter unten) werden entwickelt werden.

4. Das bisher (S. 8 ff.) Erläuterte betraf allgemeine Gesichtspunkte für eine durch die Umstände bedingte *Vorarbeit* der kritischen Vergleichung, noch nicht die Grundsätze dieser

---

*) Mit Recht hat darauf besonders Ewald oft und mit Nachdruck hingewiesen.

Vergleichung selber, sofern sie zwischen dem *hebräischen* Texte
der LXX und dem uns überlieferten vorzunehmen ist. Wenn
die Aufgabe der Textkritik wesentlich eine Zurückrollung der
Entwicklung ist, welche von dem Archetypon aus auf die uns
vorliegenden Recensionen geführt hat, so handelt es sich bei
ihrer Lösung wesentlich um die Frage, welcher Art jene Entwicklung sei, denn die Richtung des Weges, auf welchem die
Entfernung der Copieen vom Original zu Stande gekommen
ist, muss man kennen, um ihn umkehren zu können und auf
diese Weise wiederum zum Ausgangspuncte zurückzugelangen*). Es fragt sich also hier, wie man sich die Entstehung
der Varianten in den Recensionen zu denken habe.

Zunächst wird man immer an unwillkürlichen Irrthum
und an den Zufall denken. Nun will ich gewiss nicht leugnen, was unleugbar ist, dass die uns erhaltene Copie der Bücher Samuelis eine äusserst fahrlässige ist. Die Fälle, wo
durch Homoioteleuton ganze Sätze übersprungen sind, wo Bestandtheile der oberen Zeile in der unteren fälschlich wiederholt sind und andere sehr groben Versehen, die nur der
Nachlässigkeit des Schreibers zur Last gelegt werden können,
sind darin allzuhäufig**); durch sie am äusserlichsten unterscheidet sich der mass. Text von dem der LXX, worin dergleichen viel seltener vorkommt, während auch von den vor-
kommenden Irrungen manche noch auf die Abschreiber des
Griechischen zurückgehen werden. Ebensowenig stelle ich
das Vorhandensein zahlreicher Varianten in Abrede, die mehr

---

*) Man erwarte nicht, dass ich der Mode folgend den Bibeltext
einer bestimmten Zeit als Ausgangspunkt der Textgeschichte angeben
solle, welcher durch Combination der beiden uns erhaltenen Recensionen wieder zu gewinnen die Aufgabe sei. Es lässt sich nicht bestimmen, seit wann die Differenz der Recensionen datiert, und die Bestimmung hätte auch am wenigsten im A. T. Einfluss auf die Stellung der
textkritischen Aufgabe, denn bei der Beschränktheit des objectiven Ap-
parats und der Vieldeutigkeit der semitischen Schrift bleibt grade hier
der Conjectur ein weiter Spielraum. Die Conjectur aber will nicht auf
irgend eine Zwischenstation der Entwicklung, sondern auf den Anfang
gelangen, denn nur die Wahrheit bezeugt sich selber.

**) Auffallend ist, dass, wo der Schreiber sein Versehen bemerkte,
er es nicht wagte, zu streichen, sondern die Correctur neben den Fehler setzte. Z. B. 1 Sam. 4, 18 יִ בְּעַד und manches Aehnliche. Vgl.
Geiger zu Levit. 20, 10; a. a. O. S. 240 ff. Danach wird auch יהוה
אלהים (Gesen. Thes. 580. IV, 1) zu beurtheilen sein, um so mehr, als
in LXX die Correctur theils durchgedrungen (Gen. 2. 3 las die echte
LXX stets einfach ὁ ϑεός), theils gar nicht gemacht ist (z. B. Exod.
9, 30).

oder weniger auf Zufall, namentlich Buchstabenverderbnis, zurückgeführt werden müssen, und ich weiss auch recht gut, wie grossen Schaden Ein verkehrtes Jota stiften kann, wie das unscheinbarste Verderbnis consequent weiter zu wirken strebt und von sich aus seine Umgebung umzugestalten sucht, um sie sich anzupassen (1 Sam. 5, 11 LXX; 1, 1. 2 Sam. 4, 6 Hebr.). Dennoch sind Versehen und Zufall*) im Ganzen genommen ziemlich sterile Erklärungsmittel, welche nicht entfernt hinreichen, die Fülle der Erscheinungen zu begreifen, als deren Ursache sie gewöhnlich angesehen werden. Wenn z. B. 1 Sam. 1, 8 hinter den Worten: „da sprach Elkana ihr Mann zu ihr" die LXX liest: אֲדֹנִי הִנֵּנִי לֹו וַתֹּאמֶר הַנָּה וַיֹּאמֶר, לָהּ לָמֶּה תבכי, die Massora aber den Elkana ohne Unterbrechung fortsprechen lässt: הַנָּה לָמֶה תבכי, so hat es zwar sein Bequemes, für das Minus der letzteren den Zufall verantwortlich zu machen, aber auch sein Komisches, als Veranlassung desselben die Gleichheit des Endbuchstabens von לָהּ und הַנָּה angegeben zu finden, zumal wenn dieselbe Erklärung — Ausfall veranlasst durch gleiche *Endbuchstaben* — zum vierten oder fünften Male innerhalb weniger Verse wiederkehrt. Noch weiter geht der Misbrauch, wenn an einer wirklichen oder vermeintlichen Lücke ein Wort derselben Schuld sein soll, das zwar gleich oder ähnlich in der Umgebung irgendwo vorkommt, aber keineswegs an einer Stelle, welche das Ueberspringen in dem bestimmten Umfange, wie

---

*) Als häufigere Buchstabenverwechselungen, welche minder bekannt zu sein scheinen, verdienen bemerkt zu werden: ה = י namentlich am Wortende, fast die gewöhnlichste von allen; ב = כ 1 Sam. 1, 1. 5, 6. 14, 18. 2 Sam. 3, 34. 7, 7; ל = י in מיכל = מלכל und 1 Sam. 2, 20 = 2 Sam. 20, 19 (שׁים = שׁלם) 1 Sam. 14, 33. 2 Sam. 12, 26; vgl. מהללאל = מהייאל, נהלתי = הרית Exod. 34, 9. Bekannt ist ד = ר, ב = כ, ח = ה und die Reihe מ ח ה ס ת (überh. die Buchstaben, welche den Anlass zum Namen der Quadratschrift gegeben haben); das häufigste Resultat aller möglichen Schreibfehler sind ר und ו. Bei ה = י am Schluss der Wörter und auch bei א = י am Anfange kann es öfters zweifelhaft sein, ob ein graphischer Irrthum vorliegt, unzweifelhaft ausgeschlossen ist ein solcher bei den promiscue gebrauchten Präposs. על und אל, oder bei ס = שׁ (in einzelnen Fällen, z. B. bei der Wurzel סך Exod. 33, 22. Jes. 5, 5. Job 10, 11. 40, 31. Thr. 2, 6).

es stattgefunden hat, erklären würde. Vgl. z. B. Thenius zu
1 Sam. 17, 36. Aehnliche vage Ableitungen der Varianten
aus irrationalen Anlässen, die im Stiche lassen, sobald man
sie versucht, finden sich bei Thenius nicht selten, eine der
sonderbarsten zu 2 Sam. 11, 25. Stillschweigend anerkennt
er denn auch selbst das Unzureichende seines Erklärungs-
principes, wenn er meist darauf verzichtet, die wirkliche An-
wendbarkeit desselben auf die einzelnen Fälle zu erproben.
Man kann allerdings auch hier nicht immer und vollständig
dem unberechenbaren Zufalle nachrechnen; kennt man aber
seinen Ausgangspunct und das Resultat, zu dem er schliesslich geführt hat, so ist es um so weniger unmöglich, seinen
Gang zu verfolgen, je eingeschränkter das Gebiet ist, auf dem
er seine Launen spielen lassen konnte. Im Grossen und Ganzen kann darum auch, wer sich auf den Zufall als Ursache
der Varianten zurückzieht, nicht von der Aufgabe dispensiert
werden, den Werth des angenommenen Princips daran zu bewähren, dass die *einzelnen Erscheinungen* sich wirklich und
nachweislich daraus ableiten lassen.

5. Wenn der eine Theil der Juden (die palästinensischen)
die heiligen Nationalschriften mit der minutiösesten Sorgfalt
behandelte, der andere aber (die hellenistischen) gleicherweise
bei der Uebersetzung mit diplomatischer Genauigkeit verfuhr,
ja mit religiöser Treue, die sich bis auf die Buchstaben erstreckte*), so lässt sich die Entstehung der Differenzen in
den Recensionen allerdings nur aus dem aller Logik spotten-
den Zufalle begreifen. Aber so falsch es ist, die Starrheit
etwa des Aquila auf die LXX zu übertragen, so falsch ist
es, die Starrheit, mit der seit der Massora der Urtext über-
liefert wurde, ohne Weiteres zu antedatieren. Die Varianten
protestieren dagegen; will man auf eine wirkliche Erklärung
derselben nicht verzichten, so kann man nicht umhin, eine
der Massora vorhergehende Periode der Textgeschichte anzunehmen, wo man von streng philologischer Treue und gar
von mechanischer Pedanterie gar keinen Begriff hatte, vielmehr gar oft in ungenierter Naivetät den Buchstaben dem
Sinne opferte. Die Massora hat einen bislang sehr fliessenden Text mitten im Fluss zum Stehen gezwungen: um zur
Quelle zurückzugelangen, muss der Versuch gemacht werden,
den in irgend einem Stadium seines Laufs fixierten wieder
in Bewegung zu bringen.

Um mit dem Aeusserlichsten zu beginnen, so hat die
Orthographie, wie sie im Ketib vorliegt, nicht als Ganzes von

---

*) Vgl. Thenius S. XVIII. XX.

jeher zum *objectiven* Stoffe der handschriftlichen Ueberlieferung gehört, sondern erst die Massora hat sie dazu gemacht.
Namentlich muss die Schreibung der inneren Vokale einst
mehr oder weniger abgehangen haben von subjectiver Deutung, resp. Willkür. Auch in den Fällen, wo die s. g. scriptio
plena jetzt als Regel gilt, herrschte früher grosse Freiheit*).
Nur so erklären sich die unzähligen Varianten in diesem
Puncte, welche nicht allein die Vergleichung der LXX liefert, sondern ebenso sehr innerhalb des Ketib die Vergleichung der Eigennamen, namentlich der minder gebräuchli-
chen, welche aus leicht begreiflichen Gründen häufig der An-
passung an die spätere Regel widerstanden und einen älteren
Zustand der Schrift conserviert haben, sowie er etwa auf den
Münzen der Hasmonäer erscheint (טַבְלַם neben טִיבְלָאם, vgl.
לְשֵׁם mit הֵידְלָאם). Was man später nur mit leisen Punkten
und Strichen anzudeuten wagte, ohne in die Schrift selbst
einzugreifen, hat man in der älteren Zeit unbefangen in die
objective Grundlage der Ueberlieferung selbst eingefügt; die
Vokalbuchstaben im Inlaut dürfen daher im Allgemeinen nicht
als zuverlässige Indicien für die Meinung des Schriftstellers
gelten, sondern nur für das Verständnis der Späteren; denn
wenn sie auch an manchen Stellen sicher auf den ersteren
zurückgehen, so ist es doch bei dem jetzigen Stande der Dinge
selten möglich zu entscheiden, an welchen.

Dass das Exemplar, aus dem die LXX übersetzten, gar
keine „matres lectionis" hatte, wie Lagarde a. a. O. S. 4 annimmt, ist unrichtig. Angenommen, dass unter matres lectionis bloss die vocales in medio literae, wie sich Hieronymus
in der citierten Stelle präciser ausdrückt, gemeint seien**),

---

*) Man darf sich dafür aber nicht berufen auf das Zeugnis des
Hieronymus, zu dessen Zeit die Orthographie wesentlich so fixiert gewesen sein wird, wie sie uns vorliegt. Gesenius Lehrgeb. S. 28 hat seine
Worte misverstanden („cum vocalibus in medio literis perraro utantur
Hebraei et pro voluntate lectorum et pro varietate regionum eadem
verba diversis sonis et accentibus proferuntur"), wenn er die Interpunc-
tion hinter „regionum" anbringt. Der Nachsatz beginnt vielmehr mit „et
pro voluntate", da Hieronymus sonst statt „lectorum" hätte sagen müssen
„scribarum." „Perraro" ist natürlich zu verstehen im Vergleich zur latei-
nisch-griechischen Schrift; „et pro varietate regionum" wird sich zumeist
auf verschiedene Färbung desselben Vokals beziehen, vgl. die spanische
und polnische Aussprache.

**) Es wird Lagarde nicht unbekannt sein, wie nothwendig zur
Beurtheilung der Schrift zwischen inlautendem und auslautendem Vokal
geschieden werden muss; vielleicht sind nur die Gründe unbekannt,
welche dazu berechtigen, den Namen matres lectionis auf die inneren
Vokalbuchstaben zu beschränken und z. B. ה davon auszuschliessen.

so erklärt sich Σασα 2 Sam. 8, 17 gegen Σουσα 20, 25 kaum anders, als dadurch, dass der Uebersetzer sich durch die verschiedenen Schreibweisen שׁשׁא und שׁושׁא über die Identität des Namens täuschen liess. Ferner wenn in der LXX גרשׁם aus גרשׁם (Orig. in Joan. 1, 24, de la Rue IV S. 141 c.), בדזל aus בדזל Jud. 1, 19, רקדם aus רקם 2 Sam. 6, 20 entstehen konnte, so war das nur möglich unter Voraussetzung ihrer Bekanntschaft mit dem Gebrauch der matres lectionis. Ein principieller Unterschied hat also in dieser Hinsicht zwischen dem Texte der LXX und dem unsrigen nicht geherrscht, wohl aber vielleicht ein gradueller. Es mag sein, dass die vocales in medio literae seltener angewandt wurden, obwohl die Orthographie des massorethischen Musterexemplars nicht allein durch regelmässigere *Setzung* der Vokalbuchstaben mehr System und Consequenz zu gewinnen suchte, sondern auch durch regelmässigere *Nicht*setzung in anderen Fällen. Z. B. wurde א nicht bloss regelmässig eingetragen in den Fällen מבי u. s. w., sondern auch der Regel nach gemieden, wo es nicht Radikal war, während manche Spuren darauf hinweisen, dass in der älteren Schrift א für â und ā nicht ungewöhnlich war *). Ob die frühere Willkür, allmählich sich zur Consequenz emporarbeitend, durch die Richtung der Entwicklung darauf hindeutet, dass in dem anfänglichen Stadium auch der hebräischen Schrift gar keine Vokale im Inneren der Worte geschrieben wurden, stehe dahin. הדוא im Pentateuch ist kein Zeugnis dagegen, denn hier so wenig wie bei einer Reihe anderer stehenden orthographischen Eigenthümlichkeiten gewisser Bücher des Kanon bewährt sich die nächstliegende Auskunft, dass sie auf die ursprünglichen Verfasser zurückzuführen seien.

Ai wird im Hebr. nicht als einheitlicher Sylbenvokal betrachtet, sondern mit dem zweiten Bestandtheile des Diphthonges fängt eine neue Sylbe an und es gilt die Regel, dass im Anlaute der Vokal stets müsse geschrieben werden (ge-

---

*) So beruht auch ישׂע 1 Sam. 2, 20 vgl. mit ישׁלם der LXX nach 2 Sam. 20, 19 auf Streichung von י (ישׂיע), ferner ויקם 1 Sam. 20, 25 vgl. mit ויקמם der LXX auf Streichung von י (ויקמם). Ueberhaupt lässt sich nachweisen, dass in der älteren vormass. Orthographie auch *ursprünglich* kurzes i und namentlich kurzes u sehr viel häufiger geschrieben wurden, wie das letztere ja regelmässig im Syrischen geschieht.

wöhnlich durch א, i aber auch durch י, vgl. meine Bemerkungen zu 1 Sam. 14, 49). Uebrigens finden sich auch von
dieser Regel Ausnahmen. Es ist nicht wahrscheinlich, dass
Abigail von demselben Schriftsteller innerhalb weniger Verse
bald so, bald Abigal sollte genannt worden sein; die Verschiedenheit der Schrift kann in solchen Fällen nicht aus der
Möglichkeit verschiedener Aussprache erklärt werden, vielmehr ist auch אבגיל auszusprechen Abigail. Vgl. אםכ =
אפס 1 Sam. 1, 5, במה = בתה = baïtha 10, 13. Nur
scheinbar ist die Analogie anderer Fälle, bei denen man auch
denken könnte, der anlautende Vokal in der Mitte des Wortes sei nicht geschrieben, nemlich צמים Iob 5, 5, צביה,
יאהבו 1 Sam. 18, 1; ארגלי Gen. 46, 16 Sam., בתול Jos.
19, 3 vgl. mit 1 Chr. 4, 30, המול Gen. 46, 12. Num. 26,
21. 1 Chr. 2, 5 vgl. mit 1 Chr. 4, 26 und der Aussprache
der LXX, des Sam. und der Peschito*). In Wahrheit *ist*
er geschrieben, denn in den ersten drei Beispielen hat י den
Werth von א und ו den von או = הו, in den anderen aber
vertritt ו gerade wie in der arab. Schrift erstens den langen
Vokal, zweitens das Hamza, welches hinter û leicht wie Waw
klingen mochte.

Auch mit der Vokalschreibung im Auslaute verfuhr man
in gewissen Fällen einst ziemlich frei. Denn die Varianten
sind äusserst häufig, die auf Lesung und Nichtlesung eines û
oder ā am Ende des Wortes beruhen und auch im Ketib
selbst kommen noch Fälle vor, wo z. B. der Numerus der dritten Person des Verbs durch die Schrift nicht unterschieden ist.
So bei dem dreimaligen וישבר 1 Sam. 9, 3. Namentlich bei
dem häufigen אמר scheint dies eher Regel als Ausnahme
gewesen zu sein, vgl. 1 Sam. 11, 9 (LXX). 12, 5. 10. 13, 19.
15, 16. 16, 4. Man könnte sich nemlich zwar vorstellen, dass
die Sprache in einigen Fällen den Singular „wajjomer" für ein
pluralisches Subject verwandte; wenn aber auch der umge-

---

*) Die Beispiele verdanke ich zum Theil Geiger a. a. O. S. 297.
Wenn übrigens mein freundlicher Recensent (Lit. Centralblatt 1870
Nro. 43) sagt, הביל sei keinesfalls als Schreibfehler zu betrachten und
keinesfalls als sprachliche Zusammenziehung von הביאל, so giebt er
treffend den Sinn meiner Worte wieder, הביל scribi pro המואל.
Hoffentlich wird er auch שבטה = סבה nach dem S. 15 Anm. Bei-
gebrachten aus formellen Gründen nicht mehr beanstanden.

kehrte Fall vorkommt, nemlich ויאמרו Jos. 6, 7. 9, 7. 1 Sam.
15, 16, so erklärt sich das nur aus einer einmal auch falsch
angebrachten späteren Gewohnheit, ursprüngliches ויאמר auf-
zulösen. Auch das starke Schwanken in der Setzung und
Nichtsetzung des ה am Schluss der Ortsnamen möchte zum
grossen Theil nicht der Sprache, sondern bloss der Schrift
zur Last fallen, welche die ältere nicht immer consequent
umsetzte, oder auch die Möglichkeiten, welche durch jene der
Aussprache und dem Verständnisse offen gelassen wurde, nicht
immer nach triftiger Deutung beschränkte. Denn Inconsequenz und Willkür der Sprache anzunehmen, hat etwas sehr
Bedenkliches; die hebräische *Schrift* aber, wie sie uns vorliegt, ist ihrerseits so geartet, dass man sie nicht ohne weiteres als zuverlässigen Bürgen für das *ursprünglich* Gespro-
chene und Geschriebene betrachten kann und nicht Unrecht
thut, ihr manches von dem aufzubürden, was man gewöhnlich der Sprache zur Last zu legen pflegt. Die Punctation
wagte sich nur theilweise von der Orthographie des Ketib zu
emancipieren, am wenigsten in den Eigennamen, wo Abner und
Abiner, Abisai und Absai, Abigail und Abigal, Urijah und
Urijahu mit einander wechseln, je nachdem das Ketib die
scriptio plena oder defectiva bevorzugt. Vgl. zu dem Ge-
sagten Ochlah W' ochlah, herausgeg. von Frensdorff, Hannover 1864; Nro. 111—116. 119. 120 *).
Die Worttrennung beruht wahrscheinlich auf ursprünglicher Ueberlieferung und ist demnach nur durch Zufall in
manchen Fällen verkehrt. Wenigstens steht es für das Ketib,
also für das Exemplar, welches allen unseren hebräischen
Handschriften mittelbar zum Muster gedient hat, fest, dass
darin nicht die scriptio continua herrschte. Denn was hätte

---

*) Lagarde meint, dass auch einige *consonantische* Auslaute, nemlich כ und ת, in dem Exemplar der LXX regelmässig nicht geschrieben, sondern durch den bekannten oberen Abbreviaturstrich bezeichnet
seien, der sich schon auf den jüdischen Münzen und auch wiewohl selten in Handschriften findet. In den Bb. Samuelis kommt allerdings
Einiges vor, was am bequemsten auf diese Weise könnte erklärt werden, vorzüglich die Verwirrung zwischen שלשם שלשת שלשה שלש
in 2 Sam. 23. Aber z. B. ἐν Γεθθεμ 1 Sam. 14, 33 für בגדתם = בגדתם
oder הלכ 20, 37 für הלא beweisen, dass diese Abkürzung nicht regelmässig geherrscht habe. Kam sie aber nur sporadisch vor — was freilich auch nicht bewiesen ist —, so verliert die Hypothese ihre practische Bedeutung, ja sie könnte ausserdem aus gleich guten Gründen auf
viele andere Endbuchstaben erweitert werden.

sonst das Qeri abgehalten, in den Fällen 2 Sam. 5, 2 מִיֹּצִיא הָיִיתָה, 21, 12 חַפְּלִשְׁתִּים שָׁם die erkannte richtige Abtheilung auch durchzuführen? Vgl. die vollständige Sammlung ähnlicher Beispiele Ochlah Nro. 99—102. Dass aber das Ketib in diesem Puncte eine Neuerung eingeführt habe, ist ziemlich unglaublich, zumal es auf der andern Seite sehr wahrscheinlich ist, dass die alten Schriftsteller selbst die einzelnen Satzglieder in der Schrift kenntlich unterschieden.

6. Wie die hebr. Schrift dazu kam, subjective Elemente in sich eindringen zu lassen, begreift sich leicht. Sie ist von Anfang an kein für sich festes Bild des Lautes und bedingt nicht rein durch sich selbst die Aussprache, sondern sie rechnet vielmehr von Natur auf die selbständig deutende Thätigkeit des Lesers, der den Satz verstehen muss, ehe er die Worte aussprechen kann; so konnte sie nicht verlangen, dass die Deutung, welche sie auf jedem Puncte provocierte, sich in keinem in sie selbst einmischte und sie deutlicher zu machen strebte. Aber nicht bloss die Schrift lässt der Subjectivität grossen Spielraum, auch der Laut selbst bindet im Hebr. nicht durch rein lautliche Mittel das Verständnis, sondern deutet sehr vieles nur an, dessen genauere Bestimmung er der Stellung der Worte und einer keineswegs bloss receptiven, sondern stark aktiven Thätigkeit des Hörers überlässt. Schliesslich legt es der Stil hebräischer Prosa nicht im mindesten darauf an, die Darstellung der Sachen, so weit es geht, unabhängig zu machen von dem granum salis des Lesers. Secure loquitur Scriptura, und wenn ihre Erzählungsweise auf der einen Seite in unendlicher Weitschweifigkeit sich ergehen kann (1 Sam. 5, 1. 2. 17, 13. 49), so traut sie auf der anderen dem stillschweigenden Verständnisse das Möglichste zu, in beiden Stücken getreu der Naivetät des mündlichen Sprechens nachahmend und von aller Pedanterie gleich weit entfernt. *Ungezwungen* ergeht sie sich gern in behaglicher Breite, aber *peinliche* Ausführlichkeit ist ihr verhasst: unbekümmert um das, was dazwischen liegt, wenn man die Dinge realiter in Scene setzt, führt sie in den nothwendigen wichtigen Dingen zum Ziel. Es liegt auf der Hand, wie sehr theils das stetige Rechnen auf die supplierende Selbstthätigkeit des Lesers, theils die Ungleichmässigkeit in der Behandlung des Stoffs, die nie das subjective Interesse des Schriftstellers verläugnet und nirgend auch nur den Schein von Objectivität sich giebt, es begünstigen mussten, dass die handschriftliche Ueberlieferung hebräischer Prosa es nicht zu der Festigkeit brachte, wie sie bei der griechischen und lateinischen schon durch ihr

geschlossenes und poliertes Wortgefüge bedingt ward, in welchem jedes Zuviel und Zuwenig auffällt. Von jeher hat sich namentlich bei den die israel. Profangeschichte behandelnden Büchern die Auslegung des Textes in die Ueberlieferung desselben gemischt und der letzteren einen schwankenden fliessenden Character gegeben *). Einige Beispiele mögen davon eine Anschauung geben.

Subject der Rede kann man in einem allgemeineren Sinne nicht bloss den Nominativ nennen, sondern überhaupt den Gegenstand oder die Person, welche durch die Aussage des Satzes afficiert wird, einerlei ob als Nominativ oder Akkusativ oder Genitiv u. s. w. Ein solches Subject wird nun entweder mit seinem vollen Namen ausdrücklich bezeichnet oder aber durch einen farblosen Substituten ersetzt; dieser selbst kann wiederum entweder ein eigenes Wort sein, das Pronomen, oder aber schon in der Aussage, im Prädikat, liegen, wenn letzteres ein Verbum ist. Das ausdrücklich genannte Subject lässt sich passenderweise *Explicitum* (ظاهر) betiteln, das im Pronomen und Verbum versteckte dagegen *Implicitum* (مضمر). Da nun letzteres für alle verschiedenen Subjecte das gleiche ist und zwar einige grammatische und formelle, aber keine inhaltliche διαφοραί ausdrückt, um mit Aristoteles zu reden, so dürfte es strenggenommen nur da angewandt werden, wo Zweideutigkeit nicht zu befürchten ist, und da *sollte* es der Regel nach angewandt werden. Aber in der hebräischen Prosa herrscht in diesem Punkte ziemliche Ungebundenheit. So heisst es etwa 1 Sam. 19, 7: „*Jonathan* rief den David und *Jonathan* theilte ihm dies Alles mit und *Jonathan* brachte den David zu Saul" und ebenso wird 2 Sam. 12, 19 das Explicitum (David) ohne alle Noth drei Mal hintereinander wiederholt. Umgekehrt aber ist es mindestens ebenso häufig, dass die ausdrückliche Nennung des Subjects unterbleibt auch beim Wechsel desselben **). Z. B. 1 Sam. 15, 27 und LXX v. 31. Es ist nun nicht zu verwundern, dass die Uebersetzungen häufig in solchen Fällen es explicieren, um eine wirkliche oder vermeintliche Zweideutigkeit aufzuheben. Aber diese Freiheit nehmen sich nicht bloss die Uebersetzer, sondern auch die Leser und Abschreiber des

---

*) Die s. g. prophetae priores wurden später kanonisch als der Pentateuch und im kirchl. Gebrauch ihm nie gleichgeschätzt, desto mehr aber privatim gelesen. Zeugnis des Interesses, das man an ihnen nahm, ist die jetzige Gestaltung ihres Textes.

**) Dieselbe Erscheinung tritt noch auffallender in den erzählenden Stücken des Qoran hervor.

Grundtextes. Denn wo die LXX und unser mass. Text hinsichtlich eines Subjectes *differieren*, da kann kaum ein Zweifel darüber sein, dass die Urschrift weder das eine noch das
andere las, vielmehr jedes von beiden Ergänzung seitens der
Recensionen ist; und auch wo einem Implicitum der LXX
ein Explicitum des Hebr. gegenübertritt, wird im Allgemeinen
das Vorurtheil dem Explicitum ungünstig sein müssen (abgesehen von Fällen wie 1 Sam. 19, 7. 2 Sam. 12, 19), mag es
auch auf ganz richtiger Deutung beruhen. Am klarsten liegt
freilich die Sache, wenn es vielmehr auf unrichtiger Deutung
beruht. 1 Sam. 20, 41 stehen sich gegenüber עַד־בָּלָה LXX
und עַד דָּוִד הִגְדִּיל *). Nur עַד־בָּלָה und עַד־הִגְדִּיל lassen
eine Vergleichung zu, דָּוִד ist falsches Explicitum. Wollte
man hier vielleicht an zufällige Entstehung desselben aus ד
denken, so wird diese Auskunft abgeschnitten 1 Sam. 30, 20.
Dort lesen wir וַיִּקַּח דָּוִד אֶת־כָּל־הַצֹּאן וְהַבָּקָר נָהֲגוּ לִפְנֵי
הַמִּקְנֶה הַהוּא וַיֹּאמְרוּ זֶה שְׁלַל דָּוִד. Zu deutsch: „Da nahm
David alle die Schafe, und die Rinder trieben sie vor jenem
Vieh her und sprachen: das ist Davids Beute.“ Hieronymus
bietet: et tulit universos greges et armenta et minavit ante
faciem suam; dixeruntque Haec est praeda David —, las also:
וַיִּקַּח אֶת־כָּל־הַצֹּאן וְהַבָּקָר יִנְהַג לִפְנֵי וַיֹּא. Vergleicht man
נהג: mit יינהג, so ergiebt sich nach S. 19 f. das Recht, zu vokalisieren וַיֻּקַּח und יִנְהַג **) und dann zu übersetzen: „Und
sie (Davids Leute) nahmen alle die erbeuteten Schafe und
Rinder und trieben sie vor ihm (David) her und sprachen:
das ist Davids Beute.“ Dass dies das Richtige sei, lehrt
der Zusammenhang. Das Subject hinter dem ersten Verb
drückt auch die LXX nicht aus, es stammt aus Misverständnis von ויקה, als sei dies Singular; in Betreff aber von הַמִּקְנֶה
הַהוּא lässt השלל der alex. Recension nicht in Zweifel, dass
es eigentlich Explicierung des ursprünglich verschwiegenen
Objects zu ויינהג sei, bei der verschiedene Explicatoren ver-

---

*) In ἕως συντελείας μεγάλης der röm. Ausg. ist μεγάλης als Du-
plette (= dem mas. הִגְדִּיל) zu streichen. Zur Retrovertierung vgl. 2
Reg. 13, 17. 19. Esr. 9, 14; über die Berechtigung הגדיל auf הגדל
zurückzuführen s. S. 16 ff.

**) Ursprünglich war ohne Zweifel auch das dritte Verb geschrie-
ben ויאמר, aber hier war eine Verkennung des Subjects nicht wohl
möglich.

schiedene Wege giengen. Zuletzt verdarb לְפָנָיו הַמִּקְנֶה הַהוּא in לִפְנֵי ה׳ ה׳ und in Folge dessen ward man genöthigt, damit nicht das Vieh vor sich selbst hergetrieben würde, statt וַיְנַהֲגוּ zu schreiben נָהֲגוּ, obgleich die Zerreissung der beiden Objecte von וַיִּקַּח höchst unnatürlich und die Beschränkung des Begriffs von מִקְנֶה auf die Schafe nicht gerechtfertigt war.

Welche Dimensionen die hierauf beruhenden Varianten der LXX *) und des mas. Textes annehmen, ergiebt folgende ziemlich oberflächliche Zusammenstellung aus den ersten zwanzig Capiteln des ersten Buchs Sam. 2, 17. 20. 28. 3, 18. 7, 13. 14. 9, 6. 12. 10, 21. 13, 6. 15, 27. 30. 31. 17, 39. 52. 18, 21. 19, 18. 20, 25 33. Doch ist dies nur eine Einzelheit, herausgerissen aus einem weiten und dehnbaren Gebiete verwandter Erscheinungen. Bei manchen handelt es sich bloss um eine Ausführung einer vorhandenen Andeutung oder um eine genauere Bestimmung einer Angabe, welche derselben bedürftig oder doch fähig schien, wie: Eli = Eli *der Prie-ster*, der König der Ammoniter = *Nahas* der K. d. A., seine Leute = die Leute, welche bei ihm waren. Oder: er gieng seines Wegs = er kehrte zurück *zu seinem Orte*, er sprach = er sagte *zu Saul, zu Samuel* 1 Sam. 15, 17. 16, 12, Eli auf dem Stuhle = E. *sass* auf d. St. 1 Sam. 1, 9, mein Geschrei zu seinen Ohren = mein G. *kam* zu s. O. Iob 13, 17, und ähnliche ausdrückliche Ergänzungen einer ohnehin selbstverständlichen Bestimmung eines Zeitworts, eines schon aus dem Zusammenhang des Satzes sich ergebenden Prädikates, Auflösungen einer Prägnanz u. s. w. Vgl. Ev. Joh. 10, 8 πρὸ ἐμοῦ. Weiter gehen solche Aenderungen, welche man füglich Retouchierungen nennen könnte. Der originalen Conception genügt der Gegensatz der *Sache*, namentlich aber die *hebräische* Darstellung ist sehr sparsam im Verwenden äusserer Mittel zur Hervorhebung der Pointe. Wenn Elias 1 Reg. 18, 18 den ihm gemachten Vorwurf, er verwirre Israel, dem Ahab zurückgiebt mit den Worten: „Ich verwirre Israel nicht, sondern du König“, so betont Mendelssohn ganz natürlich: *Ich* verw. I. nicht, aber im Hebr. steht לֹא עָכַרְתִּי; die *Aussage*, d. i. in diesem Falle die Negation, nicht ihr Subject trägt den Gegensatz. Ein noch auffallenderes Beispiel derselben Erscheinung liefert Iob 21, 20 f. Wenn Iob dort die Auskunft seiner Freunde und Gegner entkräftet, Gott spare die Strafe des Gottlosen, falls er etwa selbst für seine

---

*) ungeschieden zwischen der Uebersetzung und ihrem Texte.

Person ihr entgehe, seinen Kindern auf, so sind uns seine Worte fast unverständlich, wenn wir nicht übersetzen: Gott vergelte es *ihm*, dass *er* es merke, *seine eigenen* Augen mögen sein Unglück sehen und *er selbst* von des Allmächtigen Gifte trinken"; aber im Hebr. genügt einfaches יֵדַע und יִשְׁתֶּה ohne Hervorhebung des Subj., und allerdings liegt ja der *Inhalt* des Gegensatzes vollständig im Begriff dieser beiden Verba (= persönl. Erfahrung) eingeschlossen. In solchen und ähnlichen Fällen haben Uebersetzer und Diaskeuasten der genügsamen Classicität häufig nachgeholfen und die feinen Striche etwas dicker gezogen. Vgl. zu 1 Sam. 22, 7. 25, 17 und z. B. 1 Sam. 1, 3 הָאִישׁ = הַהוּא הָאִישׁ, 1, 5 אֹהֵב = ἠγάπα ὑπὲρ ταύτην. Man blieb aber auch dabei nicht stehen. Nicht bloss vertauschte man einzelne Wörter und ganze Phrasen mit anderen wirklich oder scheinbar gleichbedeutenden *), sondern man spann auch ein gegebenes Thema weiter aus. Wo die Urschrift einen einmal nur essen lässt, da findet sich sicher unter ihren Bearbeitern eine mitleidige Seele, die ihm auch zu trinken giebt — s. 1 Sam. 1, 9 Mass., 28, 25 cod. Kenn. 178, 2 Sam. 12, 21 LXX; ursprüngliches „sie gebar" kann irgend ein Späterer sich nicht enthalten zu vervollständigen in „sie ward schwanger und gebar" 1 Sam. 1, 20. 2, 21. vgl. 2 Sam. 12, 24 LXX; zu אִישׁ הֱמִיתוּ לֹא 1 Sam. 30, 2 hat es jemand möglich gemacht hinzuzusetzen אִישָּׁה וְלֹא, wie zu אָבִיךָ בִּרְכֹת Gen. 49, 26 וַיֹּאמֶר. Aus der „Mutter" 2 Sam. 8, 1 schliesst der Chronist auf „die Töchter", stehend wird 2 Sam. 8, 10 das Fussvolk durch Reisige, die Reiterei durch Wagen complementiert. Und diese naiven Anfänge steigern sich gar nicht selten zu umfangreichen Zusätzen pragmatischer Bedeutung und zu eigentlichen Glossen **).

---

*) 1 Sam. 1, 11: alle Tage seines Lebens = bis an den Tag seines Todes, Schermesser = Eisen, 5, 3: sie huben Dagon auf und stellten ihn an seinen Ort = sie nahmen D. und brachten ihn wieder an seinen Ort; 16, 5. 20, 7 u. a.

**) Diese letzteren sind in den Bb. Samuelis sehr häufig, aber meist auf viel zufälligerem Wege und viel äusserlicher in den Text eingedrungen. Zuweilen freilich ist auch umgekehrt die Grenze zwischen Text und Glosse so fliessend, dass man nicht weiss, ob die Ausscheidung eines den Zusammenhang unterbrechenden Verses zur Aufgabe der Text- oder Literarkritik gehöre. Da aber die Redigierthätigkeit sich in den Bb. Sam. noch nach der Entstehung der griech. Uebersetzung geregt hat, wie das z. B. hervorgeht aus 1 Sam. 18, 8 ff., so habe ich die Grenzen der Textkritik im Allg. nicht zu enge zu ziehen zu

Am leichtesten freilich nahm man es mit so kleinen und häufigen Wörtern, wie וְ (oft in der Aufzählung von Eigennamen eingesetzt, z. B. עֵין וְרִמּוֹן statt עֵין רִמּוֹן), כֹּל, אֶחָד (zu 1 Sam. 1, 1), עַתָּה (15, 2. 24, 15), אֲשֶׁר (6, 4. 8. 14, 2. 19, 21. 25, 7; zu 24, 4), שָׁם (zu 7, 6), לֵאמֹר (in unzähligen Fällen eingesetzt, falsch z. B. 20, 42). Diese Wörter werden allerdings fast immer nur eingesetzt auf Grund einer an sich möglichen Deutung, aber der Schade ist gross genug, wenn was ohne sie bloss eine Möglichkeit neben andern war, durch sie zur Nothwendigkeit gemacht wird, um so grösser, da sie z. Th. auf die Construction von Einfluss sind und das Verhältnis ganzer Sätze bestimmen. Die bedeutendste Wirkung mit dem geringsten Aufwande an Laut und Schrift erzielt jedenfalls die Einsetzung der Negation, sie erscheint uns dafür auch als das non plus ultra eines willkürlichen Verfahrens. Um übrigens gerecht zu urtheilen, muss man in Betracht ziehen, dass לֹא durch den blossen Ton die Bedeutung von הֲלֹא erhalten kann, הֲלֹא aber im Hebräischen rein als Affirmativpartikel (= הָא Syr.) gebraucht wird, welche an dem objectiven Inhalte der Aussage nichts ändert und derselben nur eine besondere subjective Färbung giebt, während in anderen Fällen umgekehrt eine affirmative Aussage, bloss durch die Betonung in Frage gesetzt, negativen Sinn gewinnen kann. An gar nicht wenigen Stellen des A. T.*) streiten sich noch heutiges Tages die Erklärer darüber, ob sie kate-

---

dürfen geglaubt. Sind doch auch die Redigierfreiheit und die Freiheit in der handschriftl. Ueberlieferung sehr verwandte Erscheinungen; beide zeigend, dass dem Hebr. der Begriff geistigen Eigenthums so gut wie unbekannt war, namentlich bei der erzählenden Prosa. Der geschichtl. Stoff stellte sich selbst dar: wer ihn abschrieb, erwarb sich dadurch nicht mehr Besitzrecht an denselben, als wer hinterher den abgeschriebenen verstand. Hekatäus' Name hat sich erhalten, wenn auch sein Werk verloren gieng: dem Aehnliches wäre auf hebr. Boden unmöglich. (Vgl. zu 1 Sam. 3, 12. 10, 8. 11, 12. 13, 8. 17, 12. 18, 30 u. a. Ueberall bin ich zu der Ueberzeugung gekommen, dass eine rein mechanische Ineinanderschiebung mehrerer selbständiger Quellen, deren jede für sich einst einen eigenen Zusammenhang geliefert hätte, nicht stattgefunden hat. Den Zusammenhang führt immer nur Eine übrigens nicht für beide Bücher gleiche Quelle weiter: ihr sind einzelne stoffliche Bereicherungen eingesprengt und dann ist sie an verschiedenen Stellen namentlich des ersten Buchs von tendenziösen Redaktoren überarbeitet.)

*) vgl. im N. T. Matth. 8, 7, wo übrigens das ἐγώ offenbar Fritzsche Recht giebt.

gorisch oder interrogativ, d. h. negativ aufzufassen seien: offenbar bildet wiederum diese Deutungsfähigkeit und -bedürftigkeit der hebr. Rede die Brücke zu den Auslassungen und Einsetzungen der Negation, welche sich die mass. Rec. 20, 5 2 Sam. 14, 14, die LXX 1 Sam. 11, 12. 23, 9. 2 Sam. 19, 23 erlaubt; vgl. den cod. Al. 1 Sam. 6, 8. Pesch. 17, 39.

Das Gebiet dieser Erscheinungen auszumessen, verbietet die Elasticität seiner Grenzen. Die Gefahr, es über Gebühr auszudehnen, ist nicht so gross. Selbst wenn man annähme, dass auch die allerdurchsichtigsten Deutungen in LXX, wenn sie anders kein rein griechisches Gepräge tragen, nicht erst auf die Uebersetzer, sondern schon auf deren Exemplar zurückgehen, so würde daraus für die Constituierung des Urtextes kein Schaden erwachsen. Denn die Entscheidung über diesen würde in beiden Fällen gleich ausfallen: Deutung ist Deutung und wird als solche gewürdigt, mag sie bloss in die Uebersetzung oder auch ins Hebräische eingedrungen sein. An diesen Grundsatz hat man sich um so nothwendiger zu halten, als es in sehr vielen Fällen gar nicht mit Sicherheit ermittelt werden kann, ob Abweichungen des griech. Textes vom mass. bloss den Uebersetzern oder ihrem hebr. Exemplar zu vindicieren seien. Gewiss wird ein grosser, vielleicht der grösste Theil den ersteren zur Last fallen: es wäre ungereimt zu meinen, dass in der Version verpönt war, was im Original gestattet wurde, und es zeigt sich auch, dass Explicita statt der Implicita und erklärende Zusätze jeder Art in der LXX viel häufiger sind, aber der Nachweis der Nichtursprünglichkeit irgend einer solchen Erscheinung macht es dennoch nie unmöglich, dass sie auf eine hebr. Vorlage zurückgehe. Denn eine unübersteigbare Kluft bestand in dieser Hinsicht nicht zwischen Version und Original. Das folgt nicht bloss aus manchen der eben angeführten Beispiele, die sich mit geringer Mühe würden multiplicieren lassen, das selbige lehren auch solche ins Ketib nur sporadisch und trümmerhaft eingedrungene Erleichterungen und Erweiterungen, welche in der LXX vollständig erhalten und nur hier verständlich sind *), lehren die aus dem Qeri eingedrungenen Aenderungen **), lehren endlich die innerhalb des jüdischen Kanons selbst in doppelter Recension aufbewahrten Parallelstücke.

---

*) 1 Sam. 1, 1 הָרָמָתַיִם, 1, 18 יֵתֵאבֵב, 2, 11 אֶלְקָנָה, 3, 13 עֵינָיו. 6, 4. 11. 17. 18 a. 16, 16. 20, 27 u. a.

**) 1 Sam. 6, 11. 17 טְחֹרִים, ein Beispiel, das sich nur durch grössere Erkennbarkeit vor zahlreichen ähnlichen auszeichnet.

Die Herstellung des Ursprünglichen wird in diesen Fällen abhängig sein von der Auffindung des Motivs der Aenderung, und dieses wird sich in der Regel durch Vergleichung nicht der Buchstaben, sondern des Sinnes der Varianten ergeben. Gewiss wird immer probiert werden müssen, ob dieselben nicht auch auf eine gemeinsame *graphische* Grundlage sich zurückführen lassen — man muss sich stets alle Möglichkeiten der Erklärung offen halten —, aber was es für ein Lob sei, etwa עַד דָּוִד הִגְדִּיל und עַד־כַּלֵּה der Schrift nach zusammenzubringen, erhellt aus allem bisher Erörterten. Diejenigen Aenderungen halte ich für die unvorsichtigsten, welche einen Buchstabencompromiss zwischen der Massora und der LXX schliessen, durch den der Text sich verdoppelt und aus zwei bezeugten ein unbezeugter zusammengestückt wird; sie erinnern sehr an den Grundsatz des alten Vulgatacopisten: hic vide ne quid praetermittatur. Mechanisch ist die Regel, dass der kürzere Text vorzuziehen sei, sie enthält keinen *Grund*, sondern schliesst nur a potiori der *Resultate*. Es giebt Erleichterungen, die nicht erweitern, sondern vereinfachen. Ev. Joh. 2, 3 ist καὶ ὑστερήσαντος οἴνου λέγει ἡ μήτηρ τοῦ Ἰησοῦ erst verkürzt aus καὶ οἶνον οὐκ εἶχον, ὅτι συνετελέσθη ὁ οἶνος τοῦ γάμου *). εἶτα λέγει ἡ μ. κτλ., ebenso 18, 16 ὁ μαθητὴς ὁ ἄλλος ὁ γνωστὸς τοῦ ἀρχιερέως aus ὁ μ. ὁ ἄ., ὃς ἦν γνωστὸς τῷ ἀρχιερεῖ. Dennoch habe ich mich nicht selten nach jener Regel gerichtet, wo innere Gründe keine zuverlässige Entscheidung zu ermöglichen schienen, zumal wenn ich mich dadurch auf die Seite des überlieferten Textes stellen konnte. Die LXX nemlich, wie sie im Allg. die Breite liebt, wird auch oft genug auf nachweislichen Erweiterungen ertappt, weit seltener der mass. Text auf nachweislichen Verkürzungen, und in einem etwas anderen Verhältnis steht doch auch jene zu diesem, namentlich in stilistischen Fragen, wie der Sinaiticus zum Vaticanus.

7. Dass eine schliessliche Ausartung der Naivetät, mit der die Ueberlieferung des Textes behandelt wurde, auch zu Aenderungen führte, welche nicht auf einer wenigstens *möglichen* Deutung beruhen, sondern der wahren Meinung des Ursprünglichen vielmehr Gewalt anthun, ist nicht zu leugnen. Ich halte es aber für eine Umkehrung des wirklichen Sachverhalts, wenn man die „tendenziöse" Aenderung nicht als einen letzten Auswuchs der herrschenden Willkür, sondern

---

*) Vgl. 1 Sam. 20, 18. 26.

als das treibende Motiv derselben betrachtet, wie es Geiger thut in dem mehrfach citierten Werke: Urschrift und Uebersetzungen der Bibel in ihrer Abhängigkeit von der inneren Entwicklung des Judenthums.

Nach dem Titel beabsichtigt der Vf. nachzuweisen, wie die verschiedenen auf einander folgenden Entwicklungsstadien des Judenthums mit den wechselnden Gegensätzen der Parteiungen sich abgespiegelt haben in den verschiedenen auf einander folgenden Recensionen und Uebersetzungen des Bibeltextes, so dass derselbe dem Einflusse wechselnder geschichtlicher Motive unterworfen gewesen wäre und entgegengesetzter gleichzeitiger, je nach den wechselnden Zeiten und entgegengesetzten Parteien. Zu dem Ende wird die innere Geschichte des Judenthums in zwei Perioden zerlegt, darnach in zwei Büchern zunächst die eine und die andere Periode selbst nach den Quellen characterisiert, dann der Einfluss der herrschenden Ideen und sich kreuzenden Interessen einer jeden auf die Behandlung der Bibel nachzuweisen gesucht. Was nun die Darstellung des Entwicklungsganges der Geschichte des Judenthums von der Heimkehr aus Babylon an bis zu Hadrians Zeit anbetrifft, so beruht sie, wie mir scheint, auf einer wirklichen, nur allmählich und durch unwillkürliche Eindrücke zu gewinnenden *Anschauung* der Dinge, welche mit dem Einzelbeweise nicht steht und fällt, gegen den man öfters Grund hat mistrauisch zu sein *). Aber die Darstellung der Geschichte, obwohl sie bei Geiger bei weitem den grössten Raum einnimmt **), ist hier doch nur Mittel zum

---

*) Vgl. z. B. die Art, wie die vier Deuteroseis des Epiphanius (Panarium S. 224 Pet.) verwerthet werden, a. a. O. S. 158. Die Literatur ist hier fast noch schwieriger als Quelle zu benutzen, wie die älteste christliche zur Darstellung des nachapostolischen Zeitalters; aber Geiger ist sich der Gefährlichkeit der Aufgabe nicht so bewusst, wie Ritschl, Altkath. Kirche S. 1.

**) Erstes Buch: Geschichte der Bibel von der Rückkehr aus dem Exile bis zu den Makkabäern = 1) die Zadokiten, 2) die Literatur, 3) die Ueberarbeitung; zweites Buch: Geschichte der Bibel von den Makkabäern bis zur hadrianischen Zeit = 1) Sadducäer und Pharisäer, 2) Anfertigung neuer Bibelübersetzungen, Abschluss der Textesfeststellung, 3) Antisadducäische Aenderungen, ältere und jüngere Halachah und Haggadah, 4) die zwei Makkabäerbücher. Man darf sich darüber nicht täuschen, dass die Literatur (I, 2. II, 4) nur als *Geschichtsquelle* hierher gehört (wie z. Th. auch II, 2. 3), obwohl es bei Geiger den Anschein hat, als sei schon damit ein Theil der eigentlichen Aufgabe gelöst, dass der Einfluss der Zeitbestimmung auf die *gleichzeitige* Literatur nachgewiesen wird. Am besten wäre jedes Buch nur in zwei Abschnitte einzutheilen gewesen: 1) der Character der Zeit, beschrieben nach der aus ihr geborenen oder auf sie Bezug nehmenden Literatur,

Zweck, der eigentliche Zweck ist, die Abhängigkeit der Ueberlieferung und Hermeneutik des kanonischen Textes von
variierenden und conträren Momenten der Zeitgeschichte zu
erweisen. Diesen nun halte ich für verunglückt. Insofern
hat allerdings die Verschiedenheit der Zeit eine Veränderung
auf diesem Gebiete zur Folge gehabt, als allmählich eine
Reaction gegen die Willkür eintrat: so lange diese aber dau-
erte, sind die Ursachen, welche auf die Gestaltung des Textes
einwirkten, keine temporären gewesen, sondern constante,
solche, die in dem Wechsel der Zeiten sich gleich blieben
und bei Sadducäern so gut wie bei Pharisäern *).

Die Bedeutung des Werks für die *Textkritik* beruht nicht
auf den beiden ersten Büchern, welche vielmehr den Werth
einer Geschichte des jüdischen Geisteslebens haben, sondern
auf dem letzten, betitelt: Ursachen und Gründe der verschiedenen Textesrecensionen **). Hier werden nun diejenigen
Aenderungen besprochen, welche von jeher im allgemeinen
Interesse, in dem sich alle Zeiten und Parteien vereinigten,
unternommen wurden, „Umgestaltungen, welche man vor-
nahm, um anstössige Aeusserungen, sei es gegen die religiöse
und nationale Idee, sei es gegen sittliche Anforderungen zu
beseitigen"; und an einer Reihe von Beispielen ist es dem
Verfasser wirklich gelungen, seinen Gedanken durchzuführen.
Am meisten hat mir eingeleuchtet, dass die tendenziösen
Aenderungen auf dem Gebiet der Gottesnamen, die im Qeri
in bestimmten Fällen mit grosser Regelmässigkeit auftreten,
sporadisch auch ins Ketib eingedrungen sind. Man pflegte
in der alten Zeit auch den Jahwe Baal (d. i. Herr) zu nennen, wie z. B. aus den in Sauls Familie herrschenden Benen-
nungen (vgl. das benjamin. Geschlecht אֶשְׁבַּעֲל) hervorgeht.

---

2) ihr modificierender Einfluss auf die Behandlung der *nicht* in ihr ent-
standenen heiligen Bücher.

  *) Ich will damit nicht leugnen, dass etwa einmal eine Glosse
dem Hasse der Pharisäer gegen die Sadducäer entsprungen ist (1 Sam.
2, 22), aber solche vereinzelte Erscheinungen rechtfertigen nicht im
Entferntesten die Allgemeinheit der Geiger'schen Betrachtungsweise.

  **) Der Titel befremdet, weil es darnach scheint, als ob in den
ersten beiden Bb. keine Ursachen und Gründe der versch. Textesrecc.
entwickelt worden wären: damit aber wäre vielleicht das Richtige, jedoch gewiss nicht Geigers Meinung getroffen. Man wird sich die Sache
nicht so zurechtlegen können, dass die in den beiden ersten Bb. erörterten Motive gleichmässig auf alle Recensionen eingewirkt hätten, die
in dem dritten zur Sprache kommenden dagegen verschieden auf die
„verschiedenen Textesrecensionen." Denn der Natur der Motive nach
könnte höchstens das Umgekehrte der Fall gewesen sein: gerade eine
sadducäisch-pharis. Ausgabe ist undenkbar — wie übrigens auch Geiger andeutet.

Später ward dieser Gebrauch verpönt (Hos. 2, 20) und man nahm allmählich auch an den mit Baal zusammengesetzten Personennamen Anstoss. Das wirkte zunächst auf die *Deutung* derselben ein, wie wenn Jerubaal *) in dem Einsatze Jud. 6, 25—32 den Sinn von Jarebbaal zu tragen gezwungen wird, und zugleich auf die Aussprache, vgl. *Es*baal neben Isboseth. Dann aber wagte man auch in den geschriebenen Buchstaben einzugreifen. Einestheils machte man aus Meri-baal, einer Form, die durch das phönicische Merbaal (vgl. Meriamon) gesichert ist, etwa Mefi-baal, was wohl bedeuten sollte: „der den Baal anbläst" (Ψ. 10, 5. 12, 6. Mal. 1, 13), oder auch Merib-baal = der mit Baal hadert (1 Sam. 2, 10. Jes. 27, 8. 49, 25. Hos. 4, 4. Iob 10, 2; „Baal kämpft" wäre unhebräisch). Andererseits ersetzte man Baal entweder durch die Namen El (Baaljada, Eljada) und Jahwe (Baaljada, Jojada, Isbaal, Isjo oder vielleicht Isja-u) oder gewöhnlich machte man daraus *Boset* (noch nicht in der weniger gelesenen Chronik). Das radikalste Verfahren war jedenfalls, dass man einen Namen, den man nicht über die Lippen bringen mochte, auch nicht schreiben wollte, wie bei Isbaal 2 Sam. 3. 4. einige Male geschehen ist **).

Sehr wenig kann man freilich Anderes gelten lassen. Geiger erkennt auch da Entstellung, wo ein Anderer höchstens zufälliges Verderbnis zu entdecken vermag. Wenn 1 Sam. 2, 27 ein ה aus יהוה sich vor נגלה wiederholt hat, so weiss Geiger sehr raffinierte Gründe dafür (S. 342), in מָשְׁרֵת statt מֵשָׁרֵת 2 Sam. 13, 9 findet er böse Absicht (S. 382). Die sinnlosesten Schreibfehler trägt er auf irgend welche obscuren Autoritäten hin in den Text ein, wenn sie etwas enthalten, was dem religiösen Gefühle anstössig sein konnte, um dann die überlieferte Lesart als tendenziöse Aenderung erklären zu können (2 Sam. 16, 12. 20, 1. S. 324 f. 290). Jes. 5, 9. 22, 14 macht er es möglich, das Ketib zu übersetzen:

---

*) Zu Jeru*bb*aal vgl. Seru*bb*abel. In Wirklichkeit ist Jerubaal wohl = Jeruel = Jirmejahu, vgl. Delaja, Δαλουια.

**) Baal 1 Chr. 8, 30 ist wohl mit dem folgenden Namen zu verbinden in Baalnadab. יִשְׁבְעָם 1 Chr. 11, 11 für אִישׁ־בַּעַל = יְשֶׁבְבַּעַל = אִישׁ־בֹּשֶׁת (2 Sam. 23, 8) beruht vielleicht ebenfalls auf Zufall. Auch אֶשְׁבַּל, ein *benjaminäisches* Geschlecht, gehört hieher und ist = אֶשְׁבַּעַל; doch kann sich die Schreibung richtig verhalten, obgleich daneben die andere אֶשְׁבָּאֵל vorkommt, in welcher א für ע kaum auf zufäll. Wege entstand.

„Bei den Ohren Jahwe's der Heerscharen!" (S. 325) und das allein naturgemässe Verständnis des Qeri für eine bewusste Beseitigung des Anthropomorphismus auszugeben; folgerecht hätte er dann, da der doch auch bei Menschen sehr ungewöhnliche Schwur bei den Ohren hier keineswegs durch den besonderen Zusammenhang motiviert ist, die Ohren weiter als Veredelung ursprünglichen Bartes ansehen müssen. Und unter allen Umständen ist ihm Unanständigkeit ein unumstösslicher Beweis der Echtheit (1 Sam. 2, 22. 2 Sam. 12, 8. S. 272. 378): im Auffinden von Obscönitäten, welche der jetzige Text verdeckt habe, leistet er Staunenswerthes S. 385 ff.

Die Ueberspannung der Tragkraft des Princips nach dieser Seite muss einbringen, was es in Folge zu enger Fassung auf der anderen Seite an Fruchtbarkeit eingebüsst hat. Indem Geiger eine Menge *zufälliger* Erscheinungen daraus ableitet, bringt er eine noch grössere Menge nicht-zufälliger nicht damit in Zusammenhang *). Aber zwischen den Aenderungen, welche ich S. 21 ff. erörtert habe, und denen, welche Geiger III, 2 als tendenziöse bespricht, besteht kein Gegensatz; namentlich darf man sie nicht etwa als naive und tendenziöse unterscheiden, wenigstens nicht so, dass man ein Bewusstsein dieses objectiv vielleicht vorhandenen Unterschiedes bei ihren Urhebern voraussetzt und sie demnach auf verschiedene *Motive* zurückführt. Das Motiv war bei beiden Interesse an der mehr oder weniger als herrenlos betrachteten Sache, auch die tendenziöse Aenderung *will* nichts der Sache fremdes hineinbringen, sondern ihr nur zu besserem Ausdruck verhelfen. Sie ist die naivste der naiven und beruht ihrer Möglichkeit nach als Superlativ auf schon vorhandenem Positiv; sie ist nicht die primäre Ursache des schwankenden Textes, sondern das letzte Resultat, welches durch sein Schwanken ermöglicht wurde. Nur so erklärt sich die Relativität der Grenzen zwischen beiden Arten von Aenderungen, die auch eine objective Scheidung in sehr vielen Fällen erschwert **), nur so die wunderbare Inconsequenz, mit der die

---

*) Er behandelt sie theilweise in einem Abschnitte, der eigentlich ausserhalb des Grundgedankens seines Buches steht, überschrieben: „Mangel an kritischer Sorgfalt" III, 1.

**) Zwischen שְׁמוּאֵל וַיֹּאמֶר statt וַיֹּאמֶר und אִישׁ־בֹּשֶׁת statt אִישׁ־בַּעַל ist zwar der objective Unterschied greifbar, aber wohin soll man es z. B. rechnen, wenn „Ich" von einem Unterthan dem Könige gegenüber gesagt sehr häufig in „dein Knecht", „Du" im gleichen Falle in „mein Herr", „Ja" 1 Sam. 26, 17 in „zu dienen" verwandelt wird? Und tendenziös kann man doch auch die stehenden Zahlenerhö-

Tendenz nicht durchgeführt, sondern nur sporadisch und abusive hie und da ins Ketib eingedrungen ist. Ich halte es für eine That Geiger's, dass er einen Gesichtspunkt, von welchem aus vor ihm in gelehrten jüdischen Kreisen nur das Qeri und die Versionen im Unterschiede vom Ketib angesehen wurden, auf das Ketib selber übertrug und einen Gedanken, der ursprünglich dazu dienen sollte, eine eherne Kluft zwischen dem Noli me tangere des geschriebenen Buchstabens und den Uebersetzungen zu befestigen, so erweiterte, dass er vielmehr zur Ueberbrückung der Kluft diente; aber es wäre zu wünschen gewesen, dass er dem Gedanken, welchem sein Werk seine textkritische Bedeutung verdankt, eine viel breitere Fassung gegeben und nicht von vornherein das subjective Element, von welchem er nachwies, dass es auch in den Grundtext eingedrungen, als tendenziöses aufgefasst hätte.

8. Das sind im Umrisse die kritischen Grundsätze, denen ich durch die folgende Arbeit Geltung zu verschaffen wünsche. Ehe mit ihnen die Probe gemacht werden kann, bedarf es jedoch noch einer Verantwortung hinsichtlich der Behandlung der Peschito, des Targums und der Vulgata. Ich habe diese sowohl durch ihren Text als ihre Hermeneutik in engem Zusammenhange stehenden Versionen mehr benutzt, um an ihnen die LXX zu prüfen, denn als selbständige Zeugen. Als solche sind sie nur nach genauen Einzelstudien zu gebrauchen, welche ich deshalb nicht gemacht habe, weil ich den Gewinn für nicht so bedeutend erachtete, dass es nicht gerathen wäre, hinsichtlich der beiden ersteren auf bessere Texte zu warten.

---

hungen nicht nennen oder solche harmlose Erweiterungen, wie sie z. B. 1 Sam. 1, 11. 14. 21. 23. 24 in der LXX vorkommen, obwohl ein religiöses Interesse dazu Anlass gegeben hat.

I. Samuelis.

MT. = der massorethische Text , ER. = die römische Ausgabe der
LXX, Al. = der Codex Alexandrinus, Itala = der Margo Codicis
Legionensis in Vercellone's Variae Lectiones, Hieronymus = die
Uebersetzung dieses Kirchenvaters, am reinsten vorliegend im cod.
A. Vercellone's (Amiatinus), Vulgata = die jetzige römische Kir-
chenbibel.

I.

1. וַיְהִי אִישׁ ἄνθρωπος ἦν, vgl. zu v. 3. — אֶחָד fehlt der
LXX hier und v. 24, aber auch 14, 40 an einer Stelle, wo
es allem Anscheine nach ursprünglich war, dagegen hat sie
es 7, 9. 12. 17, 49, wo es im MT. nicht steht.   S. d. Einl.
S. 26. — Der Name צוֹפִים הָרָמָתַיִם, man deute ihn wie
man wolle, ist grammatisch unmöglich.   LXX las צִיפִי =
צוּפִי*).   Also „es war ein Mann aus Haramathaim, ein Sufäer
vom Gebirge Efraim."   Die Lesart, aus der die massorethische
durch doppelte Lesung des Anfangsbuchstabens des folgenden
Wortes entstand, genügt der Grammatik und wird bestätigt
durch 1 Chr. 6, 11 Ketib, wo die Auffassung des artikellosen
צוּפִי als Eigennamens beweist, dass der Name nicht erst von
dem Genealogen aus dem Landesnamen abgeleitet, sondern
anderswo vorgefunden wurde und zwar daselbst ohne Artikel.
Die Annahme übrigens der Lesart צוּפִי zieht die von אֶפְרָיִם
(LXX) am Ende des Verses nach sich, um so mehr, als bei

---

*) Zu Σιφ = צִיף s. 9, 6. 1 Chr. 6, 20, zu Σιφα = צוּפִי vgl.
Ἀβεσσα, Ριβα, Σιβοχα.

der Lesart des MT. das Gentilicium von seinem Personennamen durch drei andere würde getrennt sein: es müsste mindestens heissen אִישׁ אֶפְרָתִי. „Suf Efraims" *), eigentlich Landesname, ist nach bekannter Sitte zum Ahnherrn personificiert. — Noch bedarf es einer Bemerkung über den Namen הרמתים, der zwar in LXX *überall* (s. zu 19, 18), in MT. aber nur hier statt הרמה erscheint. Nach dem unvermittelten Uebergange zu der letzteren Form v. 19 zu schliessen, bestand die jetzige Verschiedenheit der beiden Namen in v. 1 und v. 19 ff. ursprünglich auch im MT. nicht. Thenius nun scheint zu glauben, auch hier sei einst הרמתים die durchgehende Form gewesen. Was für ein Grund liesse sich denn aber für die Substituierung des unbestimmteren הרמה vorstellig machen? Vielmehr trägt die Dualform das Gepräge der Verdeutlichung und Modernisierung — Ramathem oder Arimathäa ist ein seit der Makkabäerzeit sehr bekannter Ort und der einzige seines Namens. Wie sich nun in LXX nicht selten eine Modernisierung oder Uebertragung alter Namen findet, so kann ein vereinzelter ähnlicher Versuch im MT. nicht auffallen, zumal bei einem so sehr der Verwechslung ausgesetzten Namen wie Rama. — ירחם LXX ירחמאל, s. meine Inaugural-Dissertation De gentibus et familiis Judaeis (Gott. 1870) S. 27; תהו LXX תוּה s. ebendas. S. 37 f.

2. Zur Weglassung des Artikels vor אחת (LXX τῇ μιᾷ) s. Num. 28, 4. Ew. §. 290 f.

3. Vgl. über den volleren Gottesnamen in LXX zu v. 20. — „Und dort waren die beiden Söhne Eli's." Von einem Schriftsteller, der uns mit Eli durchaus noch nicht bekannt gemacht hat, sollte man erwarten, was LXX liest: „Eli und seine beiden Söhne." Andrerseits, wenn dies wirklich die ursprüngliche Lesart wäre, so begriffe man die Aenderung im MT. nicht. Die Worte des letzteren setzen eine vorhergegangene Erwähnung des Eli voraus, vielleicht im Zusammenhange eines grösseren Geschichtswerkes; die Lesart der LXX ist Correctur, entsprechend dem jetzigen literarischen Bestande. Hiernach beurtheilt sich auch das איש היה der LXX v. 1 **).

---

*) Zu ἐν Νασιβ vgl. Jos. 15, 43. ER. Uebrigens hat auch der Chronist an unserer Stelle davon wohl kaum etwas gelesen, dass Samuel ein Efraimit war. Vgl. Ew. Gesch. d. V. Isr. 3 Ausg. II. S. 594.

**) Man könnte sich versucht fühlen, auch den Artikel in הכשא

5. אפים bedeutet nicht „traurig" oder „ungern", höchstens „zornig", was hier nicht passt. Es heisst auch im Hebr. nicht „Person", geschweige *zwei* Personen" — vielmehr die *beiden* Nasenlöcher. Man würde zudem mit letzterer Bedeutung in beiden Modifikationen nichts anfangen können, denn Genitiv zum Stat. abs. מנה könnte אפים auch des dazwischenstehenden אהת wegen nicht sein, während doch zugleich der Akk. oder ein appositioneller Casus nicht anwendbar wären. Auch erklärt man מנת אפים nicht durch Verweisung auf להם הפנים; die Ausdrucksweise aber „eine einzige Portion für zwei Personen" statt „zwei Portionen für Eine Person" lässt an Verschrobenheit nichts zu wünschen übrig. LXX las אאם und damit löst sich der Knoten. „Und der Hanna gab er nur Ein Stück *); doch hatte er sie lieber (Deut. 21, 15, LXX richtig erklärend ἠγάπα ὑπὲρ ταύτην), obwohl Jahwe ihren Leib verschlossen hatte."

6. Was die Meinung des verschlossenen Leibes sei, wird in LXX beide Male ausführlich erläutert; offenbar für Griechen, nicht für Juden. Der ursprüngliche LXXtext lautet, wenn man auch noch die Duplette καὶ κατὰ τὴν ἀθυμίαν τῆς θλίψεως αὐτῆς (= κατὰ τὴν θλῖψιν αὐτῆς) streicht, folgendermassen: Der Herr hatte ihren Leib verschlossen κατὰ τὴν θλῖψιν αὐτῆς. Καὶ ἠθύμει διὰ τοῦτο· ὅτι συνέκλεισε κύριος κτλ. Das sind deutlich nur Trümmer des MT., man hat weder צרה noch הרעים verstanden. So kommt es, dass in LXX Peninna zwar dem Namen nach erwähnt wird, weiter aber nicht handelnd auftritt, auch nicht v. 7.

7. In der hebräischen Erzählung kann dauerndes Geschehen und einmaliges Ereigniss ineinander überfliessen, ohne dass deutlich die Grenzen zwischen beiden abgesteckt werden. Z. B. 2 Sam. 17, 17: v. 18. An unserer Stelle wird nun zwar mit ויהי היום **) v. 4 die im *dritten* Vers berichtete Gewohn-

---

v. 9 durch eine vorangegangene Erwähnung des Stubles zu erklären; indes vgl. *der* Diener 2, 13, *die* Flasche 10, 1, *die* Lanze 18, 11, *die* Magd 2 Sam. 17, 17, *das* Weib, *die* Decke, *die* Körner 2 Sam. 17, 19, *die* Eiche 18, 9 und unzählige andere Beispiele, in denen übrigens der Artikel nicht überall auf gleiche Weise erklärt werden kann. Häufig ersetzt er das Possessivpronomen, welches die Versionen ihm nicht selten substituieren.

*) Warum, darüber klärt die Bemerkung in LXX hinter μερίδα μίαν auf: ὅτι οὐκ ἦν αὐτῇ παιδίον.

**) „und einst" 14, 1. 2 Reg. 4, 18. Wörtlich: „und es geschah jenes Tages" — auf die Frage: welches Tages? ist aber die Antwort: desjenigen, an welchem es geschah. Vgl. im Qoran *wa-id*. Dasselbe

heit Elkanas bestimmt geschieden von dem v. 4 vgl. v. 8 folgenden besonderen Vorfalle, welcher unter Voraussetzung jener Gewohnheit eintreten konnte. Aber während schon das einmalige Ereignis, welches den eigentlichen Gegenstand der Erzählung bildet, mit „und einst (bei einer solchen Gelegenheit) opferte Elkana" eingesetzt ist, tritt noch einmal Bericht über jährlich dabei *wiederkehrende Umstände* mit וְנָתַן ein, und das Tempus historicum wird nach langer Unterbrechung erst in v. 7 mit וַתַּעֲשֶׂה wieder aufgenommen. Wir können uns nur theilweise dadurch helfen, dass wir von וְנָתַן v. 4 an bis הַמַּעֲשֶׂה v. 7 eine Parenthese annehmen: und einst opferte Elkana — er pflegte dabei aber der Peninna mehrere Stücke zu geben und der Hanna nur eins, und Peninna kränkte dann ihre kinderlose Mitfrau und so gieng es ein Jahr wie das andere — da weinte Hanna und ass nicht und Elkana sagte zu ihr. Denn in Wirklichkeit ist die Umstandsbeschreibung zugleich auch Fortsetzung der Erzählung und die Parenthese muss zugleich auch aufgenommen werden in den Zusammenhang zwischen יִזְבַּח v. 4 und הַתּוֹרָה v. 7. Aber wie gesagt, der Hebräer hält es für überflüssig, nachdem er gesagt, so sei es *alle Jahre* geschehen, nun noch hinzuzusetzen, *dieses* Jahr sei es nun auch geschehen und habe dann eine besondere Wirkung gehabt; er knüpft diese besondere Wirkung, die keineswegs alle Jahr, sondern nur *einmal* hervortrat, ohne Bedenken an die als *zeitlos* berichtete Veranlassung *). —

---

idem per idem in Bezug auf den Ort s. 1 Sam. 23, 13, in Bezug auf das Subject Deut. 22, 8. Jer. 9, 23. Ueberall wird das wenn auch nur scheinbar Bestimmte dem Unbestimmten vorgezogen, vgl. die Anmerkung zu 1, 3 und Tuch zu Genes. 14, 1. — Sogenannte wörtliche Uebersetzung ist bei הָיוּ יָמִים so falsch als bei בֵּהִיוֹל oder בְּטֶרֶם. Namentlich die durch den Sprachgebrauch festgesetzte Verschiedenheit in der Bedeutung der letzteren beiden Ausdrücke, die etymologisch betrachtet völlig identisch sind, kann lehren, wie weit man mit jener Wörtlichkeit kommt, die so oft der Deckmantel sprachlicher Unwissenheit ist. Nemlich בְּיָמִים heisst „grade eben jetzt" 9, 12. 13. Neh. 5, 11, בְּטֶרֶם aber „erst, vorab, zunächst" im Vergleich zu einer der Zeit nach späteren Handlung oder Begebenheit. Gen. 25, 31. 33. 1 Sam. 2, 16. 9, 27. 1 Reg. 1, 51. 22, 5. 2 Chr. 18, 4. Der Begriff „Tag" ist in beiden Redensarten verschwunden.

*) Ich habe diese ausführliche Erörterung deswegen hier aufgenommen, weil ich Anfangs an der Richtigkeit des MT. zweifelte. Vgl. Matth. 4, 23 ff. 14, 13.

Bei LXX fängt mit וַתְּבְכֶם, wie sie statt כן תבכסה las, das Tempus historicum wieder an; dadurch wird zwar der Subjectswechsel vermieden, aber wegen LXX v. 6 ist die Eliminierung der Peninna als handelnder Person verdächtig. — Die Vokalisation יְעֻשָּׂה macht im Folgenden עלתם בית fast nothwendig. Vgl. v. 9 אכלה MT. אכלם LXX, und zu בבית 2 Reg. 22, 5. Jer. 52, 11.

8. Was Böttcher*) über den Zusatz der LXX hinter הזה (καὶ εἶπεν αὐτῷ Ἰδοὺ ἐγώ, κύριε· καὶ εἶπεν αὐτῇ) bemerkt, erprobt sich zwar an 2 Sam. 9, 6 nicht, aber damit wird die Entscheidung Thenius' für Aufnahme desselben nicht gerechtfertigt. Denn da an eine absichtliche Streichung im MT. nicht zu denken ist und ein zufälliger Ausfall sich nicht wahrscheinlich machen lässt, so liegt es nach vv. 5. 11. 14. 19—24 am nächsten, eine Erweiterung in LXX anzunehmen. — Τύπτει σε (ἡ καρδία σου) geht wohl nicht auf יָרֵעַ zurück, obwohl Hieronymus wenigstens יָרֵעַ sprach, sondern auf יִכֶּה 2 Sam. 24, 10.

9. Mit Recht entscheidet sich Thenius gegen MT. für LXX, namentlich ist ותתיצב לפני יי nothwendig statt אחרי שתה, wozu vgl. 2, 15 und Einl. S. 25. — בְּשִׁלֹה gehört gar nicht hieher, da ja auch das Folgende noch in Silo spielt; also בְּשֵׁלָה oder auch הַבֹּשֶׁלֹה.

11. In Betreff der Varianten in den Gottesnamen s. zu v. 20. — LXX stellt aus den Worten der Hanna ein regelrechtes Nathinäats- und Nasiräatsgelübde her (καὶ δώσω αὐτὸν ἐνώπιόν σου δοτὸν ἕως ἡμέρας θανάτου αὐτοῦ· καὶ οἶνον καὶ μέθυσμα οὐ πίεται καὶ σίδηρος οὐκ ἀναβήσεται ἐπὶ τὴν κεφαλὴν αὐτοῦ)**). Ihre Neigung, alle Gerechtigkeit erfüllen zu lassen (v. 21. 23. 24), hat ihr übrigens hier einen Streich gespielt. Denn die Bestimmung zur Leibeigenschaft am Heiligthum schloss der Natur der Sache nach die Verlobung zum Nasiräat aus, die Nathinäer hatten die niedrigsten Dienste zu verrichten, während dagegen die Nasiräer sich von allem Verunreinigenden streng absonderten. Vielmehr war nach dem MT. das Gelübde ein freieres, in keine der beiden späteren Gestaltungen hineinzuzwängendes, die vielmehr aus solchen freien Anfängen erst entstanden. — „Und vergissest deine Magd nicht" fehlt in LXX, möglicherweise als anstössig.

---

*) Neue exeg. krit. Aehrenl. I. 1863.
**) s. Num. 3, 9. 18, 6.

12. יִהְיֶה, lies וַיְהִי; denn es wird durch וַיְשִׁבֵהוּ v. 13 aufgenommen. Ebenso Gen. 27, 33.

13. עַל־לִבָּהּ = אֶל־לִבָּהּ ist nach 27, 1. Gen. 24, 45 (wo
LXX ebenfalls die hebr. Präpos. mit ἐν übersetzt, vgl. εἰς
Σηλωμ 1, 3) nicht anzufechten.

14. LXX und Thenius lassen durch den (aus 2, 13 entlehnten) Kirchenvogt einschreiten (עֵלִי — τὸ παιδάριον 'Ηλι)
und beseitigen bei der Aufforderung am Ende des Verses das
mögliche Misverständnis allzu eilfertiger und drastischer Erfüllung. Vgl. LXX 25, 37.

15. Ueber קֹשֶׁת רוּחַ vgl. mit קֹשֶׁת יוֹם derLXX s. Thenius.
Ersteres heisst „starrsinnig.“

16. Ἐκτέτακα = אֲרֵכִית des Chald.; zu ergänzen ist nicht
etwa manus meas (Itala), sondern דְּבָרַי. Folglich liegt nur
eine etwas retouchierende Wiedergabe von דברתי des MT.
vor, entsponnen aus עַד הֵנָּה.

18. Es ist nicht zu verkennen und von Thenius mit treffenden Gründen hervorgehoben, dass das Mehr der LXX im
Vergleich zum MT. hier von sachlicher Bedeutung ist. Man
wird entweder den vollen Text der LXX anzunehmen haben:
καὶ εἰςῆλθεν εἰς τὸ κατάλυμα αὐτῆς *) καὶ ἔφαγε μετὰ τοῦ
ἀνδρὸς αὐτῆς καὶ ἔπιε statt des nackten וַתֹּאכַל; oder aber
dieses letztere mit Syr. und mehreren Codd. Kenn. auch streichen müssen, als Spur der Einwirkung der alexandrinischen
auf die paläst. Recension; vgl. 1, 1. 2, 11. Nach dem zu
v. 8 Bemerkten halte ich Letzteres für vorsichtiger. — Die
letzten Worte des Verses haben die Uebersetzungen jede in
ihrer Weise verdeutlicht. „Gesicht“ kann auch im Deutschen
einen besondern Ausdruck desselben bedeuten.

20. Die Stellung der Anfangsworte im MT. ist allerdings
sonderbar, weil man der Sache wegen das וַיְהִי nicht zum
nächstfolgenden Verbum ziehen darf, sondern erst zu וַתֵּלֶד.
Thenius zieht darum die LXX vor: καὶ συνέλαβε καὶ ἐγενήθη
τῷ καιρῷ τῶν ἡμερῶν καὶ ἔτεκεν υἱόν. Indessen wäre die
Umstellung des MT. schier unbegreiflich. Vielleicht wäre
die Einschiebung des וַתַּהַר zwischen וַיְהִי und וַתֵּלֶד zu erklären aus der Gewöhnung des Hebräers an die Formel
„sie ward schwanger und gebar“ und aus seiner Vorliebe für

---

*) הַפִּשְׁכָּתָה 9, 22. LXX hielt das Lokale ה für das Pron. suff.
der dritt. Sing. Fem. Gegen Böttcher-Thenius.

Parataxe. Also „Und es geschah im Neuen Jahre, da gebar Hanna *nachdem* sie schwanger geworden —." Nach Thenius jedenfalls, welcher לתקופת הימים übersetzt „nach Ablauf der Schwangerschaftsperiode", würde, da man nach der Empfängnis natürlich die Geburt erwartet, das ויהי, das sonst auf etwas Neues nicht selbstverständlich aus dem Vorangegangenen Folgendes aufmerksam macht, trotz seiner Stellung nach ותהר auch in LXX unpassend sein. Aber es heisst nicht, wie Thenius meint, sondern wie לתשובת השנה „zu Anfang des Neuen Jahres", wo das Laubhüttenfest gefeiert wurde v. 21; diese letztere Angabe ist nicht nur nothwendig zum Verständnis von v. 21, sondern auch an sich wissenswürdiger als die andere, dass zwischen Empfängnis und Geburt Samuels die regelmässige Zeit der Schwangerschaft lag *).

LXX hat statt יהוה κυρίου θεοῦ σαβαωθ wie v. 3. 11. Die im MT. vermiedene Häufung der Gottesnamen steht vielleicht in Zusammenhang mit einer Etymologie von שמואל, als bedeute es = der Name Gottes. Auf שאל würde dann nur in zweiter Linie zur Erklärung des Namens angespielt, ähnlich wie Josef in Verbindung gebracht wird ausser mit יסף auch mit אסף, oder Zebulon sowohl mit זבד als auch mit זבל. Dagegen geht der MT. wohl von der Erklärung „der von Gott" neml. Erbetene aus, indem ש = אשר galt und מו = מן, wie Gen. 19, 37. LXX. — Für die Behauptung, LXX habe jedenfalls nach שמואל in ihrem Texte vorgefunden ותאמר, bleibt Thenius wie gewöhnlich den Beweis schuldig; vgl. LXX Exod. 18, 4 und meine Bemerkung zu 1 Sam. 25, 34. Dem Hebräer und Araber ist das idhmâr elqaul (Beidh. II. 179, 11) sehr geläufig, dem Griechen fremd.

21. Die Frömmigkeit der LXX äussert sich in dem Zusatze καὶ πάσας τὰς δεκάτας τῆς γῆς αὐτοῦ. Die Erwähnung der Zehntenabgabe als einer *regelmässigen* Leistung erwartet man gleich hinter זבה הימים, das *aussergewöhnliche* ואת־נדרו darf nicht trennend dazwischen treten.

---

*) 2, 21 findet sich ותהר falsch eingesetzt. Das könnte auch hier mit ותהר הנה geschehen sein; dadurch wird aber an dem Resultat nichts geändert, dass die Stellung der Worte im MT. im Vergleich zu LXX die primäre ist.

23. Für רבני 1. דבריך (LXX). — LXX (τὸ ἐξελϑὸν ἐκ τοῦ στόματός σου) und Thenius stellen auch hier den bei Gelübden rituellen Ausdruck her, s. Gesenius Thes. S. 615.

V. 24 ff. Der hebräische und griechische Text unterscheiden sich inhaltlich dadurch, dass jener die mit dem Einführungsopfer verbundene Darbringung Samuels als selbständigen Akt berichtet, für welchen eigens und *express die Reise nach Silo unternommen wird, während dieser sie anknüpft an das jährliche Festopfer. Damit hängt zusammen, dass in LXX von vornherein Elkana neben Hanna als Hauptperson an der Handlung Theil nimmt *), während er im hebr. Text bis zuletzt nicht erwähnt wird und schliesslich 2, 11 nur erscheint, um Abschied zu nehmen und zwar hier an einer Stelle, wo in LXX Hanna statt seiner genannt wird und deren Erwähnung auch ganz unentbehrlich ist; s. zu v. 28. Da sich nun schwerlich ein Beweggrund findet für eine im MT. vorgenommene Ausmerzung des Plus der LXX am Schluss von v. 24 und dieses ausserdem sehr weitschweifiger und schleppender Natur ist, so wird es anzusehen sein als entstanden aus der durch v. 21—23 veranlassten Meinung, als sei Samuels Darstellung mit der jährlichen Festwallfahrt zusammengetroffen. (LXX v. 24 „sie zog mit Elkana hinauf mit einem Einweihungsopfer für Samuel; in Silo angelangt brachte Elkana zunächst das regelmässige Festopfer dem Herrn dar, dann folgte die Opferung des Stieres für Samuels Darstellung"). Vgl. zu v. 28.

24. Für שלשה פרים 1. פַּר מְשֻׁלָּשׁ (LXX, Thenius). LXX fügt den übrigen Opfergaben καὶ ἄρτοις hinzu nach Exod. 29, 23 f. Lev. 8, 31 und fabriciert aus dem gewöhnlichen קמה das gesetzmässigere סלת. — Ueber נער: והנער καὶ τὸ παιδάριον μετ᾽ αὐτῶν vgl. zu v. 25.

25. וישהטו sc. השהטים. — Im Folgenden lies וַתָּבֹא אֶב־הנער nach LXX und füge hinter עלי die Worte והנער עִמָּה hinzu, die sich fälschlich vom Schlusse dieses Verses an den Schluss des vorigen verirrt haben und dort obendrein im MT. verdorben sind.

***

*) Schon das μετ᾽ αὐτοῦ zu Anfang von v. 24 wird man von Elkana zu verstehen haben, wenn der folgende Satz καὶ τὸ παιδ. μετ᾽ αὐτῶν Sinn haben soll. LXX las תִּעְלֶה עמה statt תַעֲלֶה עִמָּה. Mit dieser Aussprache hängt das Fehlen des zum Sinne nothwendigen נְמֶלְתֹ כ״ zusammen.

26. *Μετὰ σοῦ* ist als Duplette zu streichen und statt *ἐν τῷ* der ER. zu lesen *ἐν τούτῳ* mit Al.

28. Cap. 2, 11 a. Für היה, dessen Tempus und Bedeutung unpassend sind, muss man mit LXX lesen הי und das folgende הִוא verdoppeln. In den letzten Worten v. 28. 2, 11 a. stehen sich MT. und LXX folgendermassen gegenüber.

וישׁתהו שׁם ליהוה וילך אלקנה הרמתה אל־ביתו

ותתפחהו שׁם לפני יי ותלך הרמתה.

Zwischen לפני יהוה und ליהוה glaubte man auch v. 19 die Wahl zu haben, die einzige zufällige Variante findet sich im ersten Worte. Wichtiger aber als die Entscheidung hierüber ist die Frage, ob Elkana oder Hanna das ursprüngliche Subject des Satzes seien. Im hebr. Texte ist es schon dem Syrer sonderbar vorgekommen, dass, nachdem vorher überall nur von Hanna die Rede war (seit v. 24), statt ihrer jetzt plötzlich ein bislang nicht anwesender Er von uns scheidet, der sich in der Folge zu Elkana entpuppt. Wenn also statt dessen LXX in der That uns den Abschied der Hanna berichtet, so wird dies um so mehr das Ursprüngliche sein, als sie kein Interesse hatte, dem Elkana hier den Antheil an der Handlung zu verkümmern, den sie ihm v. 24 so weitläuftig erworben hatte *). Ueber die Einsetzung des Subjects im MT. 2, 11 s. die Einl. S. 22 f.; die Wahl dieses bestimmten Explicitums, des Elkana, scheint eine Spur der Einwirkung des Textes der LXX auf den MT. zu sein — vgl. v. 18.

II.

Das Lied der Hanna hat den Zusammenhang der Erzählung im MT. und LXX an *verschiedenen* Stellen gesprengt; der gleichen Erscheinung begegnen wir Jos. 8, 30—35 bei einer erweislichen Interpolation. Auch wird dasselbe in den beiden Textrecensionen nicht mit den gleichen Worten eingeführt.

1. עלי ἐστερεώθη, ähnlich Syr. Chald. Vgl. den Syr. zu Prov. 11, 16. 28, 12. Darnach ist eine Variante אמץ unwahrscheinlich. — באלהי LXX statt ביהוה 2⁰ ist der Abwechslung wegen vorzuziehen. — כי vor dem vierten den drei

---

*) Hiedurch wird meine Beurtheilung der LXX v. 24 bei Wege lang bestätigt.

vorangegangenen vollständig coordinierten Gliede ist unverständlich; statt dessen liest LXX פִּי, es hinter הדה auslassend. So wird zugleich die ermüdende Gleichförmigkeit im Satzbau vermieden. Im MT. verdarb פִּ in כִּי und musste dann des Sinnes wegen anderswo wieder eingesetzt werden.

2. כִּי 2⁰ fehlt in LXX, dafür fängt bei ihr das erste Glied des Verses mit כִּי an. — Indem in ER. ἅγιος als Prädicat zu οὐκ ἔστι πλὴν σοῦ ergänzt wird, erklärt sich dieses Zurückgreifen auf das erste Versglied mit Ueberspringung des näher liegenden, dem ebensogut δίκαιος hätte entnommen werden können, nur aus der Ordnung der Sätze b und c, wie sie im MT. besteht. Die Ordnung c b in ER. ist also nichts ursprüngliches, es ist aber die Frage, ob überhaupt οὐκ ἔστιν ἅγιος πλὴν σοῦ zum echten Bestande der LXX gehört. — צִיר LXX צַדִּיק?

3. Schwerlich sind גְבֹהָה גְבֹהָה richtig als einfache Feminina Sing. punktiert, in welchem Falle die Lebhaftigkeit der Wiederholung wenig Sinn hätte, wie auch LXX nebst den übrigen Uebersetzungen meint, welche den einfachen Plural setzen. Es werden Maskulinformen mit dem ה der Richtung sein; die eigenen Worte der Uebermüthigen werden angeführt: „Hoch hinaus, hoch hinaus!" — Im Folgenden las LXX עֲלִלֹתּ (2 Reg. 12, 11) וְאֵל תֹּכֵן in einem Sinne, der den des Qeri *) nur deutlicher ausdrückt — das αὐτοῦ bei ἐπιτηδεύματα kommt auf Rechnung der Uebersetzer, die sich vielleicht durch Ezech. 18, 25 irre leiten liessen.

5. Ἠλαττώθησαν für שָׁבֵּרוּ führt auf נֶהְסָרוּ oder vielleicht auch הֹסָרוּ, da das Nifal sonst nicht vorkommt. Aber die schwierigere Lesart des MT. wird durch den Parallelismus gestützt: „Satte haben sich ums Brot verdingt und Hungrige feiern." — Das עַד des MT. und כִּי der LXX haben beide den Sinn „ja, sogar"; warum dieser unpassend gefunden wird, ist mir nicht klar. — הֵדַלּוּ ist von den Uebersetzungen sehr verschieden gedeutet und ergänzt; in παρῆκαν γῆν scheint der Akkusativ auf demselben Wege entstanden, wie 1, 16 extendi manus meas der Itala aus dem einfachen ἐκτέτακα.

8. Das letzte Glied überfüllt den Vers, liegt dem Zusammenhange nicht nahe und fehlt mit Recht in LXX.

---

*) Ochlah W' ochlah, herausgeg. von S. Frensdorff. Hannover 1864. S. 98. Nro. 105.

9. LXX: δίδους εὐχὴν τῷ εὐχομένῳ καὶ εὐλόγησεν ἔτη δικαίου, ὅτι οὐκ ἐν ἰσχύι κτλ. — Es sieht aus, als ob dieser Text den Psalm der im Alter mit Kindern noch gesegneten Hanna als Danklied für die Erfüllung ihrer Bitte mundgerechter machen wollte. Denn worüber Gott hier nach dem Zusammenhange des *Liedes* gepriesen wird, das ist sein Ueberschwänglichthun über alles Bitten, nicht sein διδόναι εὐχὴν τῷ εὐχομένῳ; sein Erheben des Verachteten auf den Fürstenstuhl, nicht sein εὐλογεῖν ἔτη δικαίου.

10. Wenn man das eingesprengte κύριος ἅγιος und den Zusatz aus Jer. 9, 23 f. in LXX ER. Al. abrechnet, so unterscheiden sich die Recensionen nur wenig. יָחֵת für יחתו ist vorzuziehen; עָלָיו dagegen ist passender als עלה, weil es den Zweck des Donnerns angiebt. „Er setzt seinen Feind (Sing.) in Schrecken, über ihm donnert er im Himmel."

13. Fasst man mit Hieron. die Worte ומשפט הכהנים מאת־העם *) als Akk. zu לא ידעו v. 12, so erscheint das Benehmen der Priester als לא משפט, umgekehrt als משפט bei der mass. Construction. Für letztere spricht, wie es scheint, die Sache. Das gewiss nie überhaupt angefochtene Recht der Priester auf einen Antheil am Opferfleisch wird v. 13 f. in einer Weise ausgeübt, welche durch das Waltenlassen des Zufalls zu sehr die Interessen der Parteien vereinigt, um das Gepräge der Willkür Einzelner zu tragen. Auch wird v. 15 f. die Forderung von gekochtem Fleische als *herkömmlich* der von rohem entgegengesetzt, aber selbst die letztere stösst auf keinen besonderen Widerspruch der Opfernden; als das Unleidliche wird vielmehr nur hervorgehoben, dass die Priester ihren Antheil eher einzogen, als sie Gotte den seinigen dargebracht hatten. Die Sache selbst scheint also zu fordern, dass v. 13 f. angegeben werde, was in dem fraglichen Punkte zu jener Zeit *Recht und Brauch* der Priester gewesen sei; nicht, in welcher Weise die Söhne Eli's selbige ausser Acht gesetzt haben. Aber dann spottet zunächst כם v. 15 jeglicher Erklärung. Denn da dieses Gleichartiges steigert, so kann v. 13 f. nicht dem v. 15 f. wie Recht dem Unrecht entgegengesetzt sein, sondern beides gilt als Ueberschreitung der Befugnis, nur das eine in höherem Masse als das andere. Ferner liegen auch in v. 13 f. selbst Andeutungen, welche darauf führen, dass daselbst nur von einem Verfahren speziell der Söhne Eli's, nicht von einem allgemeinen Privileg des prie-

---

*) so ist zu lesen, mit den Uebersetzungen und Exod. 29, 28.

sterlichen Standes die Rede ist — nemlich der „Knabe des Priesters", der doch wohl der gleiche ist mit dem v. 15 f. erwähnten, und der Schlusssatz in v. 14. Man wird also doch nicht umhin können, auch schon v. 13 f. als Beweis der den Söhnen Eli's v. 12 abgesprochenen Kenntnis Jahwe's und in dieser Hinsicht als coordiniert dem v. 15 f. zu betrachten. Die mass. Abtheilung ist dem Streben entsprungen, das als Recht der Priester darzustellen, was hier als Willkür gilt *).

Im Folgenden lese ich mit LXX: וּמִזְלֵג שְׁלֹשָׁה שִׁנַּיִם und vermeide so die Unebenheiten sowohl der Grammatik als des Sinnes, welche sich bei der mass. Lesart ergeben. Denn während noch 14, 5 uneigentlicher Zahn als Masculinum gebraucht wird, ist die Femininform des Zahlworts im MT. und die auffallende *Beiordnung* der drei Zähne zu der Gabel statt der Unterordnung nur veranlasst durch die im Sinne nicht begründete Determinierung von הַמִּזְלֵג, welche allerdings weder einen Genitiv noch eine indeterminierte Apposition zu letzterem Worte erlaubte.

14. Schreibe mit Thenius לֹו הבֹהֵן (LXX) statt הב' ב' (MT.).

15. יֹקַח ist besser als אָקַח der LXX — herrisch wird der Diener erst v. 16 —; und ἐκ τοῦ λέβητος steht in demselben Verhältnisse zu כי אם הֹ' wie etwa וְאַחֲרֵי שְׁתָה 1, 9 zu καὶ κατέστη ἐνώπιον κυρίου. Man las die Buchstaben nicht mehr und rieth auf Selbstverständliches.

16. וַיֹּאמֶר ist als Impf. cons. nicht richtig punctiert: es könnte Jussiv sein. — Böttcher's Einwand gegen כִּיֹ (erst, zuvor Gen. 25, 31. 1 Reg. 22, 5), es liesse ein folgendes וְאַחַר erwarten, trifft viel stärker das von ihm vorgezogene כַּהֵק der LXX, denn die Relation von כִּיֹ auf den folgenden Satz ist auch ohne וְאַחַר klar, während die Ergänzung πρῶτον in LXX, womit nie כִּיֹ übersetzt wird, hinreichend beweist, dass כהק eben das, worauf es hier ankommt, nemlich das Zeitverhältnis zwischen den beiden Sätzen יֹקַטִירוּ und קה, unausgedrückt lässt. — לֹו = לֹא Ochlah Nro. 106.

17. Nach 3, 13 wird man hier als Subject zu יֹבֹאֹ die Priester anzusehen haben, wie das auch von vornherein am nächsten liegt. Da der MT. auch 3, 13 ändert (vgl. 2, 13), nicht aber der griech. Text, so ist. es weniger wahrscheinlich,

---

*) Auf die historische Wichtigkeit unserer Stelle brauche ich wohl nicht aufmerksam zu machen.

dass dieser אֲנָשִׁים hier ausgelassen, als dass jener es eingeschoben hat.

20. יָשִׂם, LXX ausdrucksvoller יְשַׂלֵּם, woraus nach einem häufigen Buchstabenübergange *) erst יָשִׂים, dann יָשִׂם
ward. Umgekehrt 2 Sam. 20, 19. — שָׁאֻל sprich als Paûl,
nach 1, 28. Für das *Finitum* des Qal ist die Bedeutung des
Hifil unerweislich und unwahrscheinlich. Das Masculinum
erklärt sich daraus, dass dem Schriftsteller unter dem ab-
stracten שְׁאֵלָה das damit gemeinte Concretum männlichen
Geschlechts vorschwebte. — Im Weiteren ergiebt die Combi-
nierung der Varianten beider Recensionen als ursprüngliche
Lesart הֹלֵךְ לִמְקֹמִמוֹ. Der MT. fasste das Verb pluralisch als
הֹלֵךְ, die LXX fasste es singularisch und ergänzte הָאִישׁ,
s. Einl. S. 19 f. 22 f.

21. כִּי פָקַד, LXX richtig וַיִּפְקֹד, vgl. 4, 7 denselben Fall.
Böttcher will ohne Bezeugung וַיְהִי vor כִּי einschieben, aber
die Heimsuchung Jahwe's ist hier nicht ein untergeordnetes,
nur zur näheren Bestimmung von וַתַּהַר (auf welches וַיְהִי
hinweisen würde) dienendes Moment, sondern die Hauptsache
selber. — Im Folgenden ist וַתַּהַר ungereimt und וַתֵּלֶד עוֹד
der LXX im Rechte.

22. Ganz unzweifelhaft ist es keineswegs, dass der Schlusssatz des Verses als für die Priester gar zu unanständig von
LXX ausgelassen sei: allerlei Gründe sprechen dafür, dass
er nicht ursprünglich. Die Vergehen, die sonst den Söhnen
Eli's vorgeworfen werden, sind durchaus anderer Natur, Prie-
sterarroganz und selbstsüchtiges Ausbeuten ihrer heiligen Stellung — das Buhlen mit den Tempelweibern reimt sich schlecht
mit der offenbar fürstlichen Stellung dieser Priester. Ferner
ist nur hier von einem Ohel Moed, sonst stets c. 1. c. 3 von
dem Hekal in Silo die Rede; die ganze Stelle, später als
Exod. 38, 8, ist wohl ein Versuch, etwa der Pharisäer, dem
Priesteradel eins anzuhängen. Der den Sadducäern freundliche Josephus, der übrigens die LXX vor sich hat, hat doch
diesen Skandal (aus dem Urtext?) nicht vergessen.

23. Wenn אֶת־דִּבְרֵיכֶם רָעִים in LXX fehlt, so ist an
eine absichtliche Kürzung um so weniger zu denken, als ein
Motiv zur Einsetzung dieser Worte im MT. sich leicht finden lässt. Wenn ferner die LXX עַם יְהוָה liest für הָעָם אֵלֶּה,

---

so ist zwar für יהוה in der späteren Zeit häufig אלהים substituiert, das Umgekehrte aber ist nicht geschehen. Es folgt,
dass יהוה hier richtig und אלהי durch אלהים hieraus entstanden ist.

24. Der echte Text der LXX fängt in ER. erst mit μὴ
ποιεῖτε οὕτως an — was davor steht, ist eine dem MT. con-
forme Duplette. מֵעַבְרִים von Ewald richtig erklärt (= in
Umlauf setzen, verbreiten), bedarf keiner Verbesserung.

25. Der dem καὶ προςεύξονται ὑπὲρ αὐτοῦ πρὸς κύριον zu
Grunde liegende Text ist einfach וּפִלְלוֹ א oder vielleicht
וּפִלְלוֹ כִּי אֶל א vgl. 14, 45; wäre aber auch die vermeintliche Herstellung des Originals der LXX bei Thenius erweis-
bar, so würde dadurch ein recht schlechter Sinn erzielt:
„Wenn ein Mensch gegen einen Menschen sündigt, so kann
man für ihn zu Gott beten; sündigt er aber gegen den Herrn,
wer kann für ihn beten!“ Denn weshalb kann nicht in beiden Fällen für den Sünder gebetet werden? sollte man doch
meinen, eine Fürbitte bei Gott wäre vielmehr nur in dem
Falle angebracht, dass die Sünde gegen *ihn* sich richtet, er
also durch ihre Vergebung nur sein *eigenes* Recht aufgiebt,
ohne einem Anderen dadurch zu nahe zu treten, denn sonst
wäre die Nachsicht gegen den Einen Ungerechtigkeit gegen
den Andern: justus damnatur, cum solvitur reus (Iob 7,
20 f. Ψ. 51, 6). Ausserdem aber fordert das betonte מִי am
Anfange des zweiten Hauptsatzes einen gleichartigen — das
heisst hier: das *Subject* enthaltenden — Gegensatz im ersten
— wie ein solches vom MT. in אלהים dargeboten wird.
Schliesslich, dass אלהים und יהוה hier für nichts und wieder nichts wechseln, ist schwer zu glauben — an der Behauptung, ersteres Wort für Obrigkeit zu nehmen, sei unstatthaft,
ist nur so viel wahr, dass es allerdings nicht grade die Obrigkeit in unserem polizeilichen Sinne, sondern das Gericht bezeichnet.

Der Sinn ist *): Für die Bereinigung gewöhnlicher Kla-
gen ist ein מִפְלֵל da, nemlich Elohim; ist aber Jahwe die
klagende Partei, so kann Elohim nicht מִפְלֵל sein. Da die
Priester faktisch Richter sind, so heisst dies mit Weglassung
der auf dem Spiel mit Jahwe und Elohim beruhenden Pointe:
des Priesters Sünde gegen Gott kann nicht vor dem Forum

*) Ew. II. S. 581.

des Priesters beigelegt werden, sondern verfällt der unmittelbaren göttlichen Rache.

Da übrigens אלהים in dem hier gebrauchten Sinne gewöhnlich als Plural construiert wird, so spricht man am besten פללו.

27. הנגלה. Bei Hitzig's Auffassung des von LXX nicht ausgedrückten ה (Tüb. Theol. Jahrbb. 1843 S. 291 f.) stört נגליתי. Das Hineinspielen der ruhigen Versicherung raubt dem Inf. abs. den Character der aufgeregten und zornigen Frage, welchen er alleinstehend haben würde. — Zufälliger Ausfall von עבדים (LXX) nach מצרים war allerdings möglich, nothwendig ist aber die Annahme desselben nicht; denn siehe 6, 18 עברים 14, 2 und LXX 17, 8 ערי פלשתים לחמשת הסרנים לשאול.

28. *Εἰς βρῶσιν* am Schluss ist eine höchst matte Erklärung.

29. S. zu v. 32. Der Syr. hat den MT. vor sich gehabt, aber עין und און verwechselt (מעון = מָאָין seit der Wüste her) und הבריאכם abgeleitet von ברה = wählen. — לעמי. Man könnte leicht עמי ändern, aber das ל erscheint auch in לְפָנַי der LXX.

31. S. z. v. 33.

32. Der Vers giebt eine Wirkung an, welche die Erfüllung der Drohung v. 31 auf Eli ausüben werde; das gedrohte Ereignis würde darnach also in jedem Falle zu Eli's Lebzeiten noch eintreten. Hierauf fussend kommt man unvermeidlich zu totalem Misverständnisse der ganzen Weissagung. Ein Ereignis aus der Zeit Eli's, auf welches die Weissagung v. 31 einigermassen passt, ist nur die unglückliche Schlacht gegen die Philister mit ihren Folgen c. 4; da nun aber die Geschehnisse v. 33 und das correlate v. 35 in dem v. 31 gemeinten begründet und wenigstens ihren Anfängen nach diesem gleichzeitig sind, so wird man genöthigt, v. 33 von einem dem Schlage c. 4 Entronnenen aus priesterlichem Geschlechte zu verstehen, v. 35 aber von Samuel. Abgesehen nun aber von 1 Reg. 2, 27 ist diese durch das Verhältnis von v. 32 zu v. 31 allerdings nothwendig gemachte Deutung der Weissagung auch aus inneren Gründen schier unmöglich. Vor allen Dingen wird v. 34 das, was hiernach das gedrohte Ereignis selbst sein müsste, vielmehr mit ausdrücklichen Worten als blosses אות desselben bezeichnet — wenn aber das Erleben dieses *Zeichens* dem Eli den Tod brachte, wie ist es möglich,

dass er die Erfüllung der dadurch zu bewahrheitenden *eigentlichen* Weissagung v. 31 erlebe? Ausserdem stimmt nicht eine einzige von allen Thatsachen und Begebenheiten, in denen Thenius von v. 32 ausgehend die Erfüllung der Weissagung suchen muss, zu dem Wortlaute derselben. V. 31 (vgl. v. 33) ist eine so gut wie vollständige Ausrottung der Priester überhaupt *) angekündigt; das Unglück c. 4 hatte aber nahezu fünfundachtzig von ihnen übrig gelassen, keineswegs bloss den Ahitub, auf dessen Fund sich Thenius ordentlich etwas zu Gute thut, obwohl ausserdem das לכלות את־עיניך ולאדיב את־נפשך v. 33 auf einen Mann nicht passt, der ganz plötzlich ums Leben kam, dessen *Sohn* aber noch geraume Zeit lang die höchste priesterliche Stellung einnahm. Endlich wie hat sich für Samuel, wenn er v. 35 gemeint ist, die Weissagung eines בית נאמן (natürlich eines בית, das als *Priester*geschlecht נאמן war: zu diesem Verständnis zwingt der Gegensatz) und wie die andere erfüllt: „er (oder *es*) wird vor meinem Gesalbten wandeln alle Zeit"? Würde Letzteres etwa von dem Verhältnisse Samuels zu Saul ausgesagt werden können, würde überhaupt nur der Ausdruck התהלך לפני משיחי von Samuel, dem Königsmacher, gebraucht werden können?

Aus alle dem geht hervor, dass die erste Hälfte von v. 32, sowie sie in MT. lautet, unrichtig ist. Sie ist zu tilgen, denn erstens ist sie eingeschlossen zwischen zwei *identischen,* beide gleichmässig zu v. 31 gehörenden Glossen (s. zu v. 33), und zweitens mangelt sie der LXX. Nach dem was LXX v. 29 liest, ist es das wahrscheinlichste, dass v. 32a eigentlich = v. 29a ist. Wir gewinnen somit das Recht, auch v. 32a zur Vergleichung und eventuellen Emendierung von v. 29 zu verwenden. Leider gelingt es mir nicht, dieses Recht practisch zu verwerthen, obwohl es klar ist, dass der MT. v. 29 verbesserungsbedürftig ist **).

---

*) nicht bloss des בית עלי, sondern auch des בית אבי עלי, mit dessen Sturze das Haus gestürzt ist, dem Gott alle Feuerungen Israels gegeben hat. Schwerlich ist aber aus v. 28 zu beweisen, dass mit dem Vaterhause Eli's der ganze Stamm Levi gemeint sei; nur so viel steht fest, dass es das *ganze* Priestergeschlecht umfasst, welchem die Verheissungen in Egypten gegeben sind und dass zwischen den Linien Eleasars und Ithamars durchaus kein Unterschied gemacht wird.

**) Z. B. der Numerus תביטו, ferner להבריאכם, wofür man das Reflexiv oder התפשכם את erwartet.

Die Deutung 1 Reg. 2, 27 ist richtig. Während das Zeichen des v. 31 geweissagten Ereignisses 1 Sam. 4 ist, ist dieses Ereignis selbst 1 Sam. 22; der v. 33 gemeinte Uebriggebliebene ist Ebjathar, der im Alter von Salomo abgesetzt wurde und in der Priesterstadt Anathoth sein Leben fristen musste. Der Begründer eines nicht dem בית אבי עלי entsprossenen dauernden Priestergeschlechtes v. 35 ist Sadok, der vielleicht schon von Saul an die Stelle des Ahia gesetzt wurde. Die Chronik widerspricht nicht bloss dieser, sondern jeder Deutung der Weissagung. Denn diese sagt deutlich, dass Gott an die Stelle des priesterlichen Geschlechtes, dem Eli entstammt, nicht bloss einen andern *Zweig* des *selben* Geschlechts, sondern, da die Aufrechterhaltung der Gerechtigkeit ihm höher stehe als die seiner Privilegien (Hos. 4, 8), seinem eigenen Worte zu Trotz ein anderes *Geschlecht* setzen werde. Wie sollte die Einsetzung des älteren Zweiges der Linie der Verheissung widersprechen? Es wird offenbar vorausgesetzt, dass weiter kein Erbe derselben existierte als eben das Geschlecht Eli's. Von einem Wechsel des Hauses Ithamar und Eleazar weiss das ganze Alte Testament und speciell unsere Stelle nichts, und selbst die Chronik introduciert ihn nur ganz schüchtern durch die Hinterthür *).

33. Von v. 33b, wie er in MT. lautet, sind zweierlei Auffassungen denkbar. Er besagt entweder, dass fast sämmtliche erwachsene Männer des Hauses Eli auf Einen Schlag sterben würden — oder dass in alle Ewigkeit die Abkömmlinge des Hohenpriesters in der Blüthe der Jahre weggerafft werden würden, ohne das Greisenalter zu erreichen. Dieses letztere Verständnis wird nothwendig gemacht durch כל־הימים v. 32, widerspricht aber direct der Forderung, dass v. 33b und v. 33a als Regel und Ausnahme sich gleichartig seien. Denn wenn v. 33a gesagt wird „jeden will ich nicht ausrotten von meinem Altar" und wenn v. 36 von Uebriggebliebenen die Rede ist, so sind das *nicht* Einschränkungen zu der Behauptung eines *durch alle Zeit* sich forterstreckenden vorzeitigen Sterbens der Erwachsenen, eines nach dem anderen, etwa an der Schwindsucht — dabei kann ja das Geschlecht sich ganz gut erhalten —, sondern zu der Behauptung einer

---

*) Aus meiner Erörterung folgt, dass entweder Ahitub der Vater Sadok's ein anderer war als der Grossvater Ebjathars und Enkel Eli's, oder dass 2 Sam. 8, 17 bedeutende und nicht unabsichtliche Verstellungen stattgefunden. — „Söhne Eli's" ward übrigens später ein Schimpfwort fast appellativer Bedeutung, s. Geiger Urschrift S. 111, auch die Anm.

nur *einmaligen* jedoch allgemeinen Strafes des ganzen priesterlichen Geschlechts. Also ist erstens das mass. אנשים v. 33b nicht am Platze, sondern dafür mit LXX zu lesen בהרב אנשים; ferner aber sind מהיות זקן בביתך v. 31 und לא־יהיה זקן בביתך כל־הימים v. 32 *zwei* Varianten der selben (LXX hat sie nur einmal und zwar zu v. 31) alten Glosse *), welche vielleicht entstand aus der Deutung von v. 31 auf Hofni und Pinehas.

Dass LXX mit עיני und נפשו für עיניך und נפשך Recht habe, erhellt aus meinen Bemerkungen zu v. 32.

III.

1. Διαστέλλουσα scheint פרק vorauszusetzen, welches durch 2 Chr. 31, 5 empfohlen wird. Nach הזון. konnte ein כ ebenso leicht zugesetzt werden als ausfallen.

2. Für den Sinn „zu jener Zeit", welchen ביום ההוא kraft seiner Rückbeziehung auf v. 1 hier haben muss **), steht

---

*) Die Verdoppelung im MT. erklärt sich durch das Eindringen von v. 32a zwischen v. 31 und v. 32b. Dadurch ward die Bestimmung von v. 32b vereitelt und ein Substitut trat ein.

**) Die sprachlich unmögliche Uebersetzung Thenius' „zu der Zeit wo" passt auch nicht zum Sinne. Denn die Angaben v. 2 f. dienen nicht zur Bestimmung eines besonderen Zeitmoments, eines einzelnen Tages, sondern sie setzen täglich wiederkehrende Umstände auseinander zum Verständnisse eines einmal in sie fallenden Ereignisses. Man kann nicht übersetzen „als Eli schlief" oder gar „an dem Tage, wo er schlief", sondern „*während* E. schlief." Von ועלי v. 2 an bis zum Schlusse des dritten Verses ist Alles Zustandsbeschreibung zu ויהי v. 2 oder logisch zu ויקרא v. 4. Dem ersten Blicke ist es allerdings nicht klar, wiefern alle diese Notizen zur Beleuchtung der Situation dienen, in welche die folgende Geschichte fällt. Unmittelbar verstehen sich als hergehörig die Angaben, dass Eli und Samuel geschlafen haben, ebenso auch die Genauigkeit in der Bestimmung des Schlafortes des letzteren; denn der Umstand, dass Samuel bei der Bundeslade schläft, steht in naher Beziehung zu der *ihm* zu Theil werdenden Erscheinung dessen, der ob den Cheruben thront; vgl. auch Gen. 28, 11 ff. die unbeabsichtigte Inkubation, welche an unserer Stelle durch die Accentuation nicht fortgeschafft werden kann (Strabo S. 761 am Anf.). Der Sinn aber der Zeitbestimmung „die Leuchte Gottes war noch nicht erloschen", sofern sie mit Recht auf den frühesten Morgen gedeutet wird, erklärt sich vielleicht aus Tertull. de anima 48: Certiora et colatiora somniari affirmant sub extimis noctibus quasi jam emergente animarum vigore producto sopore. Am meisten Schwierigkeit macht die Nachricht von Eli's schon beginnender Blindheit in dieser Parenthese; darf man sie zugleich

in nicht prophetischer Rede gewöhnlich der Plural, aber es
ist unnöthig anzunehmen, dass, wenn einige Versionen hier
wirklich den Plural ausdrücken, dies mehr sei als eine richtig
deutende Uebersetzung. — Ein Participium oder Adjectiv nach
ההלכ׳ ist *nothwendig*, der Infinitiv ohne לְ trotz Böttcher gegen die Grammatik. Die Lesart und Vokalisation des MT.
ist darum jedenfalls die richtige.

3. Ἐπισκευασϑῆναι (= הטיב) mit Umgehung des Er-
löschens erklärt sich aus Jos. Antiq. III. 8, 3 „τοὺς μὲν τρεῖς
(von den sieben λύχνοι des heil. Leuchters) ἐπὶ τῆ ἱερᾷ λυχνίᾳ
φέγγειν ἔδει τῷ ϑεῷ κατὰ πᾶσαν ἡμέραν. Vgl. Petavius
animadvv. ad Epiph. haer. LXVI. 704d, bei Dindorf V.
S. 210 *).

4. Wenn im Hebr. berichtet wird, einer habe den anderen gerufen, so ist es namentlich wo zum ersten Male davon
die Rede ist, ungewöhnlich, den Angerufenen sogleich als
Vokativ hinter das Verb des Rufens zu stellen, bevor man
ihn als *Object* desselben eingeführt hat. So begreift sich אֶל־
שְׁמוּאֵל des MT. als Aenderung von שְׁמוּאֵל שְׁמוּאֵל der LXX.

6. Etwas anderes als Vokativ kann שְׁמוּאֵל 1⁰ nicht sein,
einmaliger Vokativ aber wäre dem Stil des himmlischen Rufens zuwider. Gen. 22, 11. 46, 2. Exod. 3, 4. Also richtig
LXX: Σαμουηλ Σαμουηλ, während sie unrichtig die beiden
folgenden Worte überspringt. Τὸ δεύτερον hinter יכּר׳ hat
keinen Werth. Thenius meint freilich, willkürliche Hinzufügung sei wegen בְּשִׁלִישֻׁת v. 8 nicht wahrscheinlich, aber der
Spiess liesse sich auch umdrehen. Und wodurch sollte die
Auslassung veranlasst sein?

7. Die Möglichkeit ידָע als Perf. zu vokalisieren, wird
hier, wie Böttcher mit Recht behauptet, durch יִגָּלֶה ausgeschlossen. Vgl. übrigens zu Ew. §. 337c meine Bemerkung
zu 2 Sam. 3, 10. „Credere fas non est — bemerkt Houbigant **)
über die Antwort Samuels — Samuelem praetermisisse id verbum quo uno significare poterat se jam nosse eum qui se
vocaret esse ipsum יהוה. Propterea non omittunt „Domine"
Vulg. Syr. et Arabs, seu id legunt seu judicant esse legen-
dum." Was die Vulgata betrifft, so liest der Amiatinus das
Domine *nicht;* wie leicht es aber der Syrer mit dem Hinzu-

---

symbolisch verstehen, so erklärt sie, warum nicht ihm das „Gesicht"
hat zu Theil werden können. — Vgl. Exod. 33, 11.

*) Ich verdanke die Citate Vercellone.

**) Biblia hebr. cum notis criticis. Vol. II. Paris 1753.

setzen des entsprechenden Wortes nahm, ersieht sich aus
v. 17. 18. Hinzukommt, dass LXX umgekehrt auch v. 9 das
יהיה auslässt. Conformierende Aengstlichkeit ist an sich
nicht Sache des ursprünglichen Verfassers *), hier aber entspricht das Verschweigen des Namens von Seiten Samuels d❚
Scheu, welche es auch v. 17 vermeidet, Jahwe offen als Subject des דבר zu nennen.

11 f. Dass τὰ ῥήματα μου für das unbestimmte דבר in
Rücksicht auf c. 2 und 3, 12 entstanden ist, liegt auf der
Hand. 3, 12 ist übrigens selbst dem Zusammenhange unseres Capitels ursprünglich fremd: die Weissagungen 2, 27—36
und c. 3 nehmen keine Beziehung auf einander, sondern gehen *neben* einander her.

13. בעון אשר ידע kann nur der Grammatik zum Trotz
übersetzt werden „um der Sünde willen, *dass* er wusste", die
sprachlich erlaubte Fassung „um der Sünde willen, *welche* er
wusste" ist aus anderen Gründen unmöglich. Man hat also
wohl das nur in LXX **) begreifliche עון zu beurtheilen nach
Einl. S. 27 und es demgemäss zu streichen; denn אשר ידע
wird durch die Relation des folgenden ולא כהה בם geschützt.
— Ueber מקללים אלהים (LXX) als die richtige Lesart s.
Geiger a. a. O. S. 271.

14. וְלָכֵן hat die LXX als ולא כן (καὶ οὐδ᾽ οὕτως) noch
zum vorigen Verse gezogen. Gen. 4, 15.

15. In MT. ist וישקם בבקר (LXX) hinter עד־הבקר übersprungen.

17. לך באזנך (ER. für אליך) ist kein Hebräisch, es durfte
nur באזנך alleine stehen, nicht noch לך davor. Denn für
unser „ich sage es dir ins Ohr" sagt der Hebräer „ich sage
es in dein Ohr", nicht aber „*dir* in dein Ohr." Ebenso „ich
gebe deinen Lohn" für „*dir* Lohn" Exod. 2, 9; יש נביאכם
für „*vobis* est propheta" Num. 12, 6; לא תהיה תפארתך für
„nicht *dir* wird der Ruhm gehören" Jud. 4, 9, vgl. noch
Exod. 3, 21. Iob 6, 10. Es ist daher σοὶ und ἐν τοῖς ὠσί
σου Duplette (Thenius).

18. Nach ויאמר findet Thenius das Explicitum nöthig,
warum nicht auch 2, 16 oder 4, 18 bei Subjectswechsel? Und

---

*) Ganz richtige Grundsätze werden darüber ausgesprochen Ha-
mas. 51, 27 f.

**) בעון אשר־ידע statt בעון בָּנָיו.

wie erst würde er mit dergleichen Emendationen etwa im Qoran zu thun bekommen! Vgl. Einl. S. 22 f.

20 f. Nachdem LXX ER. den MT. bis אל־שמואל v. 21 wörtlich wiedergegeben, kehrt sie zu einem inhaltlich dem v. 20 entsprechenden, dem Wortlaute nach verschiedenen Satze zurück, von dem schon Thenius geurtheilt hat, er sei ein Seitenstück zu v. 20. Offenbar aber enthält grade er den echten Text der LXX, nicht nur wegen seiner Verschiedenheit vom MT., sondern auch deshalb, weil sich an ihn das Folgende anschliesst. Also ist καὶ ἔγνωσαν v. 20 bis πρὸς Σαμουηλ v. 21 zu streichen.

Die Frage nun, welcher von den beiden Texten der bessere sei, der eben festgestellte der LXX (καὶ ἐπιστεύθη Σ. τοῦ προφήτης γενέσθαι τῷ κυρίῳ εἰς πάντα I. ἀπ' ἄκρων τῆς γῆς καὶ ἕως ἄκρων. καὶ Ἠλι πρεσβύτης σφόδρα καὶ οἱ υἱοὶ αὐτοῦ πορευόμενοι ἐπορεύοντο καὶ πονηρὰ ἡ ὁδὸς αὐτῶν ἐνώπιον κυρίου) oder der massorethische (v. 20. 21 und 4, 1 a) ist nicht einfach zu entscheiden. Im MT. macht die Bemerkung v. 21 b einen äusserst parenthetischen Eindruck und versteht sich eigentlich nur für einen, der schon 7, 17 gelesen hat, als vorbeugendes Palliativ gegen einen Irrthum, den der ursprüngliche Verfasser an dieser Stelle nicht als möglich voraussetzen konnte. Die Erklärung des נגלה ferner durch בדבר יהוה beugt anthropomorphischem Misverständnisse vor und hat etwas Posthumes: der im Flusse schreibende ursprüngliche Autor würde das Suffix statt des Genitivs gewählt haben. Andrerseits zieht in LXX das ἀπ' ἄκρων τ. γ. καὶ ἕως ἄκρων den kürzeren, wenn es mehr als Paraphrase ist; und dass der Herr auch fernerhin dem S. in Schilo erschienen, kann kaum jemand anders als der erste Vf. erzählen, während was LXX an Stelle dieser Nachricht bieten, deutlich Stroh ist welches die Lücke stopft; vgl. zu 2, 15. Also wird man am besten thun, sich an den MT. zu halten mit Ausscheidung jedoch von v. 21 b, an dessen Stelle 4, 1 a einzutreten hat.

IV.

1. Das Mehr der LXX vor ויצא (καὶ ἐγενήθη ἐν ταῖς ἡμέραις ἐκείναις καὶ συναθροίζονται ἀλλόφυλοι ἐπὶ Ἰσραὴλ εἰς πόλεμον) ist hier schwer zu entbehren, weil sonst das folgende לקראת in der Luft steht, nicht, weil ein Angriffskrieg nur der Philister am Platze sei (Thenius). Im Gegentheil könnte man nach v. 9 eher den Israeliten Veranlassung zur Initiative

zutrauen. Aus der Lage des Kriegsschauplatzes in der Nähe von Silo (v. 13. 16) und Mispa (7, 12), wohl in der Ebene Saron (vgl. „Afek in Saron" Jos. 12, 18) *) lässt sich nichts darüber schliessen. — Für האבן lies אבן.

2. תשב LXX ἔκλινεν.

3. ברית יהוה 'א τὴν κιβωτὸν τοῦ ϑεοῦ ἡμῶν. Ebenso fehlt auch v. 4 (zwei Mal) und v. 5 der LXX das ברית, und zwar mit Recht nach dem ständigen Sprachgebrauch der Bb. Samuelis (3, 3. c. 4—7. c. 14. 2 Sam. 6. c. 15 mit alleiniger Ausnahme von v. 24). Offenbar ist in MT. der Sprachgebrauch verbessert, welcher Gott in zu nahe Berührung mit der Lade bringt; aber nur an den ersten vier Stellen, in denen das Heiligthum hier erwähnt wird, hat der Emendator ausgehalten. Vgl. LXX. 5, 4. 6, 3. 18. — Καὶ ἐξελϑέτω ἐκ μέσου ἡμῶν der ER. ist eine alberne Spielerei.

4. שם am Anfange des zweiten Versgliedes ist nach LXX zu streichen, weil hier erzählt werden soll, dass die beiden Priester mit der Lade ins Lager kamen, nicht dass sie in Silo waren. Schuld an der Einsetzung trägt 1, 3.

7. Hinter אלהים ist אלהם (LXX) nothwendig, denn die Philister können das Lager Israels nicht schlechthin „das Lager" nennen. Dagegen ist אלה האלהים für das unbestimmte אלהים falsche Wucherung, und ebenso falsch ist die Auslassung des echt hebräischen ויאמרו in LXX, letztere offenbar in der Absicht geschehen, dass man nicht die Sprecher von בא א und die von אוי ל' für verschiedene halte. Οὐαὶ ἡμῖν ist zu streichen, die LXX las ἐξελοῦ ἡμᾶς κύριε σήμερον. Von dieser Lesart verdient nur σήμερον Beachtung, denn אוי ist offenbar richtiger als אדני und לנו כ' als הצילנו.

8. Das במדבר des MT. am Schluss des Verses ist nicht zu verstehen, auch nicht wenn man mit LXX ein „und" davor setzt. Böttcher curiert den Text nach seiner Art **); da aber dabei vom Patienten nicht viel übrig bleibt, so ziehe ich vor zu lesen ויבדבר „und mit der Pest."

---

*) Dort ist nach LXX zu lesen מֶלֶךְ אֲפֵק לְשָׁרוֹן und Knobels König von Lassaron zu depossediren.

**) „Das ובמ' verräth, dass dahinter mit Uebergang vom Part. ins Fin. ursprüngl. noch ein gesteigerter Machtbeweis in kurzem Satze gefolgt ist, nach Deut. 11, 4 etwa האבידהו verschlungen vom nachfolgenden התחזק, oder אבדו רכב ausgef. per Homöotel. mit ובמדבר."

12. איש־בנימין heisst nur „der Mann von Benjamin“, entweder ein einzelner *bekannter* Num. 25, 8 oder gewöhnlich der gesammte. Da aber hier Determination nicht am Platze ist, so schreibe man בנימיני = ימיני (LXX).

13. Der MT. יד דרך מצפה ist in seiner jetzigen Vokalisation an sich unverständlich, da mit dem artikellosen דרך nichts anzufangen ist und entspricht vor Allem der Forderung des Zusammenhanges mit v. 18 nicht, wonach hier ein Thor erwähnt sein müsste. Der Text der LXX ליד השער מצפה הדרך genügt allen Anforderungen (Nah. 2, 2). Auch würde sich daraus die Entstehung des MT. wohl erklären lassen; es liesse sich nemlich annehmen, dass man דרך versetzte, um demgemäss gegen den Zusammenhang מצפה lesen *) und so den anscheinenden Widerspruch mit 3, 2. 4, 15 beseitigen zu können, und dass man dadurch השער verdrängte. Sieht man von LXX ab, so würde dem MT. am leichtesten durch blosse Einsetzung von השער hinter דרך geholfen werden.

14 ff. In ER. ist v. 14. 15 a Duplette zu v. 15 b. 16 a. Demgemäss entspricht dem hebräischen Texte von v. 14 bis אנכי v. 16 folgender griechische: (καὶ ἀνεβόησεν ἡ πόλις) **) καὶ εἶπεν Ἠλι τοῖς ἀνδράσι τοῖς παρεστηκόσιν αὐτῷ· Τίς ἡ φωνὴ τοῦ ἤχου τούτου; καὶ ὁ ἀνὴρ σπεύσας προσῆλθε πρὸς Ἠλι καὶ εἶπεν Ἐγώ —. Mit anderen Worten: der LXX fehlt v. 15 ***). Da derselbe inhaltlich wichtig ist, so beruht das wohl auf einem — aber sehr alten — Versehen.

16. Dass Nachricht aus der Schlacht Ursache des Lärmen sei, setzt der Bote als dem Eli bewusst voraus und sagt nun, da ja die Nachricht durch einen Boten gebracht sein musste:

---

*) Dies ist jedenfalls die vom Ketib beabsichtigte Aussprache. Auch Ew. II. 582 nimmt am Spähen Anstoss, aber v. 15 ist recht wohl damit vereinbar.

**) Man könnte vermuthen, dass die in ER. nächstfolgenden Worte καὶ ἤκουσεν Ἠλι τ. φ. τ. βοῆς auch noch neutrales Gebiet wären: indes würde man dann nicht Ἠλι nach εἶπεν wiederholt finden und auch βοῆς vgl. mit ἤχου spricht dagegen.

***) Wollte man ihn in ihr Textgefüge einsetzen, so könnte das nur zwischen τούτου und καὶ ὁ ἀνήρ geschehen, an einer ganz anderen Stelle, als wo er in MT. steht; und diese Verschiedenheit der Stellung würde sich nach 2, 1 nur so erklären, dass v. 15 nicht von jeher unserem Zusammenhange integriert hat: was eine sehr gefährliche Annahme wäre.

ich bin *der* Bote. So rechtfertigt sich der Artikel beim Prädikat, den auch LXX vorfand.

17. לִפְנֵי, LXX ‏"מְפ‎.

18. ‏בְּעַד יד‎ ist in dem selben Masse zu viel wie יד v. 13
zu wenig; ausserdem ist eine hier passende Bedeutung von
‏בַעַד‎ nicht belegbar. Es wird einfach בְּיַד zu lesen sein; in
‏בְעַד יד‎ ist der Fehler neben der Correctur stehen geblieben,
weil man nicht gerne streichen wollte. — Die Differenz der
20 Amtsjahre Eli's in LXX gegen ihrer 40 in MT. wird auf
der Verschiedenheit der chronologischen Ansätze beruhen,
denen LXX und MT. folgten. Der Grund, welchen Thenius
gegen die kleinere Zahl anführt, Eli sei wohl nicht erst im
78. Jahre Richter geworden *), ist durch meine Bemerkungen
zu v. 14 ff. hinfällig geworden.

19. Zu erweisen, dass die alten Uebersetzungen für
‏אֶל־הֶלְקָה‎ hier gelesen haben כִּי נִלְקָה, dürfte Thenius schwer
werden; der Syr. vielmehr und Hier. haben so gut wie Luther
einfach den MT. *übersetzt* und ebenso auch wohl LXX. Denn
eine ganz wörtliche Uebertragung dieses Wechsels zwischen
Infinitiv und Finitum in fremde Sprachen ist kaum möglich.
Uebrigens ergiebt sich aus der Vergleichung von v. 21 mit
v. 22 und von v. 22 MT. mit v. 22 LXX, dass man nach Be-
lieben mit ‏אֶל־הֶלְקָה‎ und כִּי נִלְקָה wechselte; Einl. S. 25. —
Statt ἔκλαυσε lies ὤκλασε; ist dies wirklich auch Lesart des
Symm., so stammt sie bei ihm aus der LXX.

21 f. Wenn LXX hier ‏אִי בָרְהֹבוֹת‎ statt ‏אִי כבוד‎ las, so
erscheint 14, 3 auch bei ihnen Ἰωχαβηδ, und die nicht etwa
erst aus MT. später in LXX eingedrungene Erklärung v. 22,
die freilich LXX wohl kaum als solche auffasst, passt nur
auf letzteren Namen. — V. 22 im Verhältnis zu v. 21 b ist
eine ähnliche nur anders veranlasste Erscheinung im hebr.
Original, wie in der griech. Uebersetzung die dort viel häufigeren Dupletten. „Es sollte durch v. 22 der Gedanke abge-
wehrt werden, als habe die Sterbende das ‏מ׳ כבוד‎ גלה, wie
v. 21 besagt, auch auf den Tod der lasterhaften Söhne Eli's
bezogen" (Thenius). Wenn übrigens LXX v. 21 die Worte
‏לֵאמֹר ג׳ כ״ מִיִשְׂרָאֵל‎ nicht liest, so hängt das mit ihrem
‏אִי ברהבות‎ zusammen.

---

*) Sonderbar ist es, dass, obgleich der Syr. dem MT. in den 40
Jahren folgt, er v. 15 von den 98 doch noch 20 abzieht. Das wäre viel
begreiflicher, wenn er v. 18 wie LXX läse.

2. Man könnte, was von v. 2 mit v. 1 gleichlautet, fort-
lassen und בית דגון unmittelbar an אשדודה anschliessen.
Aber das ist die Art hebräischer Erzählung: um eine einzige
neue Bestimmung nachzubringen, wird eine eben erst gethane
Aussage in vollem Umfange wiederholt; hier vielleicht mit
dem Nebenzweck, zu verhüten, dass man sich das Bringen ins
Haus Dagons als unmittelbar mit dem Bringen nach Asdod
zusammenfallend denke. S. 17, 49.
3. Wenn v. 4 verschwiegen werden kann, *wozu* die von
Asdod sich früh aufmachten, als nach dem Vorangegangenen
selbstverständlich, so liegt in unserem Vers die Sache anders,
und man hat wohl mit LXX vor והנה einzusetzen ויבאו בית
דגון, Worte, deren Ausfall sich durch darüber stehende ähnliche einigermassen erklärt; aber auch das folgende ויראו
der LXX wird man am besten mit in den Kauf nehmen, um
Einer Recension ganz zu folgen. — Für לפני hier und v. 4
fordert der Sprachgebrauch על־פ" (LXX) oder לאפיו; לְ
entstand durch אֶל aus עַל. Die übrigen Abweichungen der
LXX und des MT. erklären sich aus Einl. S. 21 f. So bedeutet das einfache (בבקר) וישכימו der LXX hier und v. 4 eben-
soviel wie ממהרת וישׁ" des MT.; so liegt das ארצה, welches
LXX weder hier noch v. 4 ausdrückt, implicite schon in נפל
beschlossen, und „sie richteten ihn auf und stellten ihn"
(LXX) ist nur etwas anschaulicher als „sie nahmen ihn und
brachten ihn wieder." — An den Schluss von v. 3 ist in die
ER. eine ursprünglich zu v. 6 bestimmte wörtliche Uebersetzung des massor. Textes von v. 6 gerathen.
4. LXX: וַיְהִי כִּי הִשְׁכִּימוּ בַבֹּקֶר וְהִנֵּה, frischer als die
entsprechende Lesart des MT. — Für אל־המפתן — ושתי
findet sich in ER. eine doppelte Uebersetzung, deren zweite
die werthlose Variante πεπτωχότες für כרתות liefert. — Der
letzte Satz ist im Hebr. unverständlich; die Verss. aber haben, wie sich aus der Vergleichung etwa des Hieron. mit dem
Chald.*) ergiebt, das Sinnnothwendige ergänzt, mit Ausnahme
der LXX, welche in diesem Falle nicht das seltene ῥάχις gebraucht haben würde. Indes hat auch der LXX kein ande-

---

*) porro Dagon truncus solus remanserat in loco suo, לחוד
גופיה אשתאר עלוהי.

rer hebr. Text vorgelegen; ῥάχις ist aus רַק gerathen, wie
δρέπανον 13, 21 aus דִּרֵב, vgl. Einl. S. 10 f. Dem Verderbnis
wäre spielend abzuhelfen durch Streichung des Schlussnun in
דָּגֹן, welches aus dem Anfangsnun des folgenden Wortes sich
anschweissen konnte: „nur sein Fisch war an ihm geblieben."
Allerdings müsste man dann annehmen, dass Dagon mit Fisch-
leibe dargestellt wurde; aber eben die Leichtigkeit der vorge-
schlagenen Aenderung, die kaum Aenderung genannt zu werden verdient, bestätigt diese Annahme, wie auch der Umstand, dass beim Dagon, nachdem Kopf und Hände fort sind,
nur noch Eins übrig bleibt, als hätte er weder Füsse noch
Beine gehabt. Anders Ew. II. S. 586.

5. Die Notiz am Schlusse des Verses in LXX (ὅτι ὑπερ-
βαίνοντες ὑπερβαίνουσι) beruht zwar sonder Zweifel auf geschichtlicher Ueberlieferung, aber das genügt nicht, sie für
ursprüngliches Gut zu erklären. Wie wäre denn ihr Ausfall
im MT. begreiflich zu machen?

6. Nach Schleussner *) (unter ἐπάγω, ναῦς) hat LXX
unseren hebr. Text vollständig vor sich gehabt bis auf das
gleichgiltige אֶת־הָאַשְׁדּוֹד וְאֶת־גְּבוּלֶיהָ. Nemlich ohne Zweifel
las sie שַׁמֵּם als jeŝîmēm und übersetzte nach Exod. 15, 26.
Ezech. 39, 21 ἐπήγαγεν αὐτοῖς **). Verwickelter aber wird
die Zurückführung der beiden Texte auf eine gemeinsame
Grundlage in dem Folgenden. Zunächst muss der genuine
Text der LXX aus einer Unzahl von Varianten herausgespürt
werden, denn mit ER. und Al. ist nicht auszukommen.
Schleusner stellt ihn wie es scheint also her: καὶ ἐξήτασεν
αὐτοὺς εἰς τὰς ναῦς; das soll heissen „er suchte sie heim an
ihren Gesässen." Aber für ναῦς ist die Bedeutung ἕδρα, welche einige Scholien angeben, nur gerathen (dagegen Itala:
in navibus eorum), und ἐξέτασεν — so schreiben die beiden
Scholien, denen die Lesung verdankt wird — trägt noch die
Spur der Entstehung aus ἐξέζεσεν an sich. So viel ich sehe,
lässt sich nur zwischen zwei Varianten schwanken 1) καὶ
ἐξέζεσεν αὐτοὺς εἰς τὰς ναῦς und 2) καὶ ἐξέβρασεν αὐτοὺς εἰς

---

*) Lexicon in LXX et reliquos interpretes Graecos ac scriptores
apocryphos V. T. 5 Bde. Leipz. 1820. 1821.
**) nicht falscher als 2, 24 τοῦ μὴ δουλεύειν λαὸν θεῷ, Num. 12,
6 ἐὰν γένηται προφήτης ὑμῶν κυρίῳ. Viele Handschriften ergänzen zu
ἐπήγαγον den Akk. μύας. Damit würde aber dem folgenden καὶ μέσον
κτλ. vorgegriffen und deshalb verbessern wieder andere die Mäuse in
Fliegen. Der Werth beider Ergänzungen geht schon daraus hervor;
ausserdem aber wäre ja dann von der Hauptsache, der Pest, gar nicht
die Rede.

τὰς ναῦς. Letztere wird freilich so von keiner Handschrift
geboten, sondern ist von mir erschlossen aus der vielfach bezeugten καὶ ἐξέβρασαν εἰς τὰς ναῦς αὐτῶν. Diese ist nemlich
deutlich akkommodiert der bei allen ihren Zeugen vorhergehenden, S. 59 Anm. 2 beurtheilten Lesart καὶ ἐπήγαγεν αὐτοῖς μύας.
Aber das Wort ἐξέβρασ. selbst ist nicht erst behuf Akkom-
modation statt ἐξέζεσ. gewählt, denn letzteres passt zum Subject μύες sogar viel besser als ersteres. Folglich gewinnen
wir als die von dem Akkommodator vorausgesetzte Lesart die
unter 2) aufgestellte. Nun bleibt die Frage, ob 1) oder 2)
vorzuziehen sei. Nro. 2 giebt einen Sinn: „und er machte
sie fliehen *) (durch sein ἐπάγειν αὐτοῖς) in die Schiffe“;
Nro. 1 giebt keinen. Das spräche nicht unbedingt dagegen,
falls sich von Nro. 1 aus ein *hebräischer* Text gewinnen liesse,
welcher seinerseits verständlich wäre. Das ist indessen nicht
der Fall; „in die Schiffe“ passt auch nicht zu irgend einer
hebr. Uebersetzung von ἐξέζεσε. Nro. 2 dagegen lautet hebräisch: ויברח להם באלפים **). Diese hebräische Lesart
selbst aber setzt eine ältere voraus, nemlich ויפרח להם ***)
עפלים und letztere der des MT. äquivalent, hat sich zum
Theil erhalten in ἐξέζεσεν, Exod. 9, 9. 2 Makk. 9, 9. — Ueber den von Thenius recipierten Anhang der LXX καὶ μέσον
τῆς χώρας αὐτῆς ἀνεφύησαν μύες vgl. zu 6, 4. Hieronymus
hat ihn *nicht*, s. Vercellone a. a. O.

8. LXX und Hier. ziehen גת als Subj. zu ויאמרו und
erstere ergänzt das dem יסב auf diese Weise entzogene nothwendige Wohin? durch πρὸς ἡμᾶς. Wie falsch diese Abtheilung sei, ergiebt sich daraus, dass Gittäer in der Mehrzahl
gar nicht an der Versammlung Theil nehmen, sondern nur
der Fürst von Gath. — Wenn die Erwähnung von Gath im
letzten Satze wirklich nothwendig wäre (vgl. v. 9 a), so würde
man am leichtesten mit גת ויפוב statt את ויסבו helfen.

9. Hinter καὶ ἐπάταξε τοὺς ἄνδρας τῆς π. vor καὶ ἐποίησαν οἱ Γεθ. ἑαυτοῖς ἕδρας verräth der mittlere Satz καὶ
ἐπάταξεν αὐτοὺς εἰς τὰς ἕδρας αὐτῶν, dem wir schon einmal
v. 3 als Eindringling begegneten, deutlich seinen apokryphen

---

*) ἐξέβρασεν ist nemlich Uebersetzung von הבריח (Einl. S. 10 f.),
dessen Sinn dem griechischen gleichklingenden Worte ebenso unterge-
legt würde, wie in andern Fällen umgekehrt hebräischem Homonym der
Sinn des griechischen. Trommius, concord. Gr. vers. LXX, unter d. W.

**) vgl. ܠܒ. Zu להם als Akk. vgl. zu 22, 7.

***) = 3 Sg. Impf. Hif. od. 3 Pl. Impf. Qal.

Ursprung (aus v. 6. MT.). Der LXX hat kein anderer hebr. Text vorgelegen als uns; יִשְׁתְּרִי übersetzen sie möglichst generell, das فَعَلَ mit فَعَلَ (ἐποίησαν), aus Vorsicht, weil sie es nicht verstanden *). — Zu wie viel Thorheiten unser Vers Anlass gab, ersieht sich aus der Vergleichung der verschiedenen griech. Handschriften, der Itala und der Vulgata. Aus der Itala sind die Worte „inieruntque Getthaei consilium et fecerunt sibi sedes pelliceas" in die Vulgata eingedrungen (s. Vercellone a. a. O.), mit geistreicher und edelmüthiger Verbesserung der sedes *aureae* (nach c. 6) in *pelliceae* (vgl. die magnae foveae der Itala 10, 2).

10. Askalon und Ekron werden wie hier auch 7, 14 in LXX vertauscht. Das Fehlen der Worte „und es geschah als die Lade Gottes nach Ekron kam" in verschiedenen hebr. griech. u. latein. Handschrr. ist vielleicht in Zusammenhang zu bringen mit dem Schluss von v. 11 in LXX: ὡς εἰσῆλθε κιβωτὸς θεοῦ Ισρ. ἐκεῖ. Singularis — bemerkt Verc. — est nota quam circa hanc quaestionem habet cod. N.; nam auctor non modo provocat ad veteres latinos, sed etiam ad antiquiores quos contulerat codices hebraeos. „Quod interponitur sic *Cumque venisset arca Domini in Accaron* non habent libri correcti. Antiquiores autem hebraeos et latinos codices vidi tantum in margine habere. Unde pro non habito reputo. Require Jos. 19 (v. 48)."

11. Dass der Text der LXX **) gegen den mass. hier nicht in Betracht kommt, zeigt besonders כבדה, welches als Prädikat nur zu יד passt. Unleserliches יד veranlasste in LXX falsche Satzabtheilung und diese wiederum die übrigen Differenzen. Zog man nemlich כבדה מאד zu מהומה, so wurde מות unbequem, denn hinter „tödtlich" kommt „sehr schwer" post festum; für die letzten Worte des Verses aber, denen das Prädikat genommen war, ergänzte man als solches aus שב und nach v. 10 leicht כבא und setzte dieses an die Stelle jenes undeutlichen יד. Weiter verwandelte man den anstössigen Ausdruck „nachdem Gott dahin gekommen war" in den angemessenern „nachdem die Lade Gottes —."

---

*) nach allgemeiner Praxis, bes. des Syr. Chald.

**) ὅτι ἐγενήθη σύγχυσις ἐν ὅλῃ τῇ πόλει βαρεῖα σφόδρα, ὡς εἰςῆλθε κιβωτὸς θεοῦ Ισρ. ἐκεῖ.

VI.

1. LXX fängt an: *καὶ ἐξέζεσεν ἡ γῆ αὐτῶν μύας*, s. dar-über zu v. 4.

2. אתם hinter משלהים wird von LXX dargeboten, denn sie würde nicht zu dem Finitum *ἐξαποστέλλετε* noch *ὑμεῖς* hinzugesetzt haben, auf dem gar kein Nachdruck liegt, hätte sie es nicht in ihrem hebr. Texte vorgefunden.

3. Das Gewicht der Gründe, welche Thenius gegen ונודע des MT. vorbringt, vermag ich nicht anzuerkennen. Las statt dessen die LXX וכפר, so sollte auch im *Berichte* von Wirklichkeit die Ursache (כפר) zunächst und dann die Wirkung (תרפאו) an die Reihe kommen. Ferner erhält der letzte Satz bei der durch *καὶ ἐξιλασϑήσεται ὑμῖν* veranlassten Abtheilung der LXX ein reichlich biederes Gepräge *) und hinkt lahm hinter dem Ganzen her.

4. Während in MT. v. 5 im Umfange mit v. 4 sich deckt und nur die Meinung desselben genauer und gleichsam technischer auseinandersetzt, ist in LXX v. 4 ausschliesslich von den Schwären und zwar wie im MT. von fünfen, und v. 5 ausschliesslich von Mäusen und zwar von unbestimmt vielen die Rede, und beide Verse zusammengesetzt ergeben erst den Umfang Eines hebräischen **). Nach Thenius nun beweist v. 18, wo die Zahl der goldenen Mäuse übereinstimmend als der Zahl der sämmtlichen philist. Ortschaften entsprechend angegeben wird, *für* den Text der LXX, *gegen* den massorethischen. Damit möchte der wahre Sachverhalt genau auf den Kopf gestellt sein. Abgesehen davon, dass die Angabe v. 18 an sich höchst unglaublich ist, reimt sie sich auch nicht mit v. 8 und v. 15; denn wie konnte diese Tausende von Mäusen das Argaz an der Seite der Bundeslade fassen? Und dem Principe, auf welchem die ganze Berechnungsweise von v. 18 ***) beruht, widerspricht die Schlussbemerkung in v. 4. Dieselbe kann nemlich nichts anderes begründen sollen, als die Fünfzahl der Weihgeschenke. Obgleich nur *drei* Bezirke

---

*) „Wie sollte denn nicht seine Hand von euch ablassen!“ Thenius.

**) (*πέντε ἕδρας χρυσᾶς*) *ὅτι πταῖσμα ἐν ὑμῖν καὶ τοῖς ἄρχουσιν ὑμῶν καὶ τῷ λαῷ καὶ μῦς χρυσοῦς ὁμοίωμα (τῶν μυῶν ὑμῶν κτλ.*).

***) „Die *Pest* mochte fast nur in den volkreichen Städten geherrscht, der Mäusefrass aber über das *ganze* Land sich erstreckt haben, daher nur *fünf* goldene Beulen, aber zahlreiche goldene Mäuse.“ Thenius zu v. 18.

nach c. 5 betheiligt waren an der *Schuld*, so soll doch die Sühne von allen *fünfen* getragen werden, weil die *Strafe* (המגפה) unterschiedslos das ganze Volk getroffen habe *). Wenn nun die Fünfzahl ausdrücklich gewählt wird, weil sie Philistäa als *Ganzes* repräsentiert, so genügte sie so gut für die Mäuse als für die Schwären, und die Triftigkeit des Grundes כי מגפה וגו׳ würde gradezu zerstört, wenn er bloss für die Fünfzahl der *letzteren* ziehen sollte. Da nun also der Widerspruch des v. 18 gegen anderweite unverdächtige Angaben des Cap. auch in LXX keineswegs hinwegfällt, so ist zugleich deutlich, dass v. 4. 5, wie sie in ihr lauten, corrigiert sind **). Im Verlauf der weiteren Untersuchung wird sich ergeben, dass wir hier nur Eine der zahlreichen Aenderungen eines Redactors von c. 5. 6 vor uns haben, die alle aus der selben Wurzel stammen und von denen sich auch in MT. einzelne Spuren erhalten haben. Vgl. das unmittelbar Folgende, dann die Bemerkungen zu v. 11. 15. 18.

Hier, wo die Bilder der Mäuse im MT. scheinbar so unvorbereitet denen der Schwären an die Seite treten, ist der Ort, den Werth jener Anhänge in LXX (nicht auch in Hieron.) zu 5, 6. 6, 1 vielleicht auch 5, 9 zu beurtheilen, welche das zweite Weihgeschenk motivieren durch einen verheerenden Mäusefrass, der den Feldern Philistäa's so verderblich ward, wie den Menschen die Seuche. Ich bin so verstockt, zu behaupten, dieser Werth sei null. Jene Bemerkungen alle erklären sich ihrerseits kinderleicht als Einsetzungen eines

---

*) Demnach liest LXX mit Unrecht „für euch alle, sowohl für die Fürsten als für das Volk"; denn es kommt nur an auf das Gemeinsame zwischen den einen drei Fünftheilen des Landes mit den übrigen zwei. Am passendsten wäre „für alle" alleine, und es ist möglich, dass ולסרניכם ein Rest der falschen Erklärung sei, die sich in LXX noch ganz findet. In diesem Falle konnte man לכלכם beibehalten, zumal da auch in מספר סרני פלשתים nicht die zweite Person angewandt ist.

**) Mit einfacher Streichung des החמשה 2⁰ in v. 4 kam man nicht aus, sondern die Bemerkung כי וגו׳ v. 4, die bloss auf die Fünfzahl passt, zwang zur Eliminierung der vorhergehenden Erwähnung der Mäuse überhaupt. Man hätte nun allerdings, nachdem man v. 4 „und fünf goldene Mäuse" ausgelassen, weiter v. 5 bloss ן צלמי עפליכם streichen können; da dann aber unklar geblieben wäre, woraus die Mäusebilder gemacht werden sollten und was mit ihnen anzufangen war, so musste man sich zu einer etwas weitergehenden Modificierung des Textes entschliessen, die übrigens auch nur unnütze Wiederholungen preiszugeben schien.

Kritikers, der ebenso überlegte wie Thenius zu 5, 6, und tragen zudem jede an ihrem Orte den Character des angeleimten Nachtrages; dagegen lässt sich ein erdenklicher Grund, der den gleichmässigen Ausfall derselben im MT. verschuldet hätte, nicht auftreiben. Trotzdem würde man allerdings den griech. Text herzustellen haben, wenn ausschliesslich dieser ein Verständnis zuliesse; aber dass dem nicht so sei, hat zuerst Hitzig nachgewiesen *). „Die Maus nemlich ist Bild der Pestbeule", beide Arten des Ascham haben ursprünglich die *selbe* Bedeutung (Gen. 41, 25) und beziehen sich auf die gleiche Plage. — Uebrigens steht die LXX nicht allein in dem Misverständnisse, welches bei ihr die Zusätze c. 5. 6, 1 veranlasst hat, sondern es tritt auch im MT. auf; denn 6, 18 vgl. v. 17 wird auch hier offenbar die Plage geschieden in Pest, welche nur die Hauptstädte getroffen und in Mäusefrass, welcher das ganze Land verderbt habe. V. 18 ist dann seinerseits wieder eine Quelle verschiedener Irrthümer geworden, s. oben zu v. 4 und zu v. 11. 15.

5. Der Ausdruck „Bilder eurer Mäuse, die das Land verderben" diente wohl auch dazu, das eben besprochene Misverständnis zu unterstützen, braucht aber weiter nichts zu besagen als: Bilder von wirklichen eigentlichen Mäusen, so wie ihr sie auf euren Feldern habt.

7. ᾽Άνευ τῶν τέκνων ist Uebersetzung von אֲשֶׁר לֹא עֲלֵיהֶם עֹל; עלה vor עליהם war im Texte der LXX ausgefallen.

11. Wenn der Grieche den Vers mit את־עכברי הזהב beschliesst, so ist aus ihm nur zu verstehen, dass das Argaz die goldenen Mäuse nicht mit enthalten habe. In diesen Widerspruch gegen v. 8 hat ihn wiederum v. 18 verwickelt, nemlich die auf der dortigen Angabe fussende Ueberlegung, dass einige tausend Mäuse doch wohl nicht in dem Argaz Platz gefunden haben würden. Aber MT. bietet hier ebensowenig das Echte. Zunächst ist er zweideutig; cod. Al. z. B. hat ihn so verstanden, dass weder die goldenen Mäuse noch die Bilder der Beulen *in* das Argaz gelegt werden sollten, und hat demgemäss die unbequeme Aussage des v. 8 frank und frei in ihr Gegentheil verändert (καὶ οὐ θήσετε), vgl. Einl. S. 26 f. Weiter fallen die נחרים im Ketib nicht nur an sich auf, sondern sie werden noch auffallender durch ihre Stellung erst

---

*) Urgeschichte der Philister S. 201. Gesch. d. V. Isr. S. 125. Um der Sache willen bemerke ich, dass ich in der Deutung der Mäuse unabhängig mit Hitzig zusammengetroffen bin.

hinter den Mäusen, da sonst überall die umgekehrte Reihenfolge inne gehalten wird. Also ist vielmehr der hebr. Text eine fernere Glossierung des glossierten griechischen; v. 11 ist nur bis הגדולה echt und nach Streichung des Restes an v. 10 anzuschliessen.

13. לראת, LXX לקראתי Jud. 19, 3.

14. Da das Stehenbleiben des Wagens von Wichtigkeit ist und zu erwähnen war, so ist der Text καὶ ἔστησαν ἐκεῖ παρ' αὐτῇ λίθον μέγαν zu verwerfen.

15. Nachdem schon das Holz des Wagens zum Opfer verbrannt ist, kommen erst die Leviten im Plusquamperfektum, *heben die Lade ab* und ordnen *neue* Opfer an. Der Vers macht den Eindruck des Nachtrages, aber so leicht sich im Allgemeinen ein Nachtrag solcher Art als Glosse erklärt, so wäre doch v. 14 der grosse Stein nicht erwähnt, wenn nichts von ihm zu erzählen war. Auch ist unser Vers, da die goldenen Geräthe hier wie v. 8 *im* Argaz erscheinen (LXX charakteristisch ἐπ' αὐτῆς für בו), älter als v. 18 und LXX v. 4 f. v. 11.

17. V. 18a, nach allem bisher Erörterten zu streichen, zieht auch seinen nichtssagenden Vorgänger mit in den Abgrund.

18b. Nach dem Zusammenhang und LXX ist zu lesen וְעַד הָאֶבֶן הגדולה, vgl. Jes. 30, 8. „Bis auf diesen Tag" fehlt der LXX auch Jos. 5, 9.

19. Gegen die Integrität des MT. nach seiner ersten Hälfte erhebt Thenius vor Allem ein sachliches Bedenken. Der angegebene Grund der Niederlage, das Erblicken oder auch Ansehen der Lade, sei unbegreiflich, da dasselbe hier unvermeidlich gewesen und die v. 13 vorausgegangene Notiz „sie freuten sich die Lade zu sehen" mit dem vorgeblichen Glauben, dass der Anblick der Lade den Tod bringe, unvereinbar sei. Hiegegen bemerke ich Folgendes. Die Leute von Bethsemes, wenn sie sich freuten, die Lade zu sehen, konnten allerdings nicht den Glauben haben, ihr Anblick bringe den Tod. Aber was lässt sich daraus auf unsern Erzähler schliessen? Ist es etwa ein Widerspruch, zu berichten „die von Bethsemes freuten sich die Lade Gottes zu sehen *)" und dann ihren Tod darauf zu schieben, כי ראו בא יהוה? Unvermeidlich ferner war es wohl, die Lade zu erblicken, aber nicht, sie sich zu besehen, wovon hier allein die Rede ist;

---

*) übrigens ist לראות v. 13 die unwahrscheinlichere Lesart.

5

denn wenn ראה in eigentlicher Bedeutung ein sichtbares Object durch בְּ regiert, so heisst es nicht „erblicken" (als Leiden), sondern „sich etwas besehen, betrachten" (als Handlung); vgl. die Beispiele bei Gesenius Thes. unter 2). Von Gewicht ist daher nur das, was Thenius zu Anfang gegen den MT. vorbringt, man sehe nicht ein, warum hinter ויך גג׳ wiederholt sei ויך בעם. Das heisst, man sieht recht wohl ein, dass die Rekapitulation nöthig ist, um die Worte „siebenzig Mann u. s. w." vor falscher Verbindung zu schützen. Aber dem ursprünglichen Vf. ist allerdings eine solche Schreibweise nicht zuzumuthen, er würde einfach das Object vor den Causalsatz gestellt haben. Statt des ersten ויך bietet nun die LXX καὶ οὐκ ἠσμένισαν οἱ υἱοὶ Ἰεχονίου = ולֹא נקוּ *) בְנֵי יְכָנְיהוּ und statt בעם bietet sie בָהֶם. Hiebei fallen nicht nur alle stilistischen Bedenken weg, sondern die Lesart wird auch durch ihre Originalität aufs entschiedenste beglaubigt. — Die doppelte Lesart: 70 Mann, 50000 Mann — findet sich zwar auch in ER., ist aber gewiss der LXX, welche die Strafe auf die Söhne Jechonjas beschränkt, ursprünglich fremd. Ein Motiv, die kleine Zahl zu erhöhen, bietet nur der MT., in dem ganz Bethsemes an die Stelle Einer Familie getreten war. Dass man dabei herzhaft verfuhr und die Tausende nicht sparte, kann nach der Chronik nicht befremden**).

20. Schüchtern entscheidet sich Thenius für Lesung von ארון יי׳ nach יעלה, aber was von diesem Zusatz der LXX zu halten sei, ergibt sich aus der Vergleichung des Syr. zu unserem Vers und zu v. 3. 9. In MT. unterscheidet der Schriftsteller nur, wo er im eigenen Namen redet, sorgfältiger zwischen der Lade und Jahwe. Dagegen z. B. 6, 9 f.: Setzt *den Aron* auf den Wagen und die goldenen Geräthe, die ihr *ihm* als Sühne gegeben habt, legt in die Truhe an *seiner* Seite und entsendet *ihn* und wenn *er* hinaufgeht nach Bethsemes, so hat *er* euch das Uebel gethan.

---

*) = sie kamen nicht gut davon, dass sie die Lade beschauten. Itala: non sustinuerunt. Auf keinen Fall entspricht ולֹא שׂמח, denn noch v. 13 z. B. ist שׂמה mit εὐφραίνεσθαι wiedergegeben.

**) Vgl. die Literatur über uns. Vers bei De Rossi, Var. Lectiones.

VII.

2. יְשֻׁעָתִי, LXX וְנִפְּלֶה. Vgl. Ew. II. S. 602.

3 f. Der Beziehungslosigkeit von v. 3 f. hilft Ewald ab durch Streichung der Verse, Thenius durch Einsetzung ihrer Beziehung vor v. 2. Da dieselben sehr gewöhnliche deuteronomische Phrasen enthalten, so wäre jedenfalls Ewalds Verfahren das richtige, wenn sich nicht annehmen liesse, dass dem Vf. von c. 7 nach der Strafe (c. 4—6) Schuld des Volks als deren Ursache selbstverständlich war — nach v. 6 muss dies in jedem Falle angenommen werden, auch wenn man v. 3 f. streicht — und dass er ferner als Schuld des Volkes nur die Eine, Abfall von Jahwe, Götzendienst kannte (Jud. 10). Was übrigens Thenius noch hinzufügt zur Begründung einer Lücke vor v. 2, ist wenig stichhaltig. „Nach c. 6 hatten die Philister demüthig die Lade Gottes zurückgebracht, woher nun hier: so wird er euch befreien von der Hand der Philister?" Als ob das Zurücksenden der Lade auf eine Veränderung des politischen Verhältnisses der beiden Völker schliessen lasse! Die Forderung ferner, dass Niemand sich als Richter geriere ohne vorausgehende Bekanntmachung, dass er das Amt eines solchen übernommen habe, ist hier um so unberechtigter, als Samuels Auftreten nach 3, 21. 4, 1 hier doch wahrhaftig nicht unerwartet kommt; noch dazu wird *eigentliches* שׁפט von ihm erst erwähnt, nachdem durch sein Gebet der Sieg bei Ebenhaezer erfochten ist. — Schliesslich ist darauf aufmerksam zu machen, dass überall in unserem Capitel die Hand eines erkennbar ist, den die Geschichte Israels nicht nach ihrem *Stoffe* interessierte, sondern nach dem ihren Verlauf prädestinierenden *Gesetze*, für dessen Nachweis ihm alles stofflich Individuelle nur den Werth eines einzelnen Beispiels hat. An einen Verfasser aber, der den historischen Stoff nur als Predigttext benutzen will, darf man in Hinsicht des Pragmatismus keine Anforderungen stellen.

3. Die fremden Götter = die Götzen (הַבְּעָלִים) v. 4. Thenius verkennt diese Synonymie, wenn er es wegen v. 4 für nothwendig hält, vor הָעַשְׁתָּרוֹת einzusetzen הַבְּעָלִים, und mit Unrecht beruft er sich auf die Vulgata, in welcher Baalim v. 3 nicht ursprünglich ist, s. Verc. a. a. O. Vgl. 12, 10. Jud. 2, 13. 10, 6.

6. שָׁם fehlt der LXX. Wie wenig man sich aus Hinzufügung und Auslassung auch dieses Wörtchens machte, geht aus 2, 14. 4, 4. 9, 6. 22 hervor.

9. *Σὺν παντὶ τῷ λαῷ* der LXX ist Uebersetzung von כְּלִיל, wie Deut. 13, 16 *πανδημεί.* Dagegen würde בְכָל־הָעָם, wie Thenius geschwinde retrovertiert, durchaus sinnlos sein und weder eine Verbindung mit יַעַל noch mit עָלֹה zulassen.

12. Ob der Punct, welcher mit Mispa zusammen die Linie begrenzt, auf welcher Ebenhaezer zu suchen ist, ebensowohl ein bewohnter Ort als ein einzeln stehender Fels sein könne (Thenius), möchte die Frage sein. Denn zur zweckmässigen Bestimmung einer unbekannten Ortslage eignen sich nur als bekannt vorauszusetzende Orte, schwerlich aber ein anonymer Fels. Wir erwarten einen *Eigennamen* eines wo möglich auch uns bekannten Ortes, und dieser wird geboten von LXX הַיְשָׁנָה oder יְשָׁנָה 2 Chr. 13, 19. Auch ܣܝܢ bezeugt die Lesart der LXX, denn ܣܝܢ ist בִּין und darum ܣܝܢ für בֵּית כֹר v. 11 kein der echten Peschito zuzuschreibender Irrthum. — Es ist nicht leicht, die Worte „bis hieher hat uns Jahwe geholfen" zu verstehen. Eigentlich aufgefasst würde עַד־הֵנָּה an sich schlechten Sinn geben, und die Feinde wurden auch vielmehr geschlagen bis unter die Thore von Bethkar; uneigentlich (Jos. 17, 14. 2 Sam. 7, 18) darf man es aber nicht fassen, weil Ebenhaezer ein wirklicher Ort ist. Ich vermuthe, dass in dem עַד־הֵנָּה ein עֵד oder עֵדָה steckt und dass der ursprüngliche Sinn war: „Zeuge sei er, dass uns Jahwe geholfen", vgl. 6, 18. Die Aenderung von נה in כי ist sehr leicht, im ersten ה muss hî stecken. S. Einl. S. 15.

14. *Καὶ ἀπέδωκαν αὐτάς* der ER. ist zu tilgen. Wenn LXX für „von Ekron bis Gath" liest *ἀπὸ Ἀσκαλῶνος ἕως Ἀζώβ*, so ist Ekron, die nördlichste der fünf Philisterstädte, hier so gut vorzuziehen wie 5, 10 ff. Was mit *Ἀζώβ* zu machen, ist dem ersten Blicke unklar; vergleicht man Seph. 2, 4 עַזָּה עֲזוּבָה תִּהְיֶה, so ergiebt sich, dass Gaza gemeint sei, welche als südlichste Philisterstadt sehr wohl den zweiten Grenzpunct abgeben konnte. — Das Mittel, wodurch Thenius die Variante *καὶ τὸ ὅριον Ἰσραὴλ ἀφείλοντο ἐκ χ. ἁ.* signifikant macht *), .liesse sich auf das „offenbar müssige" וְאֶת־גְּבוּלָן הִצִּ׳ יֹשְׁ׳ mit gleich gutem Erfolge anwenden.

---

*) „Die Philister hatten bisher die an den Grenzen gelegenen festen Plätze, Defileen u. s. w. inne gehabt, und diese wurden ihnen jetzt abgenommen." Liegt in dem גְּבוּל יֹשְׁ׳ v. 13 eben so viel?

Wenn man als Ausgangspunct beider Varianten annimmt
‏ואת־גבולך הציל מיד‎, so hat LXX das Suffixum in ‏גבולך‎
expliciert (und zwar falsch, denn âm so gut wie ân kann nur
auf die vorhergenannten Städte gehen, s. Ew. II. S. 603), der
MT. aber das Subject von ‏הציל‎ (und zwar richtig), vgl.
Einl. S. 22 ff.

16. An Stelle von ‏מקים‎ las LXX ‏מקדש‎. Es ist möglich, dass auch ‏מקים‎ dem arabischen maqâm entsprechend
speziell den heiligen Ort bedeuten kann.

VIII.

2. Josephus erzählt Antiq. VI 3, 2, Samuel habe seine
Söhne als Richter auf Bethel und Beersaba vertheilt, und
Ewald verbessert danach den von den Ueberss. beglaubigten
hebr. Text. Indessen würde Bethel nur dann passen, wenn
Samuel selbst, der ganz in der Nähe wohnte, nunmehr sein
Richterthum *gänzlich* abgegeben hätte. Das thut er aber
nach unserem Verfasser erst c. 12 und zwar an Saul.

4. ‏ויקן‎, LXX ‏אשר‎, ebenso v. 22. 11, 3. Ersteres ist
aristokratischer.

8. Nach ‏עשו‎ ist mit LXX ‏לי‎ zu lesen, als nothwendig
zum Verständnisse von ‏גו כו‎, s. Thenius: es ist die Frage,
ob ein zufälliger Ausfall vorliegt.

11. ‏ורצו‎, abhängig von ‏יקח‎ oder ‏ושם‎, ist gut hebräisch;
‏ורצים‎, müsste es wirklich aus καὶ προτρέχοντας geschlossen
werden (s. dagegen 2 Sam. 15, 1), wäre Correctur. Gegen
Thenius.

12. MT. „Oberste über 1000   und 50“
    LXX „Oberste über 1000 und 100“
    Syr. „Oberste über 1000 und 100 und 50 und 10.“
Die Freiheit, die man sich in solchen Dingen erlaubte, macht
es unmöglich, zwischen den Varianten des MT. und der LXX
zu entscheiden; doch werden in dergleichen Aufzählungen
sonst nicht Oberste über 1000 und 50 zusammengestellt, sondern Oberste über 1000 und 100. — Zu θερίζειν = ‏חרש‎
vgl. 13, 20 f.

13. Der Syr. las für ‏לקחת‎ nicht ‏ארגה‎, wie Thenius
meint, sondern natürlich ‏לקחה‎. Der Chaldäer dagegen hat
das Genus an die Stelle der Species gesetzt; denn woher
weiss Thenius, dass ‏לרקחות‎ Salbenmischerinnen bedeute?

16. וּבְהוּרֵיכֶם statt καὶ τὰ βουκόλια ὑμῶν erklärt sich daraus, dass וּבְקַרְכֶם in dem sehr ungewöhnlichen Plural stand. — Mit וְעָשָׂר statt וְעָשָׂה hat LXX schon wegen der Einschränkung הַטּוֹבִים Unrecht.

18 f. Das Plus der LXX am Ende von v. 18 *) ordnet sich zu den Zusätzen 1, 5; ihr doppeltes lô hinter וַיֹּאמְרוּ v. 19 (αὐτῷ οὐχί) hat keinen Werth, weil die Erwähnung, dass die folgenden Worte *zu Samuel* gesprochen wurden, gar nicht am Platze ist.

IX.

1. Unser Vf. setzt v. 4 den Wohnort Sauls, den Ausgangspunct seiner Suche, als bekannt voraus und kann dabei, da er offenbar nach v. 1 f. die Geschichte Sauls selbständig ab ovo erzählen will, nur Rücksicht nehmen auf das, was er selbst vorher berichtet hat. So wie jedoch dieser sein Bericht uns jetzt vorliegt, ist darin bis v. 4 noch gar nicht von der Heimath Sauls die Rede gewesen. Ich vermuthe daher nach Jud. 13, 2. 1 Sam. 1, 1, dass für מִבֶּן־יָמִין, was wegen des folgenden בֶּן־אִישׁ יְמִינִי überflüssig ist, ursprünglich geschrieben war מִגִּבְעָה oder מִגִּבְעַת בֶּן־יָמִין.

4. Der befremdende Wechsel des Numerus ist sicher hier so wenig ursprünglich als v. 12. Man wird nach Einl. S. 19 f. überall den Plural herzustellen haben. — שְׁלִשָׁה las sowohl Syr. als Chald., vgl. 2 Reg. 4, 42, dagegen LXX vielleicht צֶלְחָה (Σελχα), vgl. ihre Uebersetzung von צַלְצַח 10, 2. — Dass das Ziehen durch das Land des Benjaminäers erst an dritter Stelle erwähnt wird, fällt auf, erklärt sich aber sehr leicht dadurch, dass die Gegend von Saalim im Stamme Dan lag und dass man, um von da nach Zuf Efraims zu kommen, erst wieder ein Stück benjaminäischen Landes zu passieren hatte. S. Ewald III. S. 28 **).

---

*) ὅτι ὑμεῖς ἐξελέξασθε ἑαυτοῖς βασιλέα.

**) Saul passiert zunächst *von Ost nach West* gehend das Gebirge Efraim, auf welchem seine Vaterstadt lag, kommt von da über Salisa nach Saalim = Saalabbim im Stamme Dan, wendet sich dann nördlich und kommt durch benjaminäisches Gebiet ins Land Zuf des Stammes Efraim. Die Richtung wird bestimmt 1) durch das *Passieren* des Gebirges Efraim, 2) durch die Lage von Saalim innerhalb eines nichtbenjaminäischen, aber an Benjamin gränzenden Stammes, 3) durch die Lage Rama's in Efraim. Daraus ergiebt sich sowohl das Recht der Identificierung von Saalim mit Saalabbim, als die Richtung der Reise erst nach West, dann nach Nord.

8. Lies יִזְדַּתָּה nach LXX; s. über ה = י Einl. S. 15.

9. Mit Recht erkennt Thenius in der verfrühten Einsetzung dieser Notiz, die sich auf das erst v. 11 vorkommende הראה bezieht, das Zeichen der Glosse; wie er היום für העם (τὸν προφήτην ἐκάλει ὁ λαός) aufgeben kann (vgl. den Syr. 26, 15), ist unbegreiflich.

12. Mit der Antwort der Mädchen im MT. ist nichts anzufangen; sprachlich ist der *Singular* der zweiten Person bedenklich, und was den Sinn betrifft, so ist es dunkel, wie darin, dass Samuel heute von seiner Reise zurückgekehrt ist, ein Grund liege, sich zu beeilen, und was עתה bei מהר solle, ist nicht klarer. Wenn LXX das מ von מהר zu לִפְנֵיכֶ ziehen und הר auslassen, so wird הר im MT. für ein nur angedeutetes Explicitum des Subjects zu הנה לפניכם gelten müssen, als dessen volle Gestalt Lagarde richtig הָרֹאֶה errathen hat. Weiter wird man im Folgenden statt עתה כי היום mit LXX lesen müssen עַתָּה כְּהַיּוֹם = *jetzt eben grade,* vgl. v. 13. Bertheau zu Neh. 5, 11. Dadurch nur ordnet sich עתה in den Zusammenhang und das Misverständnis fällt weg, als ob Samuel gestern nicht in der Stadt gewesen, sondern erst heute zurückgekehrt sei. Denn die bei der mas Lesart nothwendige Annahme, Samuel sei eben in dem Augenblicke, als Saul die Mädchen traf, nach einer tagelangen Abwesenheit zurückgekommen, reimt sich nicht damit, dass er vorher schon auf der Bama Anordnungen getroffen und dem Koch jene Keule v. 24 aufzuheben gegeben hat. Auch kann v. 15 nicht schweigend vorausgesetzt sein, dass Samuel, auf der Reise begriffen, umkehren solle, damit ihn Saul in Rama nicht verfehle. Vielmehr auch gestern ist Samuel in Rama gewesen und in die Stadt gekommen ist er nicht *heute* von einer längeren Reise, sondern *jetzt eben* von der nahen Bama. Also: Ja, siehe vor euch ist er (MT.: der Seher), grade eben ist er in die Stadt hineingegangen — man feiert nemlich heute ein Opfer auf der Bama (so dass S. eigentlich heute nicht in der Stadt, sondern auf der Bama zu finden ist).

13. Die Angabe „denn nicht isst das Volk, bis er kommt, sondern erst nachdem er den Segen über das Fleisch gesprochen hat, essen die Geladenen", sofern sie voraussetzt, dass das Volk überhaupt noch nicht gegessen habe, widerspricht dem v. 24, wo von Uebriggebliebenem die Rede ist. Zur Noth kann man sich mit der Auskunft helfen, dass die Mäd-

chen nicht Bescheid wissen. — Am Schlusse eines der beiden אתי zu streichen, grenzt an Barbarei. Vgl. 2 Sam. 6, 23.

14. Der MT. liest hier בתוך העיר v. 18 ב֗, השער, LXX grade umgekehrt. Es ist beide Male השער herzustellen.

16. Lies mit Thenius את־עני עמי (Exod. 3, 7) nach LXX für das zweite את־עמי des MT.

20. In הימים ist der Artikel zu streichen nach 30, 13 und den analogen Fällen זֶה שָׁלֹשׁ רגלים, denn Sinn giebt nur „schon drei Tage (= heute oder jetzt (זה) drei Tage)", nicht „schon die drei Tage."

21. מקטני und שבטי 2º können beide nicht Plurale sein. Vielleicht hat man das î des Stat. constr. beide Male anzuerkennen wie auch Jud. 20, 12.

24. Καὶ ἤψησεν ER. für וירם ist deutlich verderbt aus x. ὕψωσεν. — Für העליה liest Geiger הָאֵלֶיהָ; denkt man an עַל = אֶל־, so ist dies gar keine Aenderung. In die Worte קראתי — לאמר hat selbst Böttchers Anstrengung keinen Sinn gezwängt, obwohl ich verstehe, dass ihn Thenius' Aenderungsversuche *) zur Beibehaltung des MT. bewegen konnten. LXX giebt für העם לאמר παρὰ τοὺς ἄλλους, so dass für das Ganze der Sinn entstände: „denn mit Fleiss ist es für dich aufgehoben vor den übrigen Leuten, die ich geladen habe." Der Sinn ist gut; nur liegt der Verdacht nahe, dass LXX אחר las für אמר· Doch darf man vielleicht trotzdem מִשְׁאַר הָעָם emendieren, vgl. Ew. III. S. 29.

25 f. hat Thenius die Nothwendigkeit der Herstellung des LXXtextes erwiesen: וירבדו für עם, וידבר für וישכב, וישכמו für וישכמו. — הוא ושמואל v. 26 ist verdächtig.

27. וייבר 2º berichtet die Ausführung des vorher ausgesprochenen Wunsches, fehlt aber bei LXX und ist deutlich spätere Zuthat, so gut wie im Syr. der Ueberschuss am Ende von v. 3.

X.

1. LXX liest nach ויאמר: Οὐχὶ) κέχρικέ σε κύριος εἰς ἄρχοντα ἐπὶ τὸν λαὸν αὐτοῦ ἐπὶ Ἰσραήλ; καὶ σὺ ἄρξεις ἐν λαῷ κυρίου, καὶ σὺ σώσεις αὐτὸν ἐκ χειρὸς ἐχθρῶν αὐτοῦ.

*) nach LXX: παρὰ τοὺς ἄλλους ἀπόκνιζε.

καὶ τοῦτό σοι τὸ σημεῖον (ὅτι ἔχρισε σε κύριος ἐπὶ κληρονο-
μίαν αὐτοῦ —. Da Samuel sich hier seinem Gaste zum ersten
Male offen und rund erklärt, so ist es in der Ordnung, dass
er es ausführlich thut; die Bedeutung ferner jener Ereignisse
v. 2 ff. als *Zeichen* für das Eintreffen des grösseren stand
nicht nur nachträglich (v. 7. 9) als bekannt vorauszusetzen,
und endlich verräth noch das כי nach הלא im MT. die Lücke
zwischen diesen beiden Worten, die entstanden ist durch Abirren eines Schreibers vom ersten מישׁתך aufs zweite. Vgl.
Gen. 27, 36.

2. Als Grund צלצה für den Eigennamen eines Ortes anzusehen, reicht es nicht hin, dass man seine appellative Bedeutung nicht versteht. Entweder ist „bei dem Grabe Rahels" die genauere von den beiden Ortsangaben und בצלצה
die ungenauere — dann hätte letztere nur Sinn, wenn Sel-
sach bekannter war als das Grab Rahels, was höchst unwahrscheinlich ist. Oder es verhält sich umgekehrt — dann
aber würde בצלצה voranstehen müssen, falls es wirklich *Eigenname* ist; gegen ein indeterminiertes Ort*sappellativ**)* würde
nichts einzuwenden sein. Mit Recht haben LXX und Hieron.
hier ein Appellativ gesehen (so auch Ew. III. S. 31), indes
ist dessen Deutung beiden mislungen. Hieronymus scheint
den MT. wie Gesenius im Th. „im Schatten der Mittagshitze"
verstanden zu haben; aber das könnte höchstens Ironie sein,
wie man im Arab. mit genau den unsrigen entsprechenden
Worten sagt „ein Baum ist sonnig an Schatten" (Hariri I.
4, 14 der zweiten Ausg.) und „sein Schatten ward sonnig"
für „er starb." LXX befolgt eine andere Lesart = צלהם.
Ἁλλομένοις μεγάλα nemlich ist Duplette und zwar entstand
μεγάλα aus einem in griech. Buchstaben geschriebenen hebr.
Worte. Denn man findet in verschiedenen griech. Handschr.
neben einander die Worte ἐν Σηλωμ und ἐν Βαχαλαϑ, von
denen das erste auf צלהם führt und dem ἁλλομένοις entspricht, das zweite mit μεγάλα zusammenhängt. Nun könnte
man sich allerdings vorstellen, dass Βαχαλαϑ erst aus μεγάλα
entstanden sei — aber das ist doch sehr unwahrscheinlich.
Μεγάλα als Adverbium kommt nemlich überhaupt in der LXX
nicht vor und wurde z. B. auch von der Itala nicht als solches aufgefasst (magnas fossas!). Es sieht im Gegentheil ganz
so aus, als sei es ein aus einem fremden Eigennamen ent-

---

*) z. B.: bei dem Grabe Rahels — an einem Felsen oder dergl.
Die Hauptangabe bliebe auch so „bei dem Grabe Rahels" und diese
muss voranstehen.

standenes nothdürftig verständliches Appellativum: *Βαχαλαϑ*
(*ἐν* vor *βα* ist zu streichen) ist ursprünglich = בצלצה und
also *ἀλλομένους* das Septuagintamässige. Was aber mit diesem oder mit dem zu Grunde liegenden hebr. Worte gemeint
ist, weiss ich nicht.

3. שלשה bei dem Femininum ככרות befremdet um so
mehr, als v. 4 bei לה die sich offenbar nur durch Beziehung auf ככרות erklärende Femininform des Zahlworts steht,
gegen 17, 4. 21, 4. 1 Reg. 14, 3.

4. לה שתי, *δύο ἀπαρχὰς ἄρτων* — aber waren sie denn
nicht von den Laiben v. 3?

5. Zu צבי statt ציב 13, 3 vgl. למשפחתי statt למשפחות
und Ochla No. 91. 124—133. — שם 2⁰ wird geschützt durch
v. 10; denn dass dort LXX *ἐκεῖϑεν* giebt, beruht auf Deutung, vgl. den Syr. v. 13 (= *von* der Bama). Zu übersetzen
ist hier: „wenn du nach Gibea kommst, an die Stelle, wo
die Säule der Philister steht." Sphäre und Punct werden
neben einander gestellt; שם — אשר ist substantivisch gebraucht grade wie 3, 3, nicht adjectivisch zu גבעת הא';
denn es wäre absurd, wenn Samuel dem Saul dessen Vaterstadt näher beschriebe *). Die beschränkende Bestimmung,
die zuerst der ungefähren folgt, ist in der Recapitulation v.
10 vorangestellt bloss aus dem Grunde, weil שם weniger syn-
taktisches Gewicht hat als העיר, vgl. die Umstellung 1, 3 in
LXX: MT. Im Deutschen dürfen wir nach dem Vorbilde
von v. 5a unbedenklich umschreiben: „und wenn du zur Stadt
kommst, an die bezeichnete Stelle."

8. Nachdem v. 7 dem Saul überlassen ist, zu thun, wozu
er sich vermögend fühle, da Gott mit ihm sei und seine Ent-
schlüsse inspiriere (v. 9), so erwartet man hier nichts weniger
als den Befehl: „sieben Tage sollst du warten, bis ich zu dir
komme und dir kund thue, was du thun sollst." Und von
wann an sollen die sieben Tage gerechnet werden? Es war
der Mühe werth, dies zu verabreden und die betreffende
Verabredung auch dem Leser nicht vorzuenthalten. S. weiter zu 13, 7b — 15a.

12. LXX liest אביהו **). So glaublich es nun auch ist,

---

*) Schon darum kann unter dem ציב kein Vogt verstanden werden
werden.

**) Dagegen ist *οὗ Κις* kein echter Bestandtheil der LXX, jeden-
falls ein Zusatz ganz werthloser Art.

dass „ein Mann von dort (14, 28)" mit einem solchen Plagiate der Menge v. 11 nachhinkte, so unglaublich ist es, dass darüber zu berichten für der Mühe werth gehalten worden wäre. Etwas Neues dagegen enthält die Frage in der Gestalt des MT. Wenn prophetische Raserei befremdlich gefunden wird bei dem Sohne des alten Kis, der allen bekannt und vertraut ist, so wird v. 12 hiegegen eingeworfen, bei Saul sei die Erscheinung nicht verwunderlicher als bei den übrigen Begeisterten; irdischem Causalnexus, aus dem man es abzuleiten vermöge, sei das Pneuma überall nicht unterworfen (Joh. 3). „*Ihr* hat den Ton", bemerkt Bunsen mit vollem Rechte. Nur liegt in den Worten des Volks v. 11 nicht, wie Bunsen meint, eine Geringschätzung Sauls: im Gegentheil, geringschätzt werden eher die rasenden Propheten. — Uebrigens ist zu bemerken, dass v. 12b direct an v. 11 anschliesst und dadurch v. 12a einigermassen verdächtig wird.

13. Dass הנביא am Schlusse des Verses falsch sei, ergiebt sich auf der Stelle nach v. 5 und v. 14; da v. 14 die Unterredung zwischen Saul und seinem Vetter vertraulicher Natur ist, so wird man sich nicht die Strasse als deren Scene zu denken haben und also hier lesen müssen הביתה (הבבתה?). LXX גבעתה ist falsch wegen v. 10.

21. Das Plus der LXX nach משמר: καὶ προσάγουσι τὴν φυλὴν Ματταρι εἰς ἄνδρας (לגברים Jos. 7, 17) ist unentbehrlich.

22. ישאלו war in LXX ישאל geschrieben, man ergänzte den Samuel, s. Einl. S. 19 f. 22 ff. — Das erste עוד ist erklärlich, sofern auch das Losen ein Befragen Jahwe's ist; das zweite, der LXX fehlend, liesse sich, da בא nicht futurische Bedeutung haben kann, höchstens bei der Lesart איש ohne Artikel halten. Es ist aber vielmehr mit LXX zu lesen האיש (Ochla Nro. 165. 166), denn nur darauf passt הוא in der Antwort Jahwe's.

24. ככלהם ἐν πᾶσιν ὑμῖν.

25. „Samuel entliess das Volk *und es gieng* ein jeder nach seinem Hause" (LXX) ist Auflösung der Prägnanz; vgl. den Chald. zu uns. Stelle. Thenius deutet freilich an, wäre der MT. im Recht, so erwarte man v. 26 „und auch Saul ward zu seinem Hause nach Gibea *entlassen.*"

26. Vor ההלך ist גם (LXX) ausgefallen. Aus בני בליעל v. 27 lässt sich das übrigens nicht beweisen, weil dies in kei-

nem Gegensatze und überhaupt keiner Beziehung zu בני
ההיל steht.

27. Ueber ויהי כמהריש s. 11, 1.

XI.

1. LXX liest die beiden letzten Worte 10, 27 וַיְהִי כְּמַחֲרִשׁ
(Gen. 38, 24, s. Thenius) und zieht sie zum Anfange des neuen
Abschnitts. „Sie brachten ihm kein Geschenk, und er that
als hörete er es nicht", ist nicht grade empfehlenswerth, zudem bedeutet מחריש vielmehr *schweigend*.

2. אברות, LXX fügt das Obj. hinzu; unnöthig, vgl. 20,
16. 22, 8. 2 Chr. 7, 18.

4. Wenn εἰς Γαβαα πρὸς Σαουλ wirklich auf einer ande-
ren Lesart beruht als der des MT., so ist dieselbe schlecht.
Denn die Boten gehen „in alle Grenzen Israels" und kommen
dabei auch nach Gibea im Herzen des Landes, aber nicht um
Saul's willen; v. 5 wird gar nicht gethan, als ob die Botschaft
Saul näher angehe als andere.

7. Der Artikel in המלאכים ist nicht anzufechten, obwohl
nicht die Boten aus Jabes gemeint sind (v. 9). LXX dem
Sinne nach richtig: ἐν χ. ἀγγέλων ohne Artikel, s. zu 1, 3. — יצאו,
LXX קו יֵצֵא.

8. Ἐν Βεζεκ ἐν Βαμα ER. ist von Thenius als Duplette
erkannt. Die Bama schlechthin konnte hier nur die in Gibea
sein, dessen Lage aber weit schlechter passt als die von Be-
zek. — Die Zahlerhöhungen in LXX gegenüber dem MT.
werden ebensowenig zufällig entstanden sein, wie die der Chronik im Vergleich zu den parallelen Geschichtsbüchern. 600000
ist 2 . 300000, 70 dem Hebräer die Verdoppelung von 30
(9, 22 LXX).

9. ויאמרו καὶ εἶπεν. Das Schwanken hinsichtlich des
Numerus der dritten Pers. Masc. ist grade in diesen Capiteln
sehr merklich, z. B. 10, 21 ff. 12, 5. 10. 13, 19. Vgl. Einl.
S. 19 f. An unserer Stelle passt wegen der Bestimmtheit des
Bescheides besser der Singular. — Das εἰς τὴν πόλιν der
LXX nach ויבאו ist etwa ebenso nothwendig wie im Syr.
„aus Jabes" nach הבאים (gegen Thenius).

10. Angabe des hier Angeredeten (πρὸς Ναας τὸν Ἀμμα-
νίτην) kommt uns vielleicht nothwendig vor, aber im Hebräischen muthet man in dieser Hinsicht dem stillschweigenden Verständnis sehr vieles zu; und während die Einsetzung

der Worte bei LXX sich leicht erklärt, wüsste man nicht an-
zugeben, was ihren Ausfall im MT. veranlasst haben sollte.
Gegen Thenius.

12—14. Diese Verse rühren von Jemand her, der c. 11
mit 10, 17—27 in Harmonie *) bringen wollte. „Und etwa
nach einem Monat" 11, 1 schliesst sich nicht an 10, 27, sondern an 10, 16 an. Denn wir sahen zu v. 4, dass Saul c. 11
nicht König ist. Aber er weiss, dass er es werden wird, denn
er hat den Stachel von 10, 7 her in Herzen, die Zeichen sind
eingetroffen, und als nun wirklich eine Gelegenheit zu handeln
kommt, da erklärt sich, dass er thut, אשר תמצא ידך. Es ist
ein sehr klarer, dazu psychologisch feiner Zusammenhang
zwischen 10, 1—16 und c. 11 **); am deutlichsten zeigt er
sich in der Beziehung von 10, 7 auf c. 11, 5 ff. Das Interesse, welches v. 12—14 mit 10, 17—27. c. 8. 10, 8. c. 12. 13,
7 b—15 a theilt, ist das, die Betheiligung Gottes u. Samuel's an
Saul's Erhebung als möglichst unmittelbar erscheinen zu lassen.
In diesem Interesse ist in LXX auch v. 15 וימלכו in καὶ ἔχρισε
Σαμουηλ verwandelt und am Schlusse שאול שם in Σαμουηλ,
vielleicht verdankt demselben auch ויאהר שמואל v. 7 seine
Entstehung, obwohl durch den Zusammenhang des elften Capitels ein directes Mitwirken Samuel's zur Erfüllung des von
ihm Geweissagten keineswegs ausgeschlossen wäre. Es ist an
sich recht wohl möglich, dass zwischen v. 11 und v. 15, die
keinenfalls dicht zusammenstanden, ursprünglich erzählt war,
wie grade durch Samuel's Anregung das Volk auf den Gedanken gekommen sei, ihren Heiland nun auch zum Könige
zu machen. Doch scheint allerdings v. 15 nichts von Samuel's Anwesenheit zu wissen: und auf c. 12 darf man sich
nicht berufen, denn der Interpolator von 11, 12—14 ist höchst
wahrscheinlich der Vf. von c. 12. Ursprünglich schloss 13, 2
an 11, 15.

12. ימלך, plump LXX οὐ βασιλεύσει. S. Einl. S. 26 f.

XII.

3. Zu עיר בו ואילים wird zwar nicht Jeder wie Thenius
eine Bestimmung mit מן vermissen, dennoch ist עיר בו בעלים

---

*) namentlich נחרש v. 14 ist dafür bezeichnend. Die LXX hat
schon v. 4 mit πρὸς Σ. vorgearbeitet.

**) Wenn Thenius c. 11 von 9. 10, 1—16 trennt, so möchte ich
fragen, wo sich denn 10, 1—16 erfüllt? Cap. 13 *ist* doch Saul schon
König; wie kann sich also dieses sogleich an 10, 16 anschliessen?

der LXX nicht bloss der Originalität wegen vorzuziehen. Denn ein wiederholtes עֵנוּ כִּי vor וַיּאֹמֶר ist nothwendig, damit man dieses richtig vom Redestehen, und nicht etwa von Zurückgabe der Bestechung verstehe, als sei damit die Sache abgethan. Sir. 46, 19 bezeugt nicht nur den *griechischen* Text der LXX.

5. וַיּאֹמְרוּ 2⁰, LXX εἶπαν; zu 11, 9.

6. Thenius beweist, dass vor יְהוָֹה das Prädikat עֵד nach LXX einzusetzen sei.

7. Vor אֵת כָּל־צִדְקוֹת LXX καὶ ἀπαγγελῶ ὑμῖν. Trotz LXX 10, 25. 13, 5. 22, 1 wird dies kaum auf blosser Auflösung einer Prägnanz des MT. beruhen, da es sehr fraglich ist, ob נִשְׁפַּט bedeuten kann = strafend vorhalten.

8. Den Ausfall von מִצְרַיִם וַיִּכְנְעֵם (LXX) im MT. erklärt Thenius mit Recht, wie die ähnl. Erscheinungen 10, 1. Die Einsetzung von וּבְנוֹ (LXX) hinter יַעֲקֹב ist aber unnöthig. — הֵשִׁיב stand nicht von Mose und Aharon, sondern nur von Gott auszusagen, also וַיּשִׁיבֵם, Einl. S. 19 f. Dagegen ist es wünschenswerth, den Plural von וַיּוֹצִיאוּ halten zu können, weil sich unter dieser Bedingung leichter erklärt, dass man auch das folgende Verb als Plural auffasste. Also lese man וַיּוֹצִיאוּ = „er sandte Mose und Aharon, das Volk herauszuführen und gab ihnen Wohnsitze in diesem Lande."

9. „Der Oberste über das Heer von Hasor" sagt man im Hebr. kaum, obwohl die Redeweise an sich durchaus verständlich wäre. Es scheint wirklich יָבִין מֶלֶךְ zwischenaus gefallen zu sein, nach LXX. Die Entstehung der Lücke lässt sich durch nichts erklären.

11. בְדָן versteht der Chald. als בֶּן־דָּן, d. i. Simson (Böttcher). LXX Syr. bieten Barak. Zwar lebte dieser vor Gideon, weshalb der Syr. umstellt: aber *zwischen* Gideon und Jeftah einen passenden Namen zu finden, gelingt nicht, und vor עֲבֶדֹן (Ewald) hat בָרָק, dessen graphische Aehnlichkeit mit בְדָן nicht geringer ist, das Bekanntsein voraus, wie Böttcher richtig hervorhebt. — Simson für Samuel (Syr.) ist Emendation eines, der es für unpassend hielt, dass Samuel bei Lebzeiten sich als der Geschichte verfallen betrachte. Der Vf. denkt an 1 Sam. 7.

13. Unter Vergleichung der LXX wird es wahrscheinlich, dass אֲשֶׁר בְּהַרְתֶּם und אֲשֶׁר שְׁאֶלְתֶּם Duplette ist, wie 4, 21 f.

שׁאלתם schränkt die Theilnahme des Volks ein auf die Forderung eines Königs überhaupt, überlässt aber die Wahl des
bestimmten einem andern, auf diese Weise Uebereinstimmung
herstellend mit c. 8—10. Aber eben darum ist „den ihr erwählt habt" das Echte, bestätigt auch durch LXX (Thenius).

14. והיתם einiger Handschr. statt והיה verträgt sich
nicht mit אם יי und liefert einen Nachsatz zu אם לא nach,
der mit Unrecht vermisst wird — denn im Arab. so gut wie im
Hebr. kann derselbe („so ist es gut") verschwiegen werden.
Zu היה אחר vgl. meine Bemerkungen 2 Sam. 11, 23. *Πορευόμενοι* der LXX steht an Stelle von אלהיכם des MT. und
verräth sich durch diese Stellung sattsam als unrichtig. Gegen Thenius.

15. באבתיכם am Schlusse des Verses liesse sich zur
Noth vielleicht verstehen „wie über eure Väter", s. Hitzig zu
Hos. 3. 3; indessen giebt במלככם der LXX nach v. 14 einen bei Weitem passenderen Sinn, und die mass. Lesart erklärt sich leicht als Werk eines Schreibers, der im mechanischen Zuge fortfuhr.

21. כי hinter הסור fehlt in LXX und ist vollkommen
sinnlos.

23. Hinter בעדכם LXX *καὶ δουλεύσω τῷ κυρίῳ.* — Wäre
mit בדרך der Stat. constr. beabsichtigt, so würden die folgenden Adjective wohl in der Masculinform gebraucht sein.

XIII.

1. Wie Hitzig davon ausgehend, dass der Vers, ebenso
lautend wie 2 Sam. 2, 10. 5, 4. 1 Reg. 14, 21. 16, 11. 22,
42. 2 Reg. 8, 17. 26. 12, 1. 14, 2. 15, 2. 16, 2. 18, 2. 21,
1. 19. 22, 1. 23, 31. 36. 24, 8. 18, auch gleichermassen zu
verstehen sei, dehne ich dessen Vermuthung, dass das Zahlwort vor שׁנה nicht erst nachträglich ausgefallen, sondern von
Anfang dessen Stelle leer gelassen sein, dahin aus, dass auch
vor שׁנים ursprünglich kein Zahlwort stand und dass שׁתי
nur aus den drei Anfangsbuchstaben von שׁנים *) wiederholt

---

*) Der Plural ist auffallend, sofern sich annehmen lässt, dass der
Vf. von v. 1 für Saul eine mehr als 10jährige Regierungszeit von vornherein ansetze, unter den vier möglichen Verbindungen der Zahlen von
11—99 aber nur die Eine Gen. 23, 1 den Plural der gezählten Sache
zulässt und diese nach dem Muster der oben angeführten Parallelstel-
len dem Vf. nicht zuzutrauen ist. Also hat sich wohl das Schlussmem

ist, zunächst also שׁיּ hiess und dann der Grammatik wegen unwillkürlich in das Fem. sich änderte. Dann wäre aber der ganze Vers, welchen die LXX noch nicht las *), *ebenso wie* 2 Sam. 2, 10, aus der Hand eines geflossen, der nicht aus dem Vollen lebendiger Tradition schöpfte, sondern zur Berechnung jener Data keine weiteren Mittel zur Verfügung hatte als wir, nemlich nicht zum Ziele führende. Dass Jemand sich wunderte, warum grade beim ersten Könige weder das Lebensalter beim Antritt noch die Dauer der Regierung angegeben war, lässt sich denken: auf alle Fälle steht es fest, dass die Ueberschrift nicht vom Vf. der folgenden Verse herrührt. Vgl. zu 2 Sam. 2, 10.

2. Thenius: „Nach אלפים LXX אֲשֶׁר: *welche* theils zu M. theils auf dem Gebirge B. stationiert waren — nothwendig, denn Saul selbst konnte nur an einem von beiden Orten sich befinden." Ich verstehe nicht, wie der grundlose Anstoss, den Thenius am MT. nimmt, durch die Einschiebung von אשר beseitigt wird. In ER. hat sich οἱ hinter διοχίλιοι aus dessen zwei Schlussbuchstaben gebildet. — Den Jonathan, der keiner Vorstellung bedarf, führt der Syr. mit „Saul's Sohn" ein.

3. Thenius macht aufmerksam auf die Schwierigkeit der beiden letzten Worte des V., wie sie im MT. lauten. Sie als Worte Saul's aufzufassen, verbiete die Analogie der Stellen 2 Sam. 10, 1. 1 Reg. 1, 34. 39. 2 Reg. 9, 13, in welchen לאמר nach dem תקע בשופר immer die Entbietung einleite, auf welche durch das Posaunenblasen aufmerksam gemacht werden solle. Davon abgesehen seien die fraglichen Worte in dem einen Falle noch nichtssagender als in dem andern. Es fragt sich, welches Object zu ישמע zu ergänzen sei. Ist es der Posaunenschall, so entsteht allerdings ein zu unbedeutender Sinn; ein erträglicher aber wird gewonnen, wenn man sich richtet nach dem Objecte des unserem ישמע entsprechenden שמע v. 4. Allerdings können dann die Worte שי הז nicht die auszurufenden sein, aber verboten ist es auch keineswegs, sie zu betrachten als Angabe der Absicht, die

---

aus dem folgenden Anfangsmem an den *Sing.* שׁנה angeschweisst — über ה = י s. Einl. S. 15.

*) nach der Röm. Ausgabe. Allerdings fehlt der Vers auch im Alex., wie Thenius angiebt, aber zugleich mit 12, 17 — 14, 9 „deperdito uno codicis folio."

Saul beim Posaunenblasen hatte. Die eigentliche Schwierigkeit liegt nach meiner Meinung in הִעברים‎; denn grade hier
lag am wenigsten ein Grund vor, den Gebrauch des national-
len Volksnamens zu vermeiden — übrigens beruhen auch v. 7
„die Hebräer" auf falscher Worttrennung. Und diese Schwierigkeit wird nur vermehrt, wenn man für יֹשְׁמִיעּ‎ nach LXX
liest פְשְׁעוּ‎, denn eine solche Appellation an die αἰσχύνη wie
„fallet ab ihr *Sklaven*" passt für Spanier und Franzosen,
aber nicht für Hebräer; und in gewöhnlicher Rede nennt
פָשַׁע‎ nicht der פֹשֵׁעַ‎ seine Handlung, sondern — um arabisch
zu reden — der בוּ פְשִׁיעַ‎, so dass also die fraglichen Worte,
wie sie in LXX lauten, noch weniger in den Mund eines
Israeliten passen, als wie sie im MT. lauten. Grade deshalb
aber ist der Text der LXX vorzuziehen, weil er eine auch
im MT. durchschimmernde Schwierigkeit ganz zum Vorschein
bringt. פְשְׁעוּ הִעברים‎ sind Worte der Philister und כָאמר‎
ist mit וַיֹשְׁמִיעּ פְלֹשְׁתים‎ zu verbinden. Dann aber verräth
die jetzige Stellung der Worte לֹא פָשְׁעוּ הִע'‎, dass sie ursprünglich am Rande standen.

4. Ἀνέβησαν der ER. ist = ἀνεβόησαν 14, 20.

5. שְׁלֹשִׁים‎ des MT. entstand aus שְׁלֹשָׁה‎, vgl. Einl. S. 20
Anm. Wenn Thenius auch hier Vertauschung von Zahlbuchstaben
annimmt, so ist das petitio principii. Uebrigens ergäbe Wiederholung des schliessenden ל‎ aus יֹשְׂראל‎ zusammen mit ג‎
nicht כ‎, sondern לג‎ = 33. — Wie 14, 23 ist auch hier in
LXX Βαιθων verunstaltet, vielleicht weil die griechischen Leser es nur als Βαιθαυν kannten. Βαιθωρων nemlich ist, da
es von Michmas viel zu weit entfernt liegt, nicht nur an sich
unpassend, sondern vorzugsweise auch in dem Contexte der
LXX, wonach Michmas oder vielmehr das Lager bei Michmas *) *südlich* von dem fraglichen Orte gelegen haben soll
(ἐξ ἐναντίας B. κατὰ νότου) — von Bethhoron lag es aber
rein östlich.

---

*) denn die Worte „gegenüber von Bethaven" sind nicht mit
בְמִכמֹשׁ‎ zu verbinden, welches bekannt genug war und v. 2 hätte bestimmt werden müssen, sondern mit dem Verbum וַיֹהִרֹ‎; sie gelten
also nicht der Stadt Michmas, sondern dem Lager der Philister *bei*
Michmas. Eben deshalb aber muss hier ein Ort ganz in der Nähe
von Michmas zur näheren Bestimmung genannt sein.

6. ראו εἶδεν, כי נגש העם μὴ προσάγειν αὐτόν. Darnach scheint העם Explicitum. — Für הזחים liest Ew. richtig הזרים II. S. 44.

7a. Wenn sich das Verständnis der LXX καὶ οἱ διαβαί-νοντες διέβησαν nach *hebräischen* Analogieen nicht rechtferti-gen lässt, so unterliegt die Punctation וְעִבְרִים kaum geringe-ren Bedenken. „*Einige* H." drückt man nicht so aus, am wenigsten in uns. Falle, und von sprachlichen Gründen abge-sehen würde sich Wiederholung und gar Voranstellung des Subjects v. 7 nur rechtfertigen, wenn dieser Vers nicht im Zusammenhange von v. 6 fortführe und wenn speciell sein Subject von dem des vorigen Verses verschieden wäre. Deut-lich ist das Umgekehrte der Fall, und da sich demnach ein dem ויתהבאו coordiniertes Verb an erster Stelle von v. 7 er-warten lässt, lese ich mit Veränderung der Wortabtheilung und wenigen leichten Emendierungen וְעָבְרוּ מעברות הירדן, hoffend, dass dieser Vorschlag keiner Empfehlung bedarf.

7. Lies מֵאַחֲרָיו am Schluss.

8 ff. Die Verse 8—15a haben 10, 8 zur nothwendigen Voraussetzung. Da nun 10, 8 dem Zusammenhange von 10, 1—16 fremd ist, so müsste das Gleiche auch von c. 13 gel-ten, wenn 13, 8—15 und der Rest des Capitels in solidari-scher Verbindung ständen. In der That aber steht c. 13 im Zusammenhange mit c. 11 — denn woher anders stammt das Volk, welches 13, 2 mit Ausnahme einer Auswahl entlassen wird —, also auch mit 10, 1—16. Dass 13, 8—15a einge-schoben sind, folgt auch noch aus einer anderen Betrachtung. C. 15 nemlich und das in Rede stehende Stück sind parallel und schliessen sich einander aus. Welcher von beiden Be-richten der ältere und glaubwürdigere ist, darüber kann keine Frage sein. Dort haben wir eine ausführliche wohl motivierte Erzählung und zwar echt prophetischen Geistes: wogegen hier entweder völlig unklar bleibt, worin eigentlich Saul's Schuld beruht — denn wozu ihm eine Wartezeit von sieben Tagen stellen, wenn er auch nach deren Ablauf nichts unterneh-men soll? — oder wenn die Sünde Saul's in dem Eingreifen in priesterliche Privilegien besteht, ein Geist spätester Zeit herrscht, der auch mit 14, 33 ff. in Widerspruch tritt. Schon hieraus würde ein Präjudiz dafür sich ergeben, dass, *wenn* die sehr alte Quelle c. 9. 10, 1—16. cc. 11. 13. 14 einen Bericht über Saul's Verwerfung enthielt, dieser in c. 15 zu suchen sei. Dass sie aber einen solchen *wirklich* brachte, beweist

der Schluss von c. 14. Dieser hat nur Sinn als Abschluss nicht des wirklichen, sondern des *idealen* Königthums Saul's: denn wie sollte der Vf. nicht gewusst haben um die traurige Mitte und das tragische Ende von dessen Regierung? Der Idee nach aber ist Saul nicht mehr König, seit ihn Gott verworfen; wirklich folgt unmittelbar der Bericht über die Verwerfung nach in c. 15 — den vorangegangenen desavouiert ausser dem dann ganz unverständlichen Schlusse auch das ganze übrige c. 14, worin nicht die geringste Spur verräth, dass jenes Ereignis 13, 8 ff. auf Saul's, des Volkes und des Schriftstellers Seele laste.

Es ist übrigens klar, dass v. 8—15a nicht selbständig bestehen können, sondern von Anfang an einem anderweiten Zusammenhange aufgepfropft sind.

8. Nach אשר l. אמר, mit LXX Thenius.

13. לא vor שמרת will Hitzig des Nachsatzes wegen לא lesen. Vgl. 14, 30. Freilich steht נסבלה auf diese Weise sehr abgerissen und kurz da, aber die Beispiele Exod. 9, 15. 2 Reg. 13, 19. Iob 3, 13. 13, 19 lassen sich zur Aufrechterhaltung der Aussprache lô nicht wohl verwenden. — LXX: „meinen Befehl, den dir der Herr gegeben" statt: „den B. Jahwe's deines Gottes, den er dir gegeben."

15. Der MT. ist von einem מי־הגלגל aufs zweite übergesprungen, dazwischen liegt in ER.: καὶ τὸ κατάλειμμα τοῦ λαοῦ ἀνέβη ὀπίσω Σαουλ εἰς ἀπάντησιν ὀπίσω τοῦ λαοῦ τοῦ πολεμιστοῦ· αὐτῶν παραγενομένων — aber zu Anfang ist wahrscheinlich εἰς ὁδὸν αὐτοῦ ausgefallen, in der Mitte das zweite ὀπίσω zu streichen, weil es sich zwischen den Stat. constr. und den Genitiv drängt. Der Verf. dachte sich die Kriegsleute v. 2 noch in Gibea's Nähe an der alten Stelle; jetzt stösst Saul mit dem Reste des Volkes, das sich in *Gilgal* eingefunden, aber dann grösstentheils verlaufen hatte v. 6. 7., zu jenen Kerntruppen. Diese Anschauung aber ist nicht die des urspr. c. 13, denn nach diesem (14, 2) war die *Gesammtsumme* der Mannschaft Saul's = 600 (nicht = 3000 + 600). Es ist sogar sehr möglich, dass im ursprünglichen c. 13 von einem Wechsel der Scene gar nicht die Rede war und dass Saul v. 4. v. 7 bloss deshalb in Gilgal sein muss, wo er von c. 11 her längst nicht mehr ist, damit seine Entzweiung mit Samuel hier an dem selben Orte statt finde, wo sie c. 15 sich zugetragen hat. Mit וייקף beginnt die Fortsetzung von v. 7 הדד מאהרי.

18. Die Richtung „zur Grenze" deckt sich nicht mit der

doch als gleichbedeutend anzusehenden „zur Wüste" (d. i. gegen Osten), mag man die Grenze als die judäische ansehen oder als die efraimäische. Auch sagt man von גבול nicht das Attribut הנשקף aus; hervorragen über ein Thal kann nur ein Hügel oder Berg Num. 21, 20. 23, 28, und deutlich ist daher mit LXX für הגבול zu lesen הַגֶּבַע. Ein Eigenname eines Ortes wird darum hier nicht wie die beiden vorigen Male zur Bezeichnung der Richtung gewählt, weil es in der Wüste keine Oerter gab. — צבעים Neh. 11, 34.

20. Aus Vergleichung mit v. 21 ergiebt sich, dass sämmtliche alte Versionen als zweites und drittes der vier hier aufgezählten Geräthe wie der Hebr. את und קרדם gelesen haben, weiter, dass LXX und Syr. an erster Stelle das selbe Werkzeug gefunden haben, welches v. 21 an gleicher Stelle wiederkehrt, also מהרשה. Dagegen haben sie an vierter Stelle nicht wieder מהרשה, sondern den Namen des letzten Geräthes von v. 21 gelesen, nemlich הדרבן, welches der Syr. richtig, LXX aber dem Laute folgend durch δρέπανον wiedergiebt (Einl. S. 10 f.). Da die Wiederholung des selben Geräthes im MT. auf alle Fälle unrichtig ist, so wird es, wenn man die Congruenz in der Reihenfolge der Geräthe v. 20 und v. 21 beachtet, allerdings sehr wahrscheinlich, dass nach LXX Syr. v. 20 דרבנו für das zweite מהרשתו herzustellen ist.

21. Die genaue Deckung in der Ordnung der Werkzeuge v. 20. 21 wird dadurch gestört, dass v. 21 ein neues zwischen את und קרדם eingeschoben ist. Wenn schon der Ueberschuss dasselbe verdächtig macht, so noch mehr sein Name שלש קלשון. Mit Recht hat LXX davon abgesehen, darin den Namen eines weiteren Instrumentes zu finden, aber ihr שלש שֶׁקֶל לַשֵּׁן (mit Verdopplung des zweiten שׁ und des zweiten לׁ) ergiebt keinen treffenden Sinn. Denn verkaufte man ein את nach Zinken, selbst zugegeben, dass es mehrere hatte? und warum sollte bloss der Preis der אתים und nicht auch der der anderen Geräthe hier angegeben sein? Meinerseits kann ich freilich nichts Besseres an die Stelle setzen. Ueber die verschiedenen übrigen Cruces unseres Verses bin ich ebensowenig ins Klare gekommen. הפצירה wird durch הבצירה

der LXX beglaubigt; worauf פִים ἕτοιμος ܠܿܕ zurückgehen,
sehe ich nicht. — Thenius' Herstellung des Textes und seine
Auffassung des Sinnes ist gleich sehr verfehlt. הפציר wird
gezwungen das Schärfen zu bedeuten, שֵׁן gar das Stück (=
das einzelne Geräth), während umgekehrt *mehere* שׁנים Ein
Stück bilden; und schliesslich wird das unglaubliche Resultat gewonnen, dass die Hebräer für das Schärfen einer Axt
u. s. w. zwei preussische Thaler ausgegeben hätten *).

22. בְּיֹם, LXX בִּימֵי. Der folgende Genitiv muss durchaus determiniert sein, הַמִּלְהָמָה wäre aber eine ganz gewalt-
same Aenderung. Richtig hat Thenius hervorgehoben, dass
מלהמת ein Stat. constr. sei und als solcher für die Lesart
der LXX מִלְהָמַת מְבְמָשׁ zeuge. Ein derartiger Ausdruck für
„Schlacht von Michmas" ist allerdings anderweitig nicht nachzuweisen, hebräischer wäre das einfache „am Tage von Michmas." — Uebrigens widerspricht v. 22 den ersten Versen des
Kapitels, sowie dem eng dazugehörenden c. 11. V. 19—22
werden entweder ganz oder zum Theil später eingesetzt sein.

23. מיעבר ist richtig vokalisiert; gegen מַעֲבָר (Ewald)
spricht das folgende Kapitel, welches an die *bestimmte* hier
genannte Lokalität, den berühmten Pass von Michmas anknüpft. Derselbe wird 14, 4 freilich מעברות genannt. Aber
die מעברות werden dann in zwei durch den Bach geschiedene
עבר zerfällt (14, 4 f.) und man kann also einen מֵעבר מִבְמָשׁ
und einen gegenüberliegenden מעבר unterscheiden. Gründlich
hat Thenius die Terrainbeschreibung 14, 4 ff. misverstanden,
wenn er in מעברות einen langhin sich erstreckenden Uebergang über das Gebirge erkennt. Es handelt sich ja um den
Uebergang einer Thalschlucht inmitten senkrechter Felsen.

XIV.

2. Thenius sträubt sich mit Recht dagegen, das Migron
Jes. 10, 28, welches nördlich von Michmas lag und als selbständige Stadt nicht zu Gibea gerechnet werden kann, mit
unserem hier für einerlei zu halten. An sich und auch nach
Analogie von 23, 6 erwartet man keinen Eigennamen. Der

---

*) Merkwürdig, dass der Syr. v. 20 f. eine Beschreibung von der
Art sieht, wie sich die Leute trotz v. 19 beim Kriege geholfen haben.
Wenigstens hat ihn der Araber so verstanden.

Syr. hat בַּגֹּרֶן gelesen, das ist aber nur eine völlig äquivalente Variante unserer Texteslesart, welche unzweifelhaft auch „Tenne" bedeutet. Die Artikellosigkeit des בְּמִגְרוֹן zeigt aber, dass die Punktatoren einen Eigennamen wollten, und vielleicht kommt auch das ô der letzten Sylbe auf Rechnung dieses Strebens. Vgl. Migdôl mit migdal, Akbôr mit akbar. Ich schlage daher vor, בַּמִּגְרֶן zu lesen, damit die Möglichkeit der Confundierung mit Migron wegfalle, die wegen der geringen Entfernung dieses Ortes von Gibea nahe liegt.

2 f. Thenius gewinnt durch Streichung der bei LXX fehlenden Worte אֲשֶׁר הָעָם v. 2 den Satz „es waren bei ihm 600 Mann und Ahia" — eine jedem natürlichen Erzähler unmögliche Coordination *). Es ist untriftig, dass die Bemerkung über Ahia's Efodtragen als Parenthese nicht passe an diesem Orte; sie passt so gut und so schlecht, wie die übrigen vereinzelten parenthetischen Bemerkungen v. 2. 3, welche sämmtlich in ihrer Bedeutung erst aus v. 16 ff. klar werden, wie Iob 1, 4 f. aus 1, 18. Vereinzelt ist nemlich nicht bloss v. 3, sondern auch v. 2b im Vergleich zu v. 2a: denn jene 600 Mann haben nicht alle den Saul unter dem Granatbaum umstanden.

5. Als Prädikat zu הַשֵּׁן הָאֶחָד ist nacktes מִצָּפוֹן (LXX) erträglich, aber nicht wünschenswerth und מָצוּק in MT. ergiebt den ausgezeichneten Sinn „steil wie eine Säule aufgerichtet" — an seltenen Wörtern und Wortbedeutungen ist unser Cap. reich, vgl. besonders עשׂה kämpfen, מַעֲצוֹר Unmöglichkeit. Wie übrigens in LXX die Verschreibung ὁδός (= ὁδούς) ὁ in ἥ, εἷς in μία und ἄλλος in ἄλλη umänderte, so kann sie auch die Weglassung eines zu ὁδός nicht passenden Prädikats leicht genug verschuldet haben.

7. LXX: כָל־אֲשֶׁר לִבְבָךְ נָטָה לּוֹ Prov. 2, 2. Ψ. 119, 112. Jud. 9, 3. Der MT. ist unverständlich, auch am Schlusse ist לְבָבִי mit LXX hinter כלבבך herzustellen; denn „ich bin mit dir wie dein Herz" ist unklar und überschwänglich, und „ich bin mit dir nach deinem Wunsche" nichtssagend.

11. Für עברים scheint Hitzig nach einer Andeutung in der Gesch. des V. Israel S. 135 lesen zu wollen עכברים mit

---

*) welche zudem nur gestattet wäre, wenn v. 3 אֵפוֹד den Artikel trüge.

Berufung auf Judith 14, 12 im Texte der Vulgata. Nun ist richtig, dass 1 Sam. 14, wie z. B. aus dem ersten Makkabäerbuche hervorgeht, in den späteren Zeiten so beliebt gewesen ist, wie kaum ein anderes Capitel, aber so deutlich „egressi sunt mures de cavernis suis" Sprichwort ist, so deutlich ist unser Satz *eigentliche* Rede, erkennbar vor Allem an dem folgenden Relativsatz, dann auch an dem Fehlen des Artikels vor עברים, an dem Partic. יצאים vgl. egressi sunt, an החרים vgl. de cavernis *suis*. Uebersetze: da dachten die Philister: es sind Hebräer, die herauskommen aus den Höhlen —, gegen die Accente. Vgl. 13, 6.

12. Das Fem. מצבה ist dem anderweitigen Sprachgebrauch dieser Cap. zuwider, und wenn man Einl. S. 19 f. bedenkt, so wird man unbedenklich nach LXX auch hier המצב herstellen.

13. LXX: וַיִּפֶּן ׳י לפני בצי ; vgl. 1 Macc. 4, 32, wo ἔπεσον 2[0] auf ursprüngliches ויפנו zurückgeht, und LXX 2 Sam. 1, 7. Alex. Das bedeutet aber nicht, wie Thenius meint „sie blickten Jonathan ins Gesicht und er schlug sie", sondern nach Jud. 20, 42 „sie wandten sich zur Flucht vor Jonathan u. s. w." Demgemäss hebt also grade der MT. besser hervor, wie plötzlich die Ueberfallenen mit dem Tode überrascht wurden, ehe sie auch nur an Flucht denken konnten (gegen Thenius). Indes leitet sich aus der Vergleichung des Sinnes keineswegs eine sichere Entscheidung her; und auch ויכם musste nothwendig zugesetzt und nothwendig ausgelassen werden, je nachdem entweder יפלו in יפנו oder יפנו in יפלו ausgeartet war. — ממותת ἐπεδίδου = tödtete vollends.

14. Für den Schluss dieses V. כבהצי ׳ג liegen uns in MT. Syr. LXX drei Varianten vor, von denen nur die des MT. u. Syr. leicht auf einander zurückgeführt werden können. Der Syr. deckt sich in den zwei letzten Worten völlig mit dem MT., ebenso in den ersten sechs Buchstaben, wo er nur das ב umstellt und ausspricht כְּהִצְבִים. Von dem mittleren Reste צהי lassen sich bei ihm die zwei letzten Buchstaben gleichfalls noch erkennen und zwar in der Form בְהִי (s. ψ. 77, 20); für צ aber wird er gelesen haben וּ (wie LXX יוּ) und das ist die bedeutendste Abweichung vom MT. Was dagegen LXX hier las, ist nur theilweise sicher zu bestimmen. Der erste Buchstabe des MT. כ fehlte ihr, die folgenden fünf stimmen überein, werden aber zu Einem Worte

בהצים verbunden (vgl. den Syr.); am Schlusse erscheint auch hier שׂדה. Nun bliebe noch übrig der Versuch, ענהצמד und καὶ ἐν πετροβόλοις καὶ ἐν κόχλαξι auf eine gemeinsame Quelle zurückzuführen. Wenn man den Raum der sechs Buchstaben auf der einen und der sechs Worte auf der anderen Seite vergleicht und ferner die Bedeutung der beiden griechischen Hauptwörter beachtet, so liegt es allerdings nahe, ἐν πετροβόλοις (Iob 41, 20) für eine Glossierung der als Waffe sehr auffallenden κόχλακες (1 Macc. 10, 73) zu halten. Die letzteren blieben also allein noch unterzubringen. Da aber κόχλακες nur hier im Kanon vorkommt, so ist das entsprechende hebr. Wort kaum zu ermitteln. Die Itala übersetzt saxa, der Syr. 1 Macc. 10, 73 ܠܘܚ, wonach also die classische Bedeutung des griech. Worts bei den Juden sich gewandelt zu haben scheint.

Was nun den Werth der verschiedenen Lesarten betrifft, so giebt einzig die der LXX einen klaren Sinn, aber zum Schlusse von v. 14 passt auch sie nicht; ja hinter שׂרים בם איש ist überhaupt jedes noch hinzukommende Wort vom Uebel. Sie fügt sich jedoch hinter v. 13, war also wohl ursprünglich eine Randglosse zu diesem Verse, herrührend von einem Leser, der sich das 13, 19 ff. Gesagte gemerkt hatte und nun hier auskünftig machte, welche Mittel dann noch dem Waffenträger zum מותת geblieben seien.

15. Der Text der LXX ist durchaus der schlechtere, denn „auch *sie* geriethen in Schrecken" *), von der Besatzung des Passes ausgesagt, involviert, dass sie erst von anderer Seite mit dem Schrecken angesteckt wurden, der vielmehr von ihnen ausgieng, wenn anders ein Nexus zwischen v. 15 und dem Vorangegangenen besteht — während für ובעם' des MT. die Uebersetzung „*wie* unter der Bes." gerechtfertigt ist. Im Einzelnen ferner ist das καί, welches ἐν τῇ παρ. mit ἐν ἀγρ. verbindet, auf alle Fälle unrichtig, da מהנה nicht etwa wie עיר einen Gegensatz zu שׂדה bildet, beruht indes wohl nicht auf verschiedener Lesart, so wenig wie ὁ λαὸς ὁ ἐν Μεσσαβ. Οὐκ ἤθελον ποιεῖν, hinter גם המה זugesetzt, empfiehlt sich zwar durch ποιεῖν in der Bedeutung „kämpfen" (v. 6. v. 45), gehört aber dennoch nicht hieher, denn vorläufig ist weniger Kämpfen als Ruhe die Aufgabe, und dem Nichtwollen entspricht noch kein Sollen.

---

*) auch die übrigens unrichtige Verbindung von καὶ αὐτοί mit mit οὐκ ἤθελον (Th.) würde an der Sachlage nichts ändern.

In 15 b macht LXX ‏'א חרדה‎ (ohne ‏ל‎ nach ‏י‎, vgl. Einl.
S. 15) zum Subject: und es trat ein ein Schrecken Gottes.
Aber der MT. ergiebt strengeren Zusammenhang und besagt
allein wirklich Neues, dass nemlich die *bebende* Erde zum
Schrecken Gottes, d. h. zur Ursache desselben ward. Wenn
Thenius umgekehrt den Schrecken Gottes das Beben der Erde
verursachen lässt, so hat er nicht daran gedacht, dass zu
‏יחרד‎ im MT. nur die Erde Subject sein kann.

16. Da ‏המון‎ hier wegen v. 19 nicht einfach „Menge", noch
‏יהלכו‎ „hin und her" bedeuten kann, so ist der MT. aus v.
19 b corrumpiert; der Chald. hat die Einmischung jenes Verses noch weiter getrieben. Lies mit LXX ‏המחנה‎ für ‏ההמון‎
und ‏הלכו‎ für ‏וילך‎ (Thenius). Auffallend bleibt ‏נמוג‎ in der
arab. Bedeutung des Wortes = wogen; s. jedoch zu v. 5.

18. „Abgesehen davon, dass von einer Translocierung der
Bundeslade von Kirjath-Jearim nichts erwähnt worden, begreift man nicht, wozu Saul dieselbe herbeiholen lässt; beachtet man aber den ganzen Zusammenhang, sieht man, wie
Saul v. 37—42 das heilige Los befragt, bedenkt man das
‏אסר ידך‎ v. 19 und vergleicht man 23, 9. 30, 7, so muss man
sich für die Lesarten der LXX ‏האפוד‎ anstatt ‏ארון אלהים‎
und ‏הוא נשא האפוד‎ anstatt ‏היה ארון האלהים‎ und ‏לפני‎
anstatt ‏לבני‎ entscheiden. Saul will das heilige in dem Brust-
schilde des Efod aufbewahrte Los fragen, was zu thun sei,
ob er mit den Seinen gegen die Philister aufbrechen solle
oder nicht; da er aber sieht, dass die Sache für sich selbst
spricht und keine Zeit zu verlieren ist, so bricht er ohne
weiteres auf." Dieser Ausführung Thenius' mich anschlies-
send, verweise ich zur Bestätigung des griech. Textes noch
auf ‏קרב אסרא‎ des Chald. v. 19 und zu ‏בני = פני‎ auf 2
Sam. 7, 7. Uebrigens kann die Schlussbemerkung „er trug
nemlich damals das Efod vor Israel" nicht auf den Vf. von
v. 3 zurückgehen.

20. ‏זעק‎ ist nicht gleich ‏הריע‎ und das Nifal wird durch
Jud. 18, 23 gerechtfertigt. Gegen Thenius, welcher nach den
Verss. (! vgl. z. B. LXX Jud. 18, 23 u. Einl. S. 11 Anm.) das Qal
punktiert und übersetzt „sie erhoben das Feldgeschrei."

21. Die nähere Bestimmung, welcher ‏ישראל‎ am Schlusse
des Verses für bedürftig erachtet wird, setzt das Israel, welches mit Saul und Jonathan war, den Volksgenossen entgegen, welche den Philistern Heeresfolge leisten mussten. Schon

aus diesem Gegensatze erhellt die Richtigkeit der Lesart עברים gegenüber עבדים der LXX. Weiter aber hat auch der Adjectivsatz „welche seit lange den Philistern gehört hatten" *), den weit besseren Sinn, liest man עברים; und nur im äussersten Nothfalle, der hier nicht vorlag, wagte man es, die Sklaven am Kriege Theil nehmen zu lassen. Ob οἱ ὄντες hebräisches אשר היו voraussetze, ist sehr zweifelhaft; auch das blosse היו kann nur als Relativsatz aufgefasst werden. Dagegen ist סבבי LXX statt י סָבַב ohne Frage richtig.

23. Thenius operiert auch hier wie 13, 5 von dem geographischen Irrthum aus, Bethaven liege ostwärts von Michmas — es liegt nordwestlich — gegen die Richtigkeit der mas. Lesart.

24. Wollte man den MT. übersetzen „das Volk war abgetrieben", so war Saul nicht so thöricht, dem ermatteten Volke zu verbieten, dass es sich restauriere, und im Weiteren wird vielmehr die Ermattung erst als *Folge* jenes Verbotes betrachtet. Aber נגש bedeutet auch nicht „abgetrieben sein", die Bedeutung 13, 6 passt nicht, also bliebe, da auch נגש nicht weiter führt, nur übrig, nach Jes. 3, 5 zu erklären „sich drängen" (Ewald). Gedränge nun pflegt Schuld zu sein allseitiger übereifriger Verfolgung; es zu beseitigen dient nicht die Aufforderung, das wilde Vordringen fortzusetzen. Ich sehe also keinen Weg, zu einem haltbaren und in den Zusammenhang sich fügenden Verständnisse des MT. zu gelangen und schliesse mich Thenius an in der unbedingten Annahme des Textes der LXX, wenn auch nicht nach seiner Retroversion. LXX las: וכל־הָעָם הָיָה עִם שָׁאוּל כַּעֲשֶׂרֶת אֲלָפִים אִישׁ וַתְּהִי הַמִּלְחָמָה (** נָפוֹצָת) (*** בְּהַר אֶפְרָיִם: — וְשָׁאוּל שָׁגָה († שָׁגְנָה גְדֹלָה בַּיּוֹם הַהוּא. Der Aussprache וְיֹאֶל statt וַיֹּאֶל scheint doch Misverständnis zu Grunde zu liegen; vgl. die Bildung der Infinitive 1 Reg. 8, 31. 2 Chr. 6, 22.

---

*) Zu לְ vgl. 2, 27. LXX עָם, was erst recht nur auf die Lesart עברים passt.

**) 2 Sam. 18, 8.

***) εἰς ὅλην πόλιν ist Duplette zu ἐν τῷ ὄρει. Denn zu ὅλην s. Einl. S. 26; übrigens vgl. Jos. 15, 10. 2 Reg. 23, 16. 2 Chr. 21, 11. Jes. 66, 20.

†) Dies Wort kommt freilich nur im Pentateuch und Ekkles. vor.

Für den Schluss des V. bietet ER. eine doppelte Uebersetzung, die wahre ist: καὶ πᾶσα ἡ γῆ ἠρίστα = ‏וכל הארץ‏
‏טעו להם‏ (v. 25. Gen. 43, 25). Damit soll die Veranlassung
zu Sauls Befehle angegeben werden: die Leute frühstückten
nemlich eben alle. Viel besser heisst es im MT.: die Leute
hatten aber alle noch nichts gegessen. Zu ‏לא‏ vgl. Einl.
S. 26 f.

25. Die vollendete Tautologie der V. 25 und 26⁰ in MT.
lässt sich nicht durch die Annahme beseitigen, v. 26 nehme
den Vorgänger neu auf (Vulg. v. 26 ingressus est *itaque*), denn
der Zusammenhang wird zwischen den beiden Versen durch
keine Sylbe unterbrochen. Vielmehr, läge uns bloss der MT.
vor, so würde man ohne Frage eine Nebeneinanderstellung
zweier Varianten anzunehmen haben. Nun aber bietet LXX
ER. folgende Uebersetzung: καὶ Ιααλ δρυμὸς ἦν μελισσῶνος
κατὰ πρόσωπον τοῦ ἀγροῦ 26 καὶ εἰσῆλθεν ὁ λαὸς εἰς τὸν
μελισσῶνα καὶ ἰδοὺ ἐπορεύετο λαλῶν. Ιααλ und δρυμος ist
Duplette, beides hebräischem ‏יער‏ entsprechend. Dem selben
Worte aber entspricht nach v. 26 auch μελίσσων, also haben
wir hier eine Triplette. Als ursprünglich wird durch v. 26
beglaubigt καὶ ἦν μελίσσων (oder κ. μελ. ἦν), dem μελίσσων
wurde Ιααλ hinzugefügt, dieses zum zweiten Male als δρυμός
gedeutet und in Folge davon μελίσσων in den Genitiv gesetzt,
um die Worte καὶ Ιααλ δρυμὸς μελίσσων in die Einheit eines
Satzes zu bringen. Der also hergestellte Text der LXX würde
hebräisch lauten ‏ויער היה על־פני השדה‏. In v. 26a stimmt
LXX mit MT. bis auf ‏דבר‏ für ‏דבש‏. Der Zusammenhang
führt darauf, in ‏דבר‏ Bienen zu sehen und unter Vergleichung
von ‏זאין‏ zu lesen ‏הלך דברו‏, was haleku deboráw oder wahrscheinlicher halak deborô auszusprechen ist.

Aus der Textgestalt der LXX entstand die massorethische
folgendermassen. Das leicht miszuverstehende ‏יער‏ wurde zunächst durch ‏דבש‏ v. 25 erklärt; hinterdrein aber verlor sich
das Bewusstsein davon, dass ‏דבש‏ nur ‏יער‏ verdeutlichen solle,
und ‏יער‏, durch die Epexegese überflüssig gemacht, ward als
Wald aus seinem ursprünglichen Zusammenhange hinausge-
drängt und mit den Trümmern der in LXX uns noch vollständig erhaltenen Variante des Schlusssatzes v. 24 zusam-
mengeschmiedet. Unter Hinblick auf den Anfang von v. 26
entstand so der Satz, den wir jetzt als v. 25a im MT. lesen.
‏דבש‏ statt ‏דברו‏ v. 26 beruht auf mehr zufälligen Gründen,

obwohl zur Verschreibung beitragen konnte, dass das Generale דבר sich sonst im A. T. nicht findet.

28 f. Nach Thenius gehören die Worte וייעף העם *) am Ende des V. nicht mehr zur Rede des Kriegers und allerdings passen sie nicht zum Zwecke derselben. Als Wiederaufnahme der Erzählung drängen sie sich aber auch zu abgerissen und fragmentarisch zwischen die Anrede an Jonathan und dessen Antwort ein; und erst wenn man nach LXX am Anfange des v. 29 läse וידע יונתן ויאמר, würde die Fuge ausgefüllt. Indes zum Verständnis der Worte Jonathans bedarf es überhaupt keiner Vorbemerkung, und näher als die Möglichkeit, dass im MT. וידע ausgefallen und יונתן umgestellt wäre, liegt die andere, dass zunächst וייעף העם aus v. 31 an den Rand geschrieben wurde zur Rechtfertigung der Behauptung Jonathans v. 29 f., und dass dann diese Glosse, in den Text eindringend, den weiteren Zusatz καὶ ἔγνω erzeugte, der sie dem Zusammenhange so gut es gieng anschmiegte. Es scheint obendrein, als sei in LXX καὶ ἐξελύϑη ὁ λαός in unserem V. von anderer Hand übersetzt als καὶ ἐκοπίασεν ὁ λαός v. 31. Bemerkenswerth ist ferner, dass LXX mit ראה statt ראו v. 29 (vgl. 13, 6) unmittelbar den Sprecher v. 28 anreden lässt, in welchem Falle die Trennung der Interpellation und der Antwort durch einen ganz überflüssigen erzählenden Zwischensatz noch störender ist.

30. Vgl. 2 Sam. 4, 11 in MT. u. LXX. — Für מכה lies המה unter Vergleichung des letztvorhergehenden Buchst.

31. ביום ההוא bedeutet nicht „heute" und also spricht hier nicht mehr Jonathan. Allerdings aber wäre zu wünschen, dass die Verfolgung der Philister von Michmas bis Ajjalon hier nicht kategorisch ausgesagt, sondern hypothetisch hingestellt würde. Denn die Verfolgung bis dahin würde den kühnsten Hoffnungen entsprechen, offenbar aber werden diese im Folgenden nicht erfüllt, und die Philister können v. 46 mehr oder weniger unbelästigt den Rückzug vollziehen. Auch ist v. 32 das Volk im Lager der Philister zwischen Michmas und Bethaven. Nichtsdestoweniger ist nicht etwa aus „jenem Tage" zu machen „heute", sondern eine zusammenfassende *erzählende* Bemerkung ist zum Uebergange auf das ganz an-

---

*) über die Aussprache s. Ew. §. 232 b. Indes bedeutet וירע Jud. 4, 21 „er ward ohnmächtig", was hier nicht passt, so dass doch vielleicht auszusprechen sein wird וייעף.

dersartige Folgende nothwendig. Man könnte nach 17, 52 f.
1 Macc. 4, 15 (s. Grimm) an unperspektivische Erzählung
denken; wahrscheinlicher steckt in אילכה, welches LXX überhaupt nicht liest, ein Fehler. — Zu הכה mit בְּ des persönl.
Objects s. 18, 7. 23, 2. 2 Sam. 5, 24 und wahrscheinlich viele
andere Stellen: Thenius ignoriert diesen Sprachgebrauch und
emendiert demnächst aus freier Hand הַפֵּל" (soll heissen
אֵת־בִּ). Er beruft sich dafür freilich auf Hieronymus —
aber ohne sich um dessen wirklichen Sprachgebrauch zu be-
kümmern. Denn die eben citierten Stellen würden ihn be-
lehrt haben, dass jener, wo הכה mit בּ des Obj. construiert
wird, statt dessen den einfachen Akkusativ setzt.

32. Das Qeri וַיֶּעַם wird beglaubigt durch 15, 19; LXX
ἐκλίϑη, vgl. den Syr. zu 15, 19. — Σὺν τῷ αἵματι ist nicht
Uebersetzung von אֶת־הַדָּם bei vorangehendem transit. Verb.
Von zufälliger Corruption des את und עַל an allen drei Stellen, wie Thenius sie annimmt, kann keine Rede sein. Lev.
19, 26 hat auch LXX עַל gelesen, ihr עַל־(ה)הֶרִים für das
weit originellere עַל־הַדָּם ist dort durchaus unpassend und
aus blosser Erinnerung an Ezech. 18 geflossen. Ueber den
Sinn der Redeweise s. Ges. Thes. 1027 d, Hitzig zu Ez. 33, 25.

33. Ἐκ Γεϑϑαιμ = ἐν Γεϑϑεμ = בגתתה. — Für היום
las LXX richtig הלום; zu der Buchstabenverwechslung s.
Einl. S. 15 Anm.

34. Statt שׁוּרוּ 2⁰ lies mit LXX אֲשֶׁר. — הלילה „heute
Nacht" ist nicht hergehörig und fehlt in LXX. Es wird mit
dem לַיְלָה v. 36 zusammenhängen.

36. נבוז: soll vielleicht נְבַסֶּה sein, denn die Bedeutung
„plündern" fügt sich nicht in den Context.

38. בְּמָה, Thenius בַּמִּי. Zu ה = י s. Einl. S. 15 Anm.

39. Das Suffix in יְשִׁעֵנִי kann man nach v. 38 nicht als
Neutrum auffassen, da aber הַישׁוּעָה Femininum ist, so ist es
unumgänglich, יְשִׁעָה zu schreiben. Mit יַעֲנֶה (so soll nach
Thenius LXX gelesen haben; in Wirklichkeit las sie nach
v. 41 יְשִׁיב) gienge die wünschenswerthe Congruenz des Satzes
mit v. 38b verloren.

41. LXX ER: καὶ εἶπε Σαοὺλ Κύριε ὁ ϑεὸς Ἰσραηλ, τί
ὅτι οὐκ ἀπεκρίϑης τῷ δούλῳ σου σήμερον; εἰ ἐν ἐμοὶ ἢ ἐν
Ἰωναϑαν τῷ υἱῷ μου ἡ ἀδικία, κύριε ὁ ϑεὸς Ἰ., δὸς δήλους

καὶ ἐὰν τάδε εἴπῃ, δὸς δὴ τῷ λαῷ σου Ἰ., δὸς δὴ ὁσιότητα. Hieron.: et dixit Saul ad Dominum Deum Israel Da indicium, er übersetzt also den MT., natürlich nicht nach der sinnlosen Abtheilung der Accente. Alles, was in der Vulgata mehr steht, hat schon Sabatier der Itala zugesprochen. Die LXX steht also allein dem MT. gegenüber, siegt aber auch so.

Selbst wenn man הבה תמים verstehen dürfte „gieb Wahrheit = bring sie ans Licht", so bliebe doch וילכד, das Treffen, da vorher von keinem *Losen* die Rede ist, ohne alle Einführung, die ihm doch nicht einmal v. 42 fehlt, wo sie viel entbehrlicher ist. In Wirklichkeit lässt תמים weder dieses noch ein anderes Verständnis zu; liest man aber mit LXX תְּמִים, was einzig übrig bleibt, so ist damit unzertrennlich gegeben die Herstellung auch der אורים und überhaupt des ganzen Textes der LXX im Vorhergehenden. Nur dadurch wird auch das וילכד genügend vorbereitet, und um so unerlässlicher ist die Anerkennung der Echtheit des Plus der LXX, weil es gar nicht denkbar ist, dass dasselbe erst aus der Lesung תְּמִים herausgewachsen ist. Bei dem uns vorliegenden hebr. Texte würde niemand darauf kommen, תמים als tummim zu lesen; LXX konnte es nur deshalb erkennen, weil sie durch אורים vorbereitet war.

Die Retroversion ist nur schwierig für den zweiten Bedingungssatz: καὶ ἐὰν τάδε εἴπῃ (δὸς δὴ) τῷ λαῷ σου Ἰσραηλ*). Derselbe hat schon im Alterthum zu manchen Correcturen Anlass gegeben. Am vorsichtigsten ist die in verschiedenen Modifikationen von vielen Handschriften gebotene: κ. ε. τ. εἴπῃς· ἐν τῷ λ. σου Ἰ. ἡ ἀδικία, am deutlichsten diejenige, welche in der Vulgata steht, offenbar ganz nach dem Muster des ersten Bedingungssatzes der Alternative zugeschnitten: aut si haec iniquitas est in populo tuo. Der Werth dieser Correcturen liegt auf der Hand, namentlich ist das beibehaltene σου lehrreich. Es muss feststehen, dass der Text, welcher der LXX vorlag, das Wort העון im zweiten Bedingungssatze nicht explicite wiederholte. Implicite aber muss es auch hier vorhanden gewesen sein; ich halte es daher nach v. 39 für wahrscheinlich, dass man zu lesen habe ואם יֶשְׁנוֹ בעמך ישראל. Aus יֶשְׁנוֹ oder ישנה konnte der LXX hier so gut ein

---

*) nach ER. Die eingeklammerten beiden Worte sind irrthümliches Einschiebsel, wie man leicht erkennt.

Verb entstehen, wie v. 39; εἴπῃ hier ist = ἀποκριϑῇ dort, das davorstehende τάδε Ergänzung. Vgl. ‏لِزَ‎.

42. Das Volk, welches v. 45 gegen Jonathans Tödtung sich ins Mittel legt, widersetzt sich in LXX schon hier dem Losen zwischen ihm und Saul. Aber die Entscheidung Jahwe's auf halbem Wege aufzuhalten, ist irreligiös und die Ungewissheit, zumal der Verdacht auf zwei sich beschränkt, unerträglich. Selbst v. 45 wird dem Rechte freien Lauf gelassen, nur unter Anwendung der Rechtswohlthat der Stellvertretung. Also verräth der Zusatz in LXX v. 42 den Geist einer späteren Zeit und ist erst aus v. 45 geflossen.

44. Hinter ‏ישׁה‎ ist ‏כִי‎ (LXX) unentbehrlich; es ist mit Absicht ausgelassen aus dem gleichen Grunde, weshalb 25, 22 ‏לְדָוִד‎ in ‏לאיבי דוד‎ abgeändert wurde. — Am Schluss las LXX ‏היום‎ für ‏יונתן‎ und Thenius schliesst sich ihr an, „weil die Nennung des Namens bei der Anrede ungewöhnlich sei." Schade, dass Thenius nicht auch z. B. 17, 55 ‏אבנר‎ streicht. Der Werth des ‏היום‎ hier ist der selbe wie der von ἐν τῇ ἡμέρα ἐκείνῃ im folgenden Verse.

45. Wenn καὶ προσεύξατο ὁ λαὸς περὶ Ἰ. wirklich auf einer anderen Lesart beruhen sollte, als ‏ויפדו העם אֶת־‎ʼ, so wäre diese auch nichts weiter als falsche Uebertragung der uns vorliegenden massorethischen, deren Sinn nur Ewald zu verstehen gewagt hat. Vgl. aber 2, 25.

47. In der Duplette ἔλαχε τοῦ βασιλεύειν, κατακληροῦται ἔργον ist die letzte Hälfte echt (‏מלכה‎ = ‏מלאכה‎, vgl. 16, 19. Syr.). — ‏ירשׁיע‎ heisst „er siegte" wie ‏ܐܙܟ‎. Doch wird nach LXX ‏יוּשַׁע‎ zu lesen sein.

49. Für ‏ישׁוי‎ las LXX ‏ישׁיו‎ = ‏אשׁיו‎ = ‏אֶשׁ־בַּעל‎ = ‏אִישׁ־בֹּשֶׁת‎. Isbaal war der eigentliche Name des Sohnes Sauls, denn damals ward Baal, ein an sich völlig unschuldiger Name, auch für Jahwe gebraucht. Als späterhin Baal in übeln Geruch kam, ist ‏אשׁ־בעל‎ geändert theils in ‏אשׁ־יו‎ von Vernünftigen, theils in ‏אישׁ־בשׁה‎ von Unvernünftigen. Zu ‏אישׁיו‎ = ‏ישׁיו‎ vergleiche die ältere syr. Orthographie, ferner ‏אישׁי‎ = ‏ישׁי‎, eine Abkürzung von ‏אבי־שׁי‎, wie ‏איזור‎ von ‏אבי־עזור‎. Auch ‏ישׁשׁכר‎ mag = ‏אשׁשׁכר‎ sein, vgl. Is-tob und dagegen Sakar 1 Chr. 11, 35. 26, 4. Dass man Jissakar aussprach, geht aus der Etymologie Gen. 30, 18 nicht hervor, die ebensowohl oder vielleicht noch besser (vgl. ‏לְאִישִׁי‎) auf

eine Zusammensetzung mit איש als mit יֵשׁ passt; und übrigens konnte auch יֵשׁ, wie die Schreibung אֵשׁ beweist, ausgesprochen werden îsh (= ît im Aram.). Vgl. ferner zu 2 Sam. 23, 8.

XV.

1. Angabe des Grundes, weshalb es scheint, dass bei LXX Vulg. דברי mit Recht fehle, vermisst man bei Thenius. Er ist darin zu suchen, dass „Stimme Gottes" als Anthropomorphismus galt.

2. עתה hinter פקדתי (LXX, s. 23, 11. 24, 15) ist nicht vonnöthen und wegen des v. 3 folgenden weiteren עֲ auch nicht empfehlenswerth. — שׂם ist militärischer Terminus techn. 1 Reg. 20, 12. LXX ἀπήντησε. Auf die Ueberss. hat Deut. 25, 17 f. eingewirkt.

3. Welche der in ER. vorfindlichen Uebersetzungen (zwei von החרמת, abgesehen von καὶ ιεριμ, und zwei von תחמול עליו) die ursprüngliche sei, ist für unsere Zwecke gleichgiltig; genug, dass LXX das ם von וההרמתם als zwei ו (αὐτὸν καὶ) las und zwar mit Recht, wie das folgende lehrt.

4. Aus welchen Gründen Thenius das Gilgal der LXX, welches durchaus ihrer Bama 11, 8 entspricht, den einfachsten kritischen Regeln zu trotz dem Telaim des MT. vorzieht, sehe man bei ihm selbst nach. — Zur Zahlenvergrösserung in LXX vgl. 11, 8. Dass Juda nur den 21sten Theil des Heerbannes stellt, befremdet; ebenso, dass „Fussvolk" den Gegensatz bildet zu den Männern Juda's. Darum setzt Thenius את־איש ישׂראל hinter רגלי ein, während Nöldeke את־איש יהודה in פרשים verwandeln will *). Vorsichtiger ist es, die letzten Worte von ועשׂרת an zu streichen; vgl. zu 2 Sam. 1, 12. 21, 2.

5. Gegen die von den Versionen beglaubigte Lesart וירב בנחל wirft Thenius ein, es sei von einem Hinterhalt, von einem Hervorbrechen aus demselben nicht weiter die Rede und nach v. 6 gehe Saul ganz offen zu Werke. Der letztere Einwand besagt offenbar nichts; ich wenigstens verstehe nicht, inwiefern durch eine solche Offenheit des Krieges, wie sie v. 6 und auch v. 4 vorausgesetzt wird, das Legen

---

*) Orient und Occident II, 627. Anm. 3.

eines Hinterhaltes gegen eine zu belagernde Stadt ausgeschlossen wird. Der erstere aber lässt sich ebensogut gegen Thenius' gänzlich willkürliche Aenderung וַיַּעֲרֹךְ מִלְחָמָה machen; denn davon, dass die Amalekiter ihrerseits die Schlacht annahmen, ist auch nicht weiter die Rede. Sachlich aber passt die Texteslesart viel besser; eine Bestürmung der vorerwähnten Stadt wird erwartet, dagegen würden die schwachen Amalekiter den die Schlachtordnung aufstellenden Saul lange haben auf sich lauern lassen. — עִיר, falsch τῶν πόλεων, weil das Folgende auf Eine bestimmte Lokalität sich bezieht.

6. Obwohl in den Gentilicien die Formen קֵינִי und הַקֵּינִי promiscue gebraucht werden, so ist doch innerhalb desselben Verses eine Abwechselung unwahrscheinlich; ich vermuthe daher קֵין hinter וַיֹּסֶר.

7. Für הַחֲוִילָה lies טֵילָם, denn vgl. v. 4 mit 27, 8. Die Form טְלָאִים will den Plural von טְלִי geben, ist aber, wie Jos. 15, 24 und 1 Sam. 27, 8 beweist, zu reducieren auf טֵלָאִם (vgl. הֵילָאם 2 Sam. 10, 17) und giebt erwünschten Aufschluss über die Aussprache von טְלֹם, welches von den Punctatoren aus denselben Gründen und in derselben Weise falsch ausgesprochen wurde, wie בְּלֶשׁ. In הַחֲוִילָה = טֵילָם ist nur ה = ט eine eigentliche Aenderung; die Verlesung entstand unter dem Einflusse von Gen. 25, 18 *).

---

*) Ich weiss nicht, ob schon darauf aufmerksam gemacht ist, dass Schur urspr. die Mauer ist, die von Pelusium über Migdol nach Hero lief. Ebers (Aegypten und die Bücher Mose's S. 78 ff.) scheint die nahe liegende Combination weder gekannt noch gemacht zu haben. Hingegen erklärt er den Namen Misraim aus der „Umwallung“ und der scheinbare Dual hätte ihn dabei nicht anzufechten brauchen; vgl. meine Dissert. de gentt. Jud. S. 37, Nöldeke, neusyr. Gramm. S. 107 Anm. 1. Uebrigens hat sich die Wüste Schur, „die vor Aegypten liegt“, nicht bis zum Wâdi Gharandel, sondern höchstens bis zu den Mosesquellen erstrecken können, die ausserdem der Beschreibung von Elim viel besser entsprechen. Dass der Durchgang durchs Rothe Meer drei schwache Tagereisen nördlich von Elim stattgefunden hat, spricht nicht gegen dessen Gleichsetzung mit Ujun Musa. Denn alle Nachrichten vereinigen sich dahin, dass die Gegend von Hero der Ort des Ueberganges gewesen sei. Die Israeliten umgiengen zuerst das Meer, das sich bis zum Ende der Bitterseen erstreckte, mussten dann aber zurück Exod. 14, 2 und lagerten nördlich von der Nordspitze des Meers, zwischen diesem und Migdol (dem Magdolos Herodots, welches allein dem A. T. bekannt ist und sehr gut passt), in der Nähe von Hero, aus dem Pi-ha-Hiroth ebenso entstanden ist, wie B-el-beis aus Beseth (Bubastis). Beim Herannahen des ägypt. Heeres blieb ihnen nur der Ausweg durchs

7

9. Hinter אגג wiederholt LXX ζῶντα aus v. 8. — Gegen
die nahe liegende Aenderung שמנים „fette Thiere" erheben
sich mehrfache Bedenken. Wenn der Syr. übersetzt „das
Beste der Schafe und der Rinder und der feisten und der
gemästeten Thiere", so sind eben die besten Schafe und Rinder die feisten und gemästeten und von letzteren wird nicht
noch einmal das Beste ausgesucht. (LXX freilich fasst selbst
noch כל־הטוב als Genitiv zu מיטב = das Beste alles Guten).
Man könnte nun allerdings das על in ועל־הכרים, welches
weder LXX noch Syr. vorfanden, vor השמנים lesen. Indes
abgesehen davon, dass die Präposition an dieser Stelle erst
recht nicht bezeugt ist, bliebe der Hauptübelstand, dass ganz
identische Sachen sich coordiniert würden: denn die Uebersetzungen „die fetten Fluren und Anger" oder „die Esswaaren und die Weinberge" (LXX) sind unmöglich, da fette Fluren und Weinberge in den Steppen der Amalekiter selten gewesen sein werden und die Esswaaren ausser dem Vieh keine
Erwähnung verdienen. Es bleibt nichts übrig, als הַשְּׁמֵנִים
וְהַכָּרִים zu lesen und dies als erklärende Apposition zu verstehen: „sie schonten das Beste der Schafe und Rinder, die
feisten und gemästeten Thiere." Das על vor הכרים ist ganz
deutlich Einschiebsel. — In נמבזה hat Böttcher richtig die
Vermischung zweier Worte gesehen, d. h. ein Schreiber, der
schon נמבז, das folgende Wort, angefangen hatte, bemerkte
noch den Irrthum und schrieb נבזה weiter. נמזה freilich,
welches Böttcher statt נבזה vorzieht, verdirbt die ganze Erklärung des Fehlers, liefert unnachweisliches Sprachgut — es
giebt nur מָזֶה aus guten Gründen — und würde nur auf das
Vieh passen, auf welches doch der Bann nicht beschränkt
war. נמב ist mit dem folgenden את (in אתה, dessen schlies-
sendes He aus dem Anfangsbuchstaben des folgenden Wortes
stammt) zusammenzulesen als נִמְאָסת. Da das Adjectiv sich
im Genus nach seinem Substantiv richtet, so ist das Femininum nothwendig; und nur die Wurzel מאס passt in den Zusammenhang.

Meer — denn dass der nördlichere Landweg nach Osten ihnen abgeschnitten war, ist klar; sie schlugen ihn ja zuerst ein, mussten aber
umkehren. Vgl. Hitzig, Gesch. des V. Isr. S. 70 ff., der sich nur durch
den Krokodilsee beirren lässt. Dieser existiert für die isr. Ueberlieferung so wenig wie der Kanal „des Ramses."

11. כָּל־הַלַּיְלָה, als sei es selbstverständlich, dass Jahwe Nachts zu Samuel sprach; denn erwähnt ist es bisher nicht. Solche Voraussetzungen aber zu machen ist dem hebr. Erzähler durchaus erlaubt.

12. Die Prägnanz וַיִּשְׁכֵּם לִקְרַאת lösen LXX Hier. auf, und Thenius beeilt sich, in Folge dessen, ein וַיֵּלֶךְ als „nothwendig" einzuschieben. Wie nothwendig es sei, zeigt Cant. 7, 13 vgl. Qor. Sur. 68, 22 und die in Ges. Thes. S. 1406 gesammelten Beispiele eines gleichen Gebrauchs von غَدَا im Arab. So kurz zu reden, ist keineswegs poetischer, sondern populärer Stil. Vgl. auch Gen. 14, 3 אֶל. הִבָּרוּ. — Die Worte וְהִנֵּה מַצִּיב לוֹ יָד können nur, dürfen aber nicht präsentisch gefasst werden, man hat also das Perf. הִצִּיב zu lesen (LXX äquivalent וַיַּצֵּב ohne הִנֵּה). — Statt וַיַּעֲבֹר las LXX וַיָּסָב הַמֶּרְכָּבָה; auch v. 15 ebenso wie 11, 5 (μετὰ τὸ πρωί) sorgt sie für die Majestät des Königs. Aber grade Saul ist nach aller Erinnerung stets den einfachsten Sitten treu geblieben.

12 f. LXX ER. von וַיֻּגַּד an: „und es ward dem *Saul* gemeldet also: Gekommen ist *Samuel* nach dem Karmel und hat sich ein Denkmal errichtet. Und er wandte den Wagen und gieng hinab nach Gilgal 13 zu Saul, und siehe er bringt Brandopfer dem Herrn, die Erstlinge der Beute, welche er den Amalekitern abgenommen hat; (und es kam Samuel zu Saul) und Saul sprach zu ihm" — u. s. w. wie MT. Man sieht, dass v. 12 in LXX eine Verstellung von Saul und Samuel statt gefunden hat, welche dazu zwang, die Worte וַיָּסָב וגו' von Samuel miszuverstehen als Wiederanfang der Erzählung. Dadurch aber kam es weiter dahin, dass die beiden ersten Worte von v. 13 „und Samuel kam" als überflüssig und störend ausgelassen und das dritte אֶל־שָׁאוּל direct mit וַיֵּרֶד הַגִּלְגָּל verbunden wurde. Der nach אֶל־שָׁאוּל in LXX folgende Satz, Samuel habe den Saul beim Opfern getroffen, ist aus v. 21 und namentlich aus 13, 8—15 geflossen. Durch das Folgende wird er dementiert, denn v. 14 *sieht* Samuel nicht das Vieh, sondern er *hört* es brüllen und auf das Opfer nimmt er gar keine Rücksicht. Die Worte καὶ παρεγένετο Σαμουηλ πρὸς Σαουλ gehören nicht zur LXX.

15. In LXX spricht Saul wie ein König: *ich* habe gebracht, *ich* habe gebannt.

17. Da man nur übersetzen kann: Nicht wahr, wenn du klein *bist* in deinen Augen, so *bist* du das Haupt der St. Is.",

so kann das historische Tempus וימשׁהד nicht mehr zur Apodosis der Bedingung gehören, sondern eröffnet den neuen
Satz, der sich v. 18 fortsetzt „und Jahwe salbte dich — und
sandte dich.“ Dann aber wird das Explicitum יהוה v. 18
erst dann eingesetzt sein, als man schon יי וימשׁהד falsch
verbunden hatte; Einl. S. 22 ff.

18. החטאים לי, wie Thenius scheint lesen zu wollen, wäre
hart trotz Gen. 13, 13, LXX sprach wohl החטאים לי. —
Otam am Schlusse ist fälschlich wiederholt aus *kallotam* und
fehlt mit Recht in LXX.

20. אשׁר vor der Oratio recta Ew. §. 338b. — Die Aenderung קול העם für קול יי (Thenius nach LXX) ist ge-
schmacklos. Im MT. wird mit naturwahrer Feinheit der Cha-
rakter Sauls gemalt, wie er glaubt, Gehorsam im Allgemeinen mit ein bisschen Ungehorsam im Einzelnen vereinigen zu
können und ganz unbefangen thut, indem er beiläufig zum
Schluss die ihm von Samuel vorgeworfene Handlungsweise
einräumt, sie von einer ganz andern Seite beleuchtend, aber
doch zugleich die Verantwortung dafür von sich auf das Volk
abwälzend.

23. Thenius schlägt vor און תרפים. Aber einen solchen Genitiv erträgt און nicht, weil es keineswegs gleichbedeutend ist
mit הטאת (eher mit שׁוא, הבל), sondern viel bestimmter
(= אפוד ות, abergläubische Wahrsagemittel). Wenn Thenius es nicht für möglich hält, dass die Concreta ותרפים און
das Prädikat zu dem Abstractum הפצר bilden, so verkennt er
das Vorrecht der dichterischen Sprache und eine durchgehende Eigenthümlichkeit des Semitismus; Ew. Gr. arab. §. 655.
Die Abweichungen der Verss. beruhen auf Misverständnis von
הפצר. — ממלך die Punctation schwankt 16, 1.

27. Es ist klar, dass das Explicitum zu יחזק (Σαουλ) einzusetzen man mehr Veranlassung hatte als es auszulassen.

28. ממלכות, lies ממלכת, s. Einl. S. 17. So lange
ממלכות nicht im Stat. abs. nachgewiesen wird, zweifle ich an
der Richtigkeit der Bildung. Aramäisch ist es nicht, die
Chronik sagt stets nur מלכות. Das Wort kommt überhaupt
nur vor Jos. 13, 12. 21. 30. 31. 1 Sam. 15, 28. 2 Sam. 16,
3. Jer. 26, 1. Hos. 1, 4 und immer im Stat. constr. — LXX
ist beeinflusst durch 1 Reg. 11, 31. Für ἀπὸ Ἰσρ. ist ἐπὶ
Ἰσρ. zu lesen (wie auch v. 3 ἐπ’ αὐτοῦ statt ἀπ’ αὐτοῦ), die
Worte sind aber in LXX erst eingeschwärzt.

29. צֹה: ist nach Syr. Hier. Adjectiv = der Wahrhaftige Israels. LXX sonderbar: וְהֻצָּה von הֵצִי abgeleitet = καὶ διαιρεθήσεται εἰς δύο. Ihr יֹשֵׁב für יֹשְׁקִר und כָאדָם (17, 43) für אָדָם siud Euphemismen; vgl. zu v. 1.

32. Vergleicht man den Text der LXX mit dem MT. (τρέμων statt מֵעֹדֹת, כָּ am Schluss fehlend), so ersieht sich, dass aus dem Eigenthümlichen etwas ganz Triviales geworden ist. Ich ziehe deshalb den MT. um so mehr vor, als es nicht scheint, dass dem τρέμων der LXX eine abweichende Lesart zu Grunde lag. Pinguissimus des Hieron. (et tremens ist ein Zusatz der Vulg.) ist Modificierung von ἁβρός des Symmachus, welches letztere die treue Uebersetzung der Wurzel עדן ist. Die Bedeutung *zittern* aber, welche anzunehmen die LXX wohl erst durch den Ausfall von סֹר vor מֹר veranlasst wurde, geht von der selben Wurzel aus.

XVI.

5. Der Sinn von καὶ εὐφράνθητε μετ' ἐμοῦ σήμερον ist zwar genau der gleiche, wie der von וּבָאתֶם אִתִּי בֹזֶה, der Form nach ist aber die Lesart der LXX vorzuziehen, weil dadurch Abwechslung entsteht im Vergleich zum letzten Satze des Verses und weil der nackte Ausdruck Erklärung des verhüllten sein kann, nicht aber umgekehrt der verhüllte des nackten. Das Opfer ist übrigens so sehr nur Vorwand, dass hinterher in der Erzählung über der Ausführung des wahren Zweckes die des ostensiblen ganz vergessen wird. Denn v. 6 —12 fällt nicht beim Opfermahl vor, sondern beim קֹדֵשׁ v. 5; v. 5b und v. 6—12 decken sich dem Umfange nach, indem v. 5b den Rahmen giebt, in welchen v. 6—12 die besonderen Züge, auf die es im Zusammenhange eben ankam, eingetragen werden.

7. Statt אֲשֶׁר 1. כַּאֲשֶׁר und hinter הָאֱלֹהִים 1. יִרְאֶה הָאֱלֹהִים mit LXX. — לִפְּנִים statt לְעֵינִים ist keine Verbesserung. עֵינַיִם heisst auch v. 12 das *Aussehen* (Lev. 13, 5. 37) und wird 17, 42 durch מַרְאָה erklärt, ebenso wie es in unseremVerse durch מַרְאֵהוּ excipiert wird. פְּנִים dagegen würde einen schiefen Sinn geben, da es in dieser Verbindung auf den Stand geht, nicht auf das Aussehen. Thenius: „לְעֵינִים, LXX: לִפְּנִים, jedenfalls schicklicher."

10. LXX ER. lässt אל־יישי aus, vielleicht, weil sie meint, da von einer Einweihung Isais in Samuels Geheimnis im Vorhergehenden nichts gesagt ist, Samuel habe die Worte am Schlusse von v. 8. 9. 10 bloss bei sich gesprochen.

11. Der LXX fehlt שאר zwischen עוד הקטן; sprachlich möglich 18, 8 und vorzuziehen; denn שאר einzusetzen konnte sich wohl jemand bewogen fühlen, es auszulassen nicht.

12. יְפֵה, LXX יְפֵי Einl. S. 15. Vgl. 17, 42. Das Adjectivum ist dem Contexte nach vorzuziehen. — Der Zusatz τῷ κυρίῳ hinter ראי besagt: Jahwe sieht ja nicht nach dem Aeusseren, David also, den er erwählt, erwählt er nicht, weil er äusserlich, sondern geistlich schön war. Gleichen Werthes ist ἀγαϑός hinter הוא זה.

14. In Bezug auf den Gebrauch der Gottesnamen, der in den Verss. vgl. mit MT. stark variiert, ist zu bemerken, dass רוח יהוה als guter Geist entgegen gesetzt wird dem רוח מאת־יהוה und רוח אלהים als bösem Geiste. Dieser Sprachgebrauch wird im MT. streng eingehalten; nur 19, 9 würde eine Ausnahme machen, aber es wird dort mit LXX zu lesen sein אלהים für יהוה.

16. לפניך kann man nicht dem vorhergehenden Substantiv beiordnen, als ob es heissen könnte העמדים לפניך, sondern man muss es mit einem Verb verbinden, welches nur יאמר־נא sein kann: also fasst LXX dieses richtig als Plural auf mit dem Subj. עבדיך. אדננו nun könnte man als Vokativ auffassen, da es aber LXX nicht las, so wird es als irreführend zu tilgen sein; zur Entstehung s. zu 23, 20. Im Weiteren hat man dann das י des folgenden Verbi in ו zu verlängern und vielleicht auch den Dativus commodi der LXX zu ergänzen. Kurz, man muss aus inneren Gründen den Text der LXX in Bausch und Bogen annehmen: „es mögen deine Knechte sich dir gegenüber ein Wort erlauben und dir einen Mann suchen u. s. w." — ידע מנגן ist ein Zusammenfliessen zweier Lesarten, deren eine v. 18 wiederkehrend hier von der LXX befolgt wird, die andere, einfach מנגן, vom Syr. — בכנורו (LXX statt בידו MT. 18, 10. 19, 9) würde man nicht sagen, sondern בְּכִנּוֹר. — Καὶ ἀγαϑόν σοι ἔσται καὶ ἀναπαύσει σε ist Duplette, andernfalls müsste die Ursache vor der Wirkung stehen.

18. Συνετός für היל ist nahe liegende Verbesserung von δυνατός, vgl. ähnlich Deut. 3, 18. 2 Chr. 35, 3.

19. שָׁאוּל מִלְאָבִים. Syr. מלאכא ܐܘ. Es scheint, dass מלאכא ursprünglich gesprochen wurde malakē (zur Schreibung vgl. ܡܠܐܟܐ), und dass also letzteres Wort auch im Syrischen nicht bloss für die Engel gebraucht wurde.

20. Wein wird nicht gezählt, aber Brod so wenig gemessen (LXX γομὸρ ἄρτων) wie Ziegenböcke. Damit soll nicht החמור להם des MT. gerettet werden, sondern es ist vor להם ein Zahlwort zu lesen, ohne welches auch אחד bei גדי עזים keinen guten Sinn hat; und zwar המשה oder עשרה (woraus bei LXX עמיר entstand). Nur Zahlen kommen bei להם vor, keine Maasse.

XVII.

1. שׁוֹכֹה, LXX Σοκχωθ. Der Plural erklärt sich aus Euseb. Onom. unter Σοκχώ: κῶμαί εἰσι δύο — ἡ μὲν ἀνωτέρα, ἡ δὲ κατωτέρα Σοκχωθ χρηματίζουσαι. Aehnlich Ὠρωνιν Jos. 10, 10 ff. statt des alten Singulars, vgl. Ἀρμαθαιμ mit הרמה und ܪܡܬܐ 1 Macc. 4, 15 statt יבנה „weil es nach Plin. H. N. XIII. 14, 5 zwei Städte waren, die eine landeinwärts, die andere die Hafenstadt."

4. Ἀνὴρ δυνατός ist, wie sich aus dem Syr. zu uns. V. und zu v. 23 ergiebt, die traditionelle Uebersetzung von אישׁ הבנים. Die Uebersetzung ὁ μεσαῖος v. 23 ist nicht die der LXX, denen v. 21—31 fehlt. — ממחנות, LXX ממערכות, bestätigt durch v. 8. 23. — Bei der Zahldifferenz (4 Ellen in LXX gegen 6 im MT.) sind auch hier keine zufälligen Gründe im Spiel.

5. Nach MT. bestehen die Schutzwaffen des Riesen aus Erz, die Angriffswaffen aus Eisen. Darin ist ohne Zweifel eine Consequenz, die von LXX übel gestört wird.

6. Sprich מִצְחָה; die Punktatoren scheuten sich vielleicht, den Unterschied zwischen Stirnen und Schienen zu verwischen, der bloss im Singular hervortritt. — Gegen die Behauptung, die Versionen haben mit „Schild" ein anderes Wort wiedergegeben als כִּידוֹן, s. Bochart. Hieroz. I. 135 ff.

7. הִצְנָה ist in der Verbindung mit נשׂא origineller als כֵּלָיו der LXX.

8. לִקְרָאתוֹ hinter לִעְרֹךְ מִלְחָמָה hat die LXX aus v. 2 wiederholt; hier liegt darin eine halbe Beantwortung des לָמָה, die offenbar besser wegbleibt. — In הַפְּלִשְׁתִּי spielt der Standpunct des jüdischen Erzählers hinein in die Rede des Philisters (vgl. 1 Macc. 6, 7 τὸ βδέλυγμα), die LXX hat Unrecht, den Artikel auszulassen (nach ד, vgl. Einl. S. 15).

12 ff. Der griechische Text von v. 12—31 im cod. Al. gehört nicht in die LXX, welche vielmehr diesen Abschnitt nicht wiedergiebt: Daher auch die abweichende Uebersetzungsart, z. B. μεσαῖος statt δυνατός, φυλιστιαῖος statt ἀλλόφυλος, ἐστηλώθη v. 16 statt κατέστη, κοῖλας τῆς δρυός v. 19 vgl. v. 2. 21, 11; daher der viel engere Anschluss an den MT. Der Verdacht liegt nahe, dass die LXX v. 12—31. v. 55—18, 5 ausliess, um einen Zusammenhang des c. 17 mit dem vorhergehenden zu ermöglichen. Diese ihre Kritik gienge allerdings von einer an sich sehr unsicheren Voraussetzung aus. Denn es versteht sich in hebräischen Geschichtswerken nicht von selbst, dass zwei äusserlich verbundene Erzählungen aus einigermassen gleichartiger Sphäre auch in innerem Zusammenhange stehen, sie können ebensogut von Haus aus einander fremd sein und nichts mit einander zu thun haben. Hier indes bei c. 16, 14—23 *). c. 17 trifft der letztere Fall nicht zu. Denn beide setzen c. 18, 6 ff. voraus. Das würde nun nur beweisen, dass sie beide mit Rücksicht auf dies Cap., möglicherweise aber erst später und unabhängig von einander geschrieben sind. Aber c. 18, 6 ff., auch in seiner alten kurzen Gestalt, setzt ebenfalls nicht bloss c. 17, sondern auch 16, 14 ff., nemlich eine längere Anwesenheit am königl. Hofe, voraus. Da nun c. 18, 6 ff. der einzige Bericht ist über die *Entstehung* der Feindschaft Sauls gegen David, so ist auch deshalb nicht an eine spätere Einsetzung desselben zu denken zu der Zeit, als die beiden vorhergehenden Capitel schon in der jetzigen widerspruchsvollen Gestalt verbunden waren. Es bleibt also nur die Annahme übrig, dass c. 16 und c. 17, da der Inhalt beider von c. 18, 6 ff. vorausgesetzt wird, ursprünglich in Harmonie gestanden haben. Es wäre nun eine Möglichkeit, dass dem 18ten Capitel die vorhergehenden beide oder eins

---

*) 16, 1—13 ist später als c. 17 und von ihm abhängig; 16, 14 schloss urspr. an 15, 35 an. Dort trauert Samuel um Saul *alle Tage*, 16, 1, im *nächsten* Vers, hört er auf Gottes Befehl auf, zu trauern.

von ihnen in ganz anderer Form vorgelegen hätten, als in der sie uns vorliegen. Diese Möglichkeit hätten wir aber nur dann Grund anzunehmen, wenn entweder c. 17 sich ohne v. 12—31 *) als Fragment erwiese, oder wenn trotz der Auslassung von v. 12—31 (v. 55—18, 5) sich Widersprüche mit c. 16 und c. 18 ergäben. Beides ist nicht der Fall. Also erklärte sich die Auslassung der LXX nicht aus harmonistischer Tendenz **), sondern sie entspricht dem ursprünglichen Texte der Bücher Samuelis, welcher im MT. aus einem selbständigen Flugblatte interpoliert wurde, welches seinerseits auf v. 34 fusste. Es ist aber deutlich, dass dort הָיָה nicht „ist" heisst, sondern „war." Vgl. zu v. 16, v. 40.

12. Die conciliatorische Nachtragung des Wörtchens הזה verräth sich durch ihre grammatische Unmöglichkeit. — Für באנשׁים liest der Syr. בשׁנים. Der Vorschlag Hitzigs, בא zu streichen, ist zu verwerfen, weil יקן באנשׁים nicht verglichen werden kann mit היפה בשׁים oder ἐσθλος ἐν ἄνδρασι, denn mit יפה und ἐσθλος ist eine *Auszeichnung* unter übrigens Gleichen ausgesagt.

13. הלכו, welches וילכו aufnimmt, um ihm ins Plusquamperfektum nachzuhelfen Ew. §. 346 p, wird vom Syrer nicht besonders ausgedrückt und die ausserordentliche Weitschweifigkeit von v. 13b dadurch vermieden, dass die sechs Worte ילכו שׁם — במלהמה wiedergegeben werden als ob stünde וּישׁמָתָם.

14 f. V. 15 verdankt seine Entstehung dem selben Streben, wie הזה v. 12; und v. 14b, der dazu gehört, scheint sogar noch später. Denn der Syrer hat v. 14b noch nicht gelesen, dagegen wohl v. 15, wo er die Reihenfolge von ושׁב הלך umkehrt und versteht: „und David war zurückgekehrt (nemlich zu Hause) und fortgegangen von Saul (bei dem er sich seit c. 16 aufhielt), um zu hüten —".

16. Es ist unnatürlich, dass sich die Scene v. 8 ff. in der Interpolation vierzig mal wiederholen muss, damit für das Eingreifen des Hirtenknaben Zeit gewonnen werde, und noch unnatürlicher, dass die Israeliten durch 40tägige Erfahrung nicht gelernt hatten, dass es zu keinem Kampfe komme,

---

*) v. 55 ff. ist deutlich nach dem Abschluss v. 54 ein Nachtrag.
**) Solche Kritik ist überhaupt der LXX nicht zuzutrauen. Hätte sie z. B. 17, 55—18, 5 bloss des Widerspruchs mit c. 16 wegen ausgelassen, warum liess sie auch noch 18, 6a aus, der ihr doch durchaus passte? Vgl. weiter am Schluss von c. 18.

sondern trotz Allem v. 20 doch wieder das Kriegsgeschrei erhoben.

17. *Διάδραμε* — *καὶ δὸς* ist Umschreibung von הרץ durch zwei Wörter, wie sie häufig im griech. Hiob und im syr. 1 Makkab. vorkommt, nicht aber in der LXX zu Sam.

18 f. Die Worte תקח ואת־ערבתם hat Thenius richtig verstanden und darum in Schutz genommen gegen die Conjecturen des Al. (צרך) und des Hier. (ערב). Ebenso richtig erkennt er v. 19, dass וְהֵמָּה nur in Isai's Munde verständlich ist und der Vers also noch zu dessen Rede gehört, wodurch auch die im Munde des Erzählers anstössige Wiederholung von v. 2 wegfällt. —

20. Mit ההיל היצא wurde als bekannt vorausgesetzt, was vielmehr erst zu melden war; היצא kann nicht Attr., sondern nur Präd. sein. Darum ist ה zu streichen (vor ר, Einl. S. 15).

23. Sehr mit Unrecht nimmt Thenius an der Stellung des שמי hinter הפלשתי Anstoss, denn „der Philister" gehört bei Goliath gewissermassen noch mit zum Eigennamen. Goliath ist der Philister *κατ' ἐξοχήν*.

31. Der *Wechsel* zwischen Passiv und Aktiv in der Aussprache der Verba ist unmotiviert. Statt *ὀπίσω Σ.* Al. lies *ἐνώπιον Σ.*, vgl. das vorhergehende *αν*.

32. לבב־ראים, LXX *καρδία τοῦ κυρίου μου*. Da es Sitte ist, das erste du, womit man den König anredet, durch „mein Herr" zu ersetzen, so halte ich אֲלֹנִי für das Bessere. Zu י = ס vgl. 15, 3: הה = ס.

34. Es ist mindestens sonderbar, dass v. 34 את bei הדוב entbehrlich ist, v. 36 bei dem gleichen Worte vermisst wird.

35. בזקנו, LXX *τοῦ φάρυγγος*. Die Bestie bei der Gurgel zu fassen, mochte das Practischere sein, indes kommt es hier darauf weniger an. „Beim Bart" passt unübertrefflich zum Spiel und artet doch nicht in die Schnurre aus, wie das „beim Schwanze" des Josephus, was übrigens auch indirect die Lesart des MT. bestätigt (זנב, זקן, נרן).

36. Der lange Zusatz der LXX hinter מֵהֶם: *οὐχὶ πορεύσομαι καὶ πατάξω αὐτόν καὶ ἀφελῶ σήμερον ὄνειδος ἐξ Ἰσραηλ; διότι τίς ὁ ἀπερίτμητος οὗτος* macht für den Sinn nichts aus und trägt ganz das Wasserzeichen des Targums. Thenius

übersetzt ihn in Hebr. und fügt hinzu: Veranlassung des
Ausfalls das zwiefache הערל הזה. Das kann doch nur heissen sollen, im MT. sei man vom ersten הערל הזה irrthüm-
lich aufs zweite übergesprungen mit Uebersehung des dazwischen Liegenden. Dass nun ein solches Ueberspringen
nicht statt gefunden hat, beweisen die Worte כאהד מהם.
Hat etwa Thenius sie nicht bemerkt? Oder wie soll man
sich seine Worte erklären?

37. ויאמר am Anfange unseres Verses steht völlig auf
gleicher Linie mit dem zu Anfange von v. 10. Dort nimmt
Thenius keinen Anstoss daran, hier „unterbricht es den Zusammenhang der Rede." Es ist im Gegentheil eine durch
ויאמר eingeführte Rekapitulation der Quintessenz einer vorhergehenden längeren Rede der Weise volksthümlichen Refe-
rats so angemessen wie möglich, und im Hebräischen so gut
wie stehend.

38. וילבש אתו שריון fehlt in LXX. V. 39 hängt David
sein Schwert מעל למדיו.

39. *Καὶ ἔζωσε τὸν Δαυιδ.* Wahrscheinlich hielt LXX es
für nöthig, das Suffix in הרבו und מדיו auf Saul zu beziehen: was mit Fug nur angieng, wenn Saul Subject des Satzes
war. Daher ihre sprachwidrige Uebersetzung. — Für ויאל
las LXX ויכל, dazu passt, wie es scheint, der folgende Causalsatz besser als zu ויאל, welches den Syr. in diesem Zusammenhange so befremdete, dass er vielmehr das Gegentheil
in der Ordnung fand zu übersetzen „er wollte *nicht* gehen."
Vgl. Gen. 19, 11, wonach ויכלאו nicht bloss bedeuten kann:
es ward ihm sauer — dazu würde *ἅπαξ καὶ δίς* der LXX
hier nicht passen —, sondern auch: er machte Anstrengun-
gen. — Hinter ויסרם ist דוד wahrscheinlich unechtes Explicitum, denn LXX lässt es aus; und während man schon an
sich in solchen Fällen im Allgemeinen auf die Seite des Aus-
lassenden treten muss, so kommt hier hinzu, dass ויסרם
(LXX) ausgezeichnet damit stimmt, dass David v. 38 f. das
Ungewohnte passiv wie ein Kind über sich ergehen lässt.

40. Dass David die fünf Steine nicht in zwei Taschen ge-
steckt haben werde, sollte einleuchten, das ו vor בילקוט ist
also angeschweisst aus לו (Thenius nach LXX). Nun entsteht aber offenbar, da die Correctur לילקרט unberechtigt ist
und nichts fördert, eine Duplette. Und zwar ist בכלי ה׳ אשר לו

Glosse zu ביל‍קוט und erst vom Rande eingetragen, denn
sonst stünde sie hinter ביל‍קוט. Ob sie richtig erklärt, ist im
höchsten Grade zweifelhaft; sie geht von Voraussetzungen
aus, die sich aus v. 12—31 ergeben, aber weder durch v. 34
הָיָה noch durch v. 54 אהלו bestätigt werden.

41. Dieser Vers fehlt der LXX und stünde jedenfalls an
verkehrter Stelle. Denn erst v. 42 sieht der Philister her
(הבּיט) und erblickt (ראה) den David *). Ausserdem ist die
Angabe v. 41 b mit der Situation (vgl. v. 51) nicht recht im
Einklange und nur mechanisch aus v. 7 wiederholt. Vgl.
weiter zu v. 49.

43. Der Plural מקל‍ות als das Genus hervorhebend versteht sich völlig und der Sing. der LXX hat den selben Werth
wie die Hinzufügung von καὶ λίϑοις nach v. 40. — Wie man
es wagen kann, die von LXX zwischen במקל‍ות und ויקל‍ל
eingeschobene Antwort Davids: „Ja, noch viel schlimmer als
ein Hund" in den Text aufzunehmen, ist mir unbegreiflich.

46. היום הזה kann die LXX noch zu v. 45 ziehen, weil
bei ihr der Philister nicht seine Schmähungen vierzig Tage
lang wiederholt. Aber die Abtheilung ist falsch und nöthigt
dazu, hinter יהוה noch ein היום hinzuzufügen, welches viel
passender an der Spitze des Satzes steht, wie im MT., da
hiedurch zugleich der Einschnitt zwischen v. 45 und v. 46
markiert wird. — Der Sing. פגר lässt sich mit Amos 8, 3
vor dem Collektiv מחנה פלשתים kaum vertheidigen, zu dem
sich doch immer die Leichen der Gefallenen verhalten wie
Theile zum Ganzen. Namentlich aber, wenn, wie wünschenswerth, ו פגרך (LXX) vorangeht, kann פגר nicht ein Mal den
Sinn des Individuale **), das andere Mal den des Generale
haben.

48. Die LXX hat nur: καὶ ἀνέστη ὁ ἀλλόφυλος καὶ ἐπο-
ρεύϑη εἰς συνάντησιν Δαυίδ. Diese einfache Aussage hat der
MT. schon v. 41 vorweggenommen, kann sie also hier um ihrer selbst willen nicht gebrauchen, sondern höchstens in einem Nebensatze rekapitulieren als Anknüpfungspunct für eine
neue Aussage. Diese letztere musste aber erst gefunden werden, und was lag da näher, als, nachdem das Herankommen

---

*) שׁמע : הקשׁיב = ראה : הבּיט = Thätigkeit : Leiden = Stre-
ben : Erfolg. Ich meine ראה und שׁמע mit einfachem Akk.

**) Singulare ist leider schon verausgabt.

des Philisters berichtet war, auch den David vorgehen zu lassen, zumal dadurch zugleich sein Muth ins beste Licht gestellt wurde.

49. Wenn der Syr. zu „in seine Stirne" beide Mal hinzufügt „zwischen seine Augen", so soll damit hervorgehoben werden, dass David ins Centrum getroffen habe. In ähnlicher Absicht, könnte man glauben, nemlich um die Kraft des Wurfes ins Licht zu setzen, habe LXX „durch den Helm" hinter הָאֶבֶן zugesetzt. Indes gewinnt der Satz erst hiedurch volles Existenzrecht.

50. Wiederum ein Vers, der in LXX fehlt, wie v. 41. 48. Eine Zusammenfassung des Resultats des ganzen Kampfes wäre im Allg. wohl am Platze und die gehobene dichterische Sprache inmitten der prosaischen Erzählung wohl erklärlich; erst jedoch musste der Bericht über den Hergang im Einzelnen vollendet sein. Vor v. 51 stehend ist v. 50 eingeschoben, auch mit Einschluss der letzten Worte וְחֶרֶב אֵין בְּיַד־דָּוִד. Man kann nemlich mit letzteren nicht den folgenden Vers beginnen lassen, nicht bloss aus dem äusseren Grunde, weil LXX auch sie nicht las, sondern auch aus dem innern, weil sie nothwendig sind zum Sinne des zweiten Gliedes von v. 50, welches parallel dem ersten auf das Wie des Tödtens und nicht auf das Dass den Nachdruck legt. (Gegen Thenius).

51. Die Worte וַיִּשְׁלְפֵהּ מִתַּעְרָה sind übel in LXX ausgefallen: es war eine *Arbeit*, das Riesenschwert aus der Scheide zu ziehen.

52. Wenn die Lesart גַּת der LXX richtig ist, so hat man in עֶקְרוֹן עַד־גַּת וְעַד שׁ׳ ועד עֶקְרוֹן und וְעַד־גַּת וְעַד־עֶקְרוֹן eine Duplette, deren Entstehung man sich so wird zu erklären haben, dass die Eigennamen der beiden Städte undeutlich oder unrichtig (in MT. גַּיְא für גַּת, in LXX wie c. 5. c. 7. אֶשְׁקְלוֹן für עֶקְרוֹן) geschrieben waren, und auf diese Weise am Rande eine Correctur veranlassten, die dann später in den Text gerieth. Indes wäre es die Frage, ob man nicht übersetzen darf: „es fielen die Erschlagenen der Philister noch im Thorweg, sowohl was Gath als was Ekron betrifft", d. h. bei beiden vorhererwähnten Städten, auf welche hin die Flucht und die Verfolgung ihren Weg nahm.

Was das Verständnis von בְּדֶרֶךְ שַׁעֲרַיִם betrifft, so ist allerdings Saaraim Eigenname einer Stadt der Sefela Jos. 15, 36, aber dennoch ist ἐν τῇ ὁδῷ τῶν πυλῶν richtig übersetzt. Denn nachdem berichtet war, dass die Verfolgung *bis*

Gath und *bis an die Thore* von Ekron sich ausdehnte, erscheint die Aussage lahm, dass die Philister Verluste erlitten *auf dem Wege* nach Saaraim, also gar nicht nothwendiger Weise dicht bei dieser Stadt, sondern vielleicht noch ganz in der Nähe des Schlachtfeldes. Hinzukommt, dass Saaraim, eine ursprünglich jüdische Stadt, eben kein zweckmässiger Zufluchtsort für die Philister gewesen sein würde. Dagegen wird eine schöne Steigerung gewonnen und eine wünschenswerthe Beziehung zwischen beiden Aussagen, besonders zwischen רדף und נפל, gestiftet, wenn man ד שׁ appellativisch versteht von dem überdachten Thorgange: man verfolgte die Philister bis an die Thore von Ekron und nicht bloss *bis an* (excl.) die Thore, sondern selbst *im Thorwege* fielen die Erschlagenen. Nothwendig aber hat man in diesem Falle, den Artikel vor שׁערים zu restituieren, der in MT. wohl ausgefallen ist, weil man den Eigennamen kenntlich machen wollte.

53. מדלק *ἐκκλίνοντες?*

55. V. 55—18, 6a fehlen in LXX, s. zu v. 12.

XVIII.

3. Die befremdenden Singularsuffixe der letzten drei Worte des Verses erklären sich daraus, dass ודוד kaum Mitsubject zu ויכרת ist. S. 2 Sam. 16, 1. Ewald Gramm. Arab. §. 564.

5. Da es kaum möglich ist, ישׂכיל mit ויצא zu verbinden in dem Sinne „er gieng mit Glück aus", so wird man וישׂכיל zu lesen haben. Der Ausfall der Copula würde sich so erklären lassen, dass ישׂכיל von der voraufgehenden Bestimmung, an der es logisch participiert, auch grammatisch nicht getrennt sein wollte.

6. LXX: בתפים י' 'י מכל־ע' דוד לקראת המחללת ותצאנה 'וב 'ב. Namentlich המחללת ist beachtenswerth, denn es ist offenbar dem המהלות des MT. zu substituieren. Möglich wäre es freilich auch, dass והמחלות durch die Einwirkung des LXXtextes auf ursprüngliches במחלות zu erklären wäre. — Zu בשׂמחה zwischen musikalischen Instrumenten vgl. 1 Chr. 13, 8.

7. המשׂהקות fehlt in LXX und ist nach v. 6 lästig. Auch die unschöne Wiederholung von הנשׁים im Anfange von v. 6 und v. 7 findet nur im MT. statt.

8. ‏ויהר לשאול מאד‎ ist an dieser Stelle übertrieben und auch psychologisch unfein. Mit Recht fehlen die Worte der LXX (die dann natürlich im Folgenden ‏עיני שאול‎ liest) ebenso wie am Schluss ‏ועוד לו אך המלוכה‎ — eine Retouchierung, die viel besser unausgesprochen bleibt. — Für ‏רבבות‎ lies ‏הָרְבָבוֹת‎.

V. 9—12 fehlen in LXX, mit Ausnahme der ersten Hälfte von v. 12, ebenso v. 17—19. v. 21 b. v. 26: ‏ולא מלאו הימים‎, v. 29 b. v. 30. Siehe darüber am Schluss des Cap.

11. Lies ‏ויטל‎, denn die folgenden Worte setzen voraus, dass die That erkennbar vorbereitet, aber nicht vollbracht war.

18. ‏משפחת אבי‎ ist richtig erklärende Glosse des dialektischen ‏חיי‎; das Verständnis, welches der Punctation zu Grunde liegt, ist unhaltbar.

21. ‏ב‎ *ἐπὶ Σαούλ:* ein sehr deutliches Beispiel einer willkürlichen Einsetzung des Explicitum.

27. Statt ‏מאתים איש‎ hat LXX *ἑκατὸν ἀνδ.* und nur hiezu passt eigentlich das folgende ‏וימלאם למלך‎ *). Auch lag kein Motiv vor, die Zahl zu verkleinern, dagegen wohl dieselbe zu vergrössern. Von hier aus beurtheilt sich auch das gar nicht in den Zusammenhang passende „noch war die Zeit nicht um" v. 26. MT. Es sollte auch damit David ins Licht gestellt werden, er that in kürzerer Frist mehr als verlangt war. (Nachträglich bemerke ich, dass diese Beurtheilung von ‏מאתים‎ durch 2 Sam. 3, 14 bestätigt wird, vgl. daselbst den Syrer.)

28. Da v. 28 die Steigerung der Furcht Sauls v. 29 motivieren soll, so hat man für ‏ומיכל בת־שאול‎ mit LXX zu lesen: ‏וכל כל־ישראל‎. S. Thenius.

LXX zu c. 18, 6 ff. (s. v. 9) enthält eine wohlzusammenhängende planvolle Erzählung, die in drei Abschnitten verläuft, bezeichnet jeder durch *ἐφοβήθη* v. 12, *εὐλαβεῖτο* v. 15, *προσέθετο εὐλαβεῖσθαι ἔτι* v. 29: die einzelnen Abschnitte

---

*) so wird man zu lesen haben (Einl. S. 7 f.) um des folgenden ‏להתחתן‎ willen, welches den David als Subject des vorhergehenden Zeitworts verlangt und nur ihn. Der Plural „man" erklärt sich wohl aus Anstandsrücksichten, ebenso wie die Auslassung der Worte in LXX. Zur Sache vgl. Dillmann lex. Aeth. s. v. ‏עלרת‎.

fassen gut ineinander. Von all diesen Vorzügen hat der MT. das Gegentheil, v. 17—20. 21b. V. 9—11 sind offenbare Einschiebungen, und auch der sonstige Ueberschuss kennzeichnet sich leicht als werthlos. Interessant ist namentlich der Dual 18, 11 (vgl. 19, 9 f.) und 18, 21.

XIX.

2. Αὔριον πρωί der LXX geht wohl nicht von einer Lesart מהר בבקר בקר aus, wie Thenius meint, sondern בבקר heisst „am folgenden Morgen" 5, 3. 4 (LXX). 20, 35 und daher eventuell „morgen früh." S. Gesenius Thes. unter אמש und בקר und zur theilweisen Correctur Fleischer's Anmerkung in Delitzsch's Iob S. 358. — Insofern das Weilen im Verstecke erst die Folge des sich Versteckens sein kann, ist die Ordnung der letzten Worte in LXX natürlicher: ונהבאת וישבת בסתר.

5. Die LXX macht וכל־ישראל (statt לכל) zum Subjecte der beiden folgenden Verba, welche sie, wie es scheint, als Feminina dritter Pers. Sing. auffasste. Aber von sprachlichen Bedenken abgesehen, passt zum Sinn weit besser, dass dem Saul *sein eigenes* früheres Verhältnis zu David vorgehalten wird: auf das Verhältnis des Volkes zu letzterem *durfte* Saul gar nicht aufmerksam gemacht werden.

7. Zu der dreimaligen Wiederholung des Explicitums vgl. 2 Sam. 6, 14 f. 12, 19.

8. Thenius hält Nennung des Feindes, *gegen* den der Krieg fortgesetzt würde, für nothwendig (nach LXX): aus untriftigen Gründen. — ויצא ist der LXX in וירא verdorben, worauf Thenius nach Jes. 22, 4 ihr κατίσχυσε zurückführt.

9. אלהים (LXX) statt יהוה wird durch das undeterminierte רעה bezeugt; vgl. ausserdem zu 16, 14. — Für ישב las LXX שכב und misverstand καθεύδων. — ביד am Schlusse hätte nur Sinn, wenn es auch ein נגן gäbe בלא יד. Es ist vor dem mit ו anhebenden nächsten Worte ein ו am Schlusse von ביד ausgefallen, s. LXX.

10. Da David ohne Zweifel augenblicklich nach dem Mordanfall floh und kein Grund vorliegt, anzunehmen, dass derselbe Nachts geschah, so zieht man die Zeitbestimmung am Ende unsers Verses besser zu v. 11, wo sie nöthig ist, und liest mit LXX: ויהי בלילה ההוא. Vgl. Thenius.

11. Das ‎וְ‎, durch welches ‎לַהֲמִיתוֹ‎ mit ‎שָׁמְרוּ‎ verbunden
wird, erzeugt den Schein der Coordination. Die beiden Verba
sind aber nicht coordiniert. Denn nur das Bewachen ist Auftrag der Boten, nicht auch das Tödten am Morgen: andernfalls wäre, was v. 14 ff. erzählt wird, unverständlich. Mit
‎לַהֲמִיתוֹ‎ kann also nur die den Boten verschwiegene Absicht
Sauls, die er bei dem Bewachen hatte, den Lesern im Voraus
mitgetheilt werden. Also hat die LXX Recht, die beiden Infinitive nicht durch ‎וְ‎ zu coordinieren: „er sandte Beauftragte
ab, ihn zu bewachen — in der Absicht, ihn am Morgen zu
tödten." Das fehlerhafte ‎וְ‎ entstand durch Wiederholung des
Schlussbuchstabens des nächstvorhergehenden Wortes. —
Warum Saul nicht Nachts in Davids Haus eindrang? S.
Sprenger, Mohammed II. S. 543 f. d. ersten Aufl. Vgl. Jud. 16, 2.

14. ‎וַתֹּאמֶר‎. Man kann nach MT. nicht anders verstehen,
als dass Michal die Boten Sauls nicht ins Haus hineinliess,
um sie sich durch Augenschein von Davids Zustande überzeugen zu lassen, sondern an der Thüre abfertigte mit dem
Bescheide, David sei krank. Wozu dann aber der Firlefanz
v. 13? Der war doch darauf berechnet, dass ihn jemand *sah*
und sich dadurch täuschen liess. Also wiederum hat LXX
Recht, wenn sie nicht ‎וַתֹּאמֶר‎, sondern ‎וַיֹּאמְרוּ‎ liest. Die
Worte „er ist krank" sind nicht Worte der Michal — die
sagt nichts, sondern *zeigt* den Boten ihre Puppe —, sondern
sie sind der Bescheid, den die angeführten Boten dem Saul
zurückbringen.

17. Zu ‎לָמָּה‎ 2°, welches von den Uebersetzungen ziemlich
willkürlich wiedergegeben wird, vergleiche die gute Erörterung
in Gesenius' Thes. S. 770.

18. ‎הוּא יִשְׂמוּאֵל‎, LXX Σαμουηλ καὶ Δαυιδ. Zufall hat
kaum gewaltet, die Stellung in MT. ist natürlicher. — Das
ἐν Ραμα der LXX am Schluss unseres Verses könnte zwar
leicht durch Versehen vom Schlusse des folgenden eingedrungen sein; indes ist zu beachten, dass v. 22 f. 20, 1 vier Mal
hinter einander stets gesagt wird ‎בְּנָיֹת בָּרָמָה‎ *). — Wie
Thenius sich die Abwechslung von Ἀρμαθαιμ und Ραμα in
v. 18 „sachlich" erklärt — ausgehend von der sehr unsicheren Voraussetzung, dass erstere Form Dual sei — und wie
er dann seine Erklärung weiter verwerthet, möge man bei
ihm selbst nachsehen (zu 1, 1 und 19, 19). Meine Ansicht

---

*) S. über die Aussprache Ew. III. S. 70.

ist folgende. Wie Hieronymus das Hebräische רמתה überall mit Ramatha übersetzt, רמה dagegen mit Rama (19, 20. 22 f. 20, 1. 28, 3 cod. Amiat.), so giebt der cod. Al. ersteres mit Ἀρμαθαιμ wieder, letzteres mit Ῥαμα. In ER. ist dieser Unterschied aber nur in 19, 18—20, 1 eingetragen, dagegen sind 25, 1. 28, 3 ER. ein uncorrigierter Rest der alten LXX. Denn es ist klar, dass die alberne Unterscheidung erst eingedrungen ist, seit man anfieng, die Eigennamen der LXX jener mechanischen Correctur nach dem Hebr. zu unterwerfen, die im cod. Al. — mit möglichstem Anschluss an die alten griech. Formen, daher Ἀρμαθαιμ, nicht Ῥαμαθα — durchgeführt ist.

20. עמד נצב?

22. Es ist nicht zu leugnen, dass die Worte καὶ ἐθυμώθη ὀργή Σ. ein schicklicher Anfang unsers Verses sind und sich keineswegs mit den ähnlichen 18, 8 MT. auf Eine Stufe stellen lassen. Man begreift nur nicht die Veranlassung ihres Ausfalls in MT.; die Hinzufügung ist, wie fast immer, so auch hier, viel leichter zu verstehen. — Im Folgenden legt der MT. selbst Zeugnis ab für die Lesart הגרן der LXX statt הגדול, dadurch, dass auch bei ihm בור im Stat. constr. steht, der nur durch ein folgendes Subst. gerechtfertigt wird. Da nun schon ohnehin das Vorurtheil *wider* den MT. ist, so entscheidet die „Tenne" weiter für בשפי (LXX) gegen das unverständliche בשכו, wie schon Thenius richtig erkannt hat. — Zu ויאמר 2⁰ vgl. Ewald §. 294b, aber auch Einl. S. 19.

XX.

1 f. Die Ordnung καὶ ἔρχεται ἐνώπιον Ἰ. καὶ εἶπε mag naturgemässer sein als die der betreffenden Worte in MT., hebräischer ist die letztere. S. z. B. 2 Sam. 18, 18. — Das Qeri יעשה ist wegen des folgenden יגלה vorzuziehen; an sich könnte hier auch das Perf. nach לא stehen Ψ. 1, 1.

3. Der Thenius'schen Einwendung gegen עוד liesse sich wohl begegnen, aber ישבע ist nicht zu gebrauchen, denn David schwört gar nicht. Lies עוד וַיְּשֻׁב. — יעצב, LXX οὐ βούληται = ייצה? Vgl. v. 30. — In den letzten Worten stimmt Hieronymus wörtlich mit dem MT.; ut ita dicam ist Umschreibung von כ (in כשׁעי). Auf den gleichen Sinn läuft auch LXX ER. hinaus: ὅτι καθὼς εἶπον ἐμπέπλησται ἀνὰ μέσον ἐμοῦ καὶ τοῦ θανάτου, denn καθὼς εἶπον ist eine sehr unbedeutende Retouchierung („wie gesagt") und im

Uebrigen ist hier nur der schmale Zwischenraum schon ausgefüllt, der im MT. den David noch vom Tode trennt. Von
der Lesart der ER. aus hat sich durch Misverständnis die
des Al. gebildet.

5. Da David nach v. 25 ff. mit Abner und Jonathan zur
täglichen und stehenden Tischgesellschaft Sauls gehört, so
darf man den Satz ויאמר דג״ nicht so in Beziehung setzen
zu seinem Vorgänger, als ob der Neumond die Veranlassung
des אכול עם־הם׳ wäre *). Dadurch wird aber auch die Uebersetzung: „Morgen ist Neumond und ich müsste bei dem
Könige essen." verboten, und es bleibt nur übrig, mit LXX
ישב לא אשב zu lesen. — ערב ist nicht Femininum und
השלשית hier Substantivum. Es wäre zu schreiben עד ערב
השלשית. Aber woher der Artikel vor ערב? Und warum
lässt LXX השלשית aus? Ausserdem hat David gar keinen
Grund, den Termin so weit hinauszuschieben, und v. 18 setzt
voraus, dass erst Jonathan, auf alle Eventualitäten hin, denselben
erweitert. Also ist השלשית hier fälschlich aus dem Folgenden eingedrungen. Vgl. zu v. 12.

6. להרוג עד בית־כלהם (LXX) kann allerdings dem v. 28
conformiert sein, ist aber dem Stile unseres Capitels gemäss,
vgl. v. 8: עד אביך.

7. Zwischen σκληρῶς ἀποκριθῇ σοι und הרה יהרה לו
ist die Wahl schwer: doch ist die Aehnlichkeit der ersteren
Lesart mit v. 10 eine viel nähere als die der letzteren mit
v. 30, so dass der Verdacht der Conformierung eher auf den
Text der LXX fällt. *Sachliche* Gründe für den letzteren liegen nicht vor (gegen Thenius).

8. Für על־עבדך lies mit LXX עם־ע״, da על in dieser
Redensart nicht gebraucht wird.

9. „Ferne sei das von dir: vielmehr, wenn ich erfahre
. . . . und es dir nicht anzeige, (so thue mir Gott dies und
das!)." — Εἰς τὰς πόλεις σου **) und ἐπί σε scheint Duplette zu sein = עָרֶיךָ und עָלֶיךָ.

10. Wenn David wissen wollte, *was* etwa Hartes Saul antworten werde, so scheints, er wusste schon, *dass* er etwas
Hartes a. w. Aber eben dieses war in dubio; או מה muss
also heissen: ob etwa. In der That lässt sich diese Bedeu-

---

*) Vielmehr wird der Neumond umgekehrt benutzt als Vorwand
zum Ausbleiben.
**) Das Eta vorher ist aus dem vorangehenden μη wiederholt.

tung mindestens ebenso gut rechtfertigen, als die andere. Indes kann man מה auch im Sinne von *etwas* auffassen: „ob er etwas Hartes dir antworten wird." LXX liest אם für או מה, also bloss die beiden Anfangsbuchstaben.

11. *Καὶ μένε εἰς ἄγρον* ist wohl verdorben aus *καὶ ἴωμεν εἰς ἄγρον.*

12. יהוה א׳ י׳ genügt schwerlich zum Schwur. Aber dass die Uebersetzer und Schreiber ihr *οἶδεν* ,ܢܡܘ und חי als Prädikat zu יהוה aus eigener Macht ergänzten, möchte aus der Verschiedenheit der Wege erhellen, welche sie dabei einschlugen. — כעת מחר השלשית. Die Uebersetzung „um die Zeit des nächstdritten Tages", auch wenn sie sich sprachlich halten liesse, ist aus sachlichen Gründen unmöglich. Wollte Jonathan nur Einen Tag hier nennen, an dem möglicher Weise seines Vaters Gesinnung zu Tage kam, so musste es der sein, der jenem *zuerst* Anlass bot, sich zu äussern, der auch von David allein ins Auge gefasst war — wie konnte er bestimmt voraussetzen, dass Saul erst „um die Zeit des nächstdritten Tages" Verdacht schöpfen werde? Vernünftiger Weise konnte er nur als möglich vermuthen, dass vielleicht die Abwesenheit Davids am ersten Tage dem Könige nicht so sehr auffiele: dann, konnte er meinen, würde das doch jedenfalls am folgenden der Fall sein. Also schieben Chald. Vulg. ein „oder" zwischen מחר und השלשית ein. In Wahrheit ist השלשית zu tilgen. Es ist Correctur ex eventu, in LXX durchgedrungen, im MT. neben das Richtige gestellt, dann von Chald. Vulg. in der Weise von 29, 3 geniessbar gemacht. Vgl. zu v. 5. — Man spricht hier am besten aus כְּעֵת־מֹחָר; denn „morgen um diese Zeit" fand das הקר gar nicht statt. Noch weniger passt die Vokalisation 2 Reg. 10, 6; denn wie konnten die Aeltesten Samariens wissen, um welche Stunde Jehu seinen Brief geschrieben hatte!

13. Die auffallende Versabtheilung des MT. (s. Thenius) ist dadurch veranlasst, dass die Apodosis כה יעשה י׳׳ sonst immer voransteht, und vielleicht auch dadurch, dass כי, welches v. 12 den Sinn von „wenn" trägt, sonst überall, wo es den Inhalt eines Eides einführt, so viel bedeutet wie *ὅτι*, Ruth 1, 17. 1 Sam. 14, 44. 2 Sam. 3, 9. 1 Reg. 2, 23. ייטב haben die Punktatoren des folgenden Akk. wegen als Hifil mit Jahwe als Subj. auffassen zu müssen geglaubt, s. aber 2 Sam. 11, 25. Ew. §. 277 d. Der LXX sind die Worte אל ייטב

durch Unglück, vielleicht unter Einwirkung von אל טוב v. 12 ausgefallen; den Rest versteht sie so gut es geht (אֲבִי ἀνοίσω).

14 ff. „Und möchtest du, sollte ich noch leben, Barmherzigkeit Jahwe's an mir thun; und sollte ich sterben (וְלֹא אִם אמות, vgl. 27, 1), deine Barmherzigkeit nicht meinem Hause entziehen. Und möchte doch nicht (וְלֹא־כִא = καὶ εἰ μή), wenn Jahwe deine Feinde ausrottet, Jonathans Name vom Hause Davids losgerissen werden (= "יה שֵׁם נִכְרַת מֵעִם" v. 16 = ἐξαρϑῆναι τὸ ὄνομα Ἰ. ἀπὸ τοῦ οἰκ. Al.)." Zu der sowohl den MT. als die LXX verlassenden Aenderung Ewalds (III. S. 110) v. 16 liegt, so viel ich sehe, kein Grund vor.

17. Man kann zwar mit einigem Rechte die bewegten Bitten, welche Jonathan v. 14—16 an David richtet, ein Beschwören des letzteren nennen; da er aber *für sich* bittet, so kann das nicht als besonderes Zeichen seiner Liebe *gegen David* in Betracht kommen. Das באהבתו אתו v. 17 passt folglich nur zu der Lesart der LXX לְהִשָּׁבֵעַ לְדָוִד, welche auch das für sich hat, dass sie ein strenges Verständnis zulässt; denn v. 12 f. ist wirklicher Schwur, dagegen v. 14—16 doch nur eine sehr uneigentliche Beschwörung.

19. Dass für תרד mit LXX zu lesen sei תפקד, lehrt der Sinn: שִׁלֵּשְׁתָּ dagegen für שִׁלַּשְׁתָּ hat nichts für sich, dagegen nicht bloss den Sprachgebrauch gegen sich, sondern auch noch besonders den Umstand, dass in der Aussprache שִׁלַּשְׁתָּ, die jedenfalls nicht ganz nahe lag, die Tradition (LXX und MT.) übereinkommt. Freilich entsprechen die Analogien, die sich für שלש im Arab. und Aeth. finden, nur im Allgemeinen. Aber der Steigerungsstamm ist in solchen Fällen denominativ und kann alles Mögliche bedeuten je nach den verschiedenen Nomina, von denen er abgeleitet ist. — Ich bin überzeugt, dass in המשׁה eine Rückweisung auf c. 19, 1—7 steckt, zur Bedeutung vgl. Iob 33, 17. — Für האבן האזל hat man nach LXX und v. 41 zu lesen הָאַרְגָּב הַלָּז.

20 ff. Für den demonstrativen Sinn, den Thenius in „den drei Pfeilen" sucht, reicht freilich die Kraft des blossen Artikels nicht hin; doch verschwinden hier sprachliche Bedenken gegen die sachlichen, die sich gegen die Dreizahl erheben. V. 35 ff. schiesst Jonathan nicht drei Pfeile ab, sondern

nur einen, denn החצי ist Singular (Ew. §. 186 e), abgeleitet
von einer Wurzel הצי od. הצו, von der auch das äthiopische
חץ stammt, wie sich aus dessen Plural ergiebt. Da aber ein
מועד nach Verabredung ausgeführt sein will, so lassen sich
auch v. 20 ff. keine drei Pfeile gebraucht. Dagegen kann
man nicht einwenden, es komme in dem מועד auf die Zahl
der Pfeile nicht an: das ist allerdings bis zu einem gewissen
Grade richtig *), aber damit wird der Drei erst recht der Boden entzogen. In der That weist nun auch das sing. Suffix
in קהו v. 21 deutlich darauf hin, dass ursprünglich v. 21 f.
nur von Einem Pfeile die Rede war; und der richtige Text
hat sich vollständig bei LXX erhalten. Sie liest v. 20: ואני
אשלח בהצים אורה, wodurch eine sehr wünschenswerthe Analogie mit v. 19 eintritt, und in den folgenden beiden Versen
drei Mal החצי, aus dem החצים des MT. sehr leicht entstehen konnte, vgl. Ew. §. 177 a. Der Plural הצים ist v. 20 bei
der ersten Erwähnung ebenso nothwendig wie v. 36 im gleichen Fall. Einer genügt allerdings für den besonderen Zweck,
den hier schliesslich das Pfeilschiessen hat; aber von vornherein, ehe man weiss, dass das Pfeilschiessen nicht Selbst-
zweck ist, wäre es lächerlich zu sagen: ich werde mit Einem
Pfeile schiessen; von vornherein denkt man sich die Pfeile
im Plural so gut wie das Schwert im Singular.

20. צדה fehlt bei LXX. Es könnte wohl aus צים sich
gebildet haben; doch ist die Ortsangabe hier nicht überflüssig.

23. עד ist richtig vokalisiert, die Aussprache עד würde
v. 42 nicht so gut passen.

24. וישב, LXX ויבא, der selbe Wechsel liegt auch 22, 5
vor. Ich halte ויבא für Correctur. וישב hier und v. 25 bedeuten nicht das selbe, sondern unterscheiden sich wie „er
setzte sich" und „er sass."

25. Es wird hier erzählt, dass es kam, wie Jonathan v. 18
voraussah: Abner Jonathan und Saul nehmen ihre gewöhnlichen Plätze bei Tisch ein, Davids Platz bleibt leer und so
wird er vermisst. Die Pointe beruht darauf, dass, während

---

*) Des Zeichens Bedeutung: David ist der Knabe, dem zugerufen
wird, entweder *zu* Jonathan herzukommen oder *von* ihm *weg* zu gehen.
Diese Bedeutung ist allerdings von der Zahl der Pfeile unabhängig:
aber grade dann sind drei Pfeile zwecklos und darum schon von Uebel.

im Allgemeinen Alles an der Tafel hergeht בפעם כפעם, eben
dadurch die Eine Veränderung fühlbar wird. Also aber passt
ויקם nicht her und ויקדם ist offenbar die echte Ueberlieferung, um so zuverlässiger, weil sie misverstanden wurde von
denen, die sie uns erhalten haben. Vgl. Einl. S. 18. Man
vermisst übrigens ein auf Saul bezügliches Suffix in ויקדם.

26. כי־לא טהר ist zwar unmöglich richtig, indes auch
unmöglich als Duplette zu erklären. LXX sprach כי לא טהר,
dabei wird man sich beruhigen können, vgl. v. 18 eine ähnliche Weitläufigkeit, ebenso Joh. 2, 3 im Sinaiticus.

27. הֹשֵׁני darf als Masc. nur mit החדש verbunden werden.
Was soll uns aber hier der zweite Monat? Denn ein anderer Sinn von "הֹשׁ "הח ist unerweislich, s. Knobel zu Exod.
19, 1. Und was ist der Sinn der Worte: am Tage, der auf
den zweiten Monat folgt? Es ist nach v. 34 klar, dass der
Sinn fordert "מם ביום החדש הֹשֵׁני. Dennoch darf man nicht
so verbessern. Der Text der LXX spricht dagegen, welcher
ביום nicht an die Stelle setzt, die ihm der ursprüngliche Vf.
unfehlbar gegeben haben würde, sondern erst nach החדש.
Daraus ersieht sich, dass "מם "הח zu belassen und הֹשֵׁני
des MT. als Rest einer Duplette ביום הֹשֵׁני anzusehen ist,
welche sich in LXX noch vollständig erhalten hat.

28. Die Möglichkeit einer Ellipse eines Verbi der Bewegung vor עד ב darf man schwerlich annehmen, wenn auch
freilich die Stellung des πορευθῆναι in LXX ER. sehr dagegen spricht, dass es Uebersetzung eines vorgefundenen hebr.
Wortes sei.

29. והוא ist unverständlich, sprich וְהֵא Gen. 47, 23. —
צוּוּ־לִי אֶחָי der LXX liegt näher, auf den Sing. צוה kann
והוא eingewirkt haben.

30. Für נעות ist mit den Verss. נערת zu lesen, auf welches auch das von dem Syr. übersetzte עדרת zurückführt
und נערת המרדות ist nach Judith 16, 12 (vgl. den Griechen
mit dem Syr. Lagarde's) = entlaufene Sklavin. Die Determination der Wortgruppe richtet sich auf den Vokativ בן.
Wenn die Uebersetzung „du Sohn eines widerspenstigen Weibes" die einzige wäre, welche der uns vorliegende Text zuliesse, so würde ich unbedingt mit Ewald III. S. 111 nach
Jes. 14, 6 המרדוף lesen. Denn auf die Mutter dessen, den

man ausschelten will, geht man zurück, um seine einzelnen
Fehler aus der allgemeinen Schlechtigkeit seiner angeborenen
Natur, aus seinem niedrigen Blute abzuleiten. Man nennt
also im Scheltton den Widerspenstigen so gut einen Huren-
sohn wie den Schlaffen, nicht ersteren den Sohn eines eigen-
sinnigen, letzteren eines schwächlichen Weibes. — חֲבֶר der
LXX statt בהר ist aus Gründen der Sprache und des Sinnes
das Richtige.

33. Man wird nicht כלה הוּא, sondern nach LXX כלתה
zu verbessern haben. Sonst ist ἡ κακία αὕτη eine sehr ver-
kehrte Erweiterung, denn הרעה hat in Verbindung mit כלתה
einen durchaus fertigen Sinn, ist sui generis und bedarf weder der Beschränkung noch der Erklärung.

34. Will man den Schluss des V., wie er in MT. lautet,
beibehalten, so muss man das Suffix in הכלימו auf Jonathan
zurückbeziehen. Dadurch tritt allerdings eine ziemlich unna-
türliche Besonderung der beiden mit כי eingeleiteten Sätze
ein, welche aufhören würde, wenn man mit LXX liest:
כִּי כָלָּה עָלָיו.

35. Nach v. 19 f. vgl. v. 12 war der zweite Monatstag *)
zur heimlichen Zusammenkunft zwischen Jonathan und David
verabredet, בבקר fiele aber auf den dritten des Monats, wenigstens nach gewöhnlicher Rechnung. Man versteht den
Grund des Verzuges in so fern nicht, als periculum in mora
war, und David v. 5 voraussetzt, dass er über das, was bei
Tisch vorgefallen, bis zum Abend des selben Tages Bescheid
erhalten werde. Auf der andern Seite konnte der Schein, als
ob Jonathan nach der Scheibe schösse, nicht wohl bei Abend
aufrecht erhalten werden. Man wird daher die Inconcinnität,
die in ויהי בבקר liegt, auf Rechnung des ursprünglichen Verfassers schreiben dürfen.

37. הלא, LXX הלם. Falsch, denn damit könnte nur ein
Punct zwischen Jonathan und dem Knaben gemeint sein.

38. LXX sprechen ויבא als Hifil aus und das ist das An-
gemessenere. Einer ausdrücklichen Wiederholung des Objects,
das erst eben vorher genannt ist, bedarf es nicht und auch
nicht einmal des Pron. suff.

---

*) Es wäre an sich nicht unmöglich, dass שֻׁלֵּשׁ „am dritten Mo-
natstage thuen" bedeutete; aber v. 19 ist dies nach v. 18 nicht anzunehmen.

41. Dass hier für הַנֶּגֶב mit LXX herzustellen sei הָאַרְגֹּב, leuchtet ein, aber der Artikel fordert auch, dass schon vorher einmal von dem Argob die Rede gewesen sei und also hat man auch v. 19 nach LXX zu lesen. Die Bedeutung des Worts war schon der LXX unbekannt und ebenso den Abschreibern des MT., die אֲבָן und נֶגֶב daraus machten. — עַד דָּוִד הַגְּדִיל *ἕως συντελείας μεγάλης.* עַד steht durch doppelte Bezeugung fest, dagegen wird es nicht gelingen, דָּוִד und das Original von *συντελείας* graphisch zusammenzubringen. דָּוִד ist ein erst nachträglich eingesetztes Explicitum (Einl. S. 22 f.), welches LXX noch nicht lasen. Lassen wir es weg, so sind עַד־הַגְּדִל und *ἕως συντελείας* — gegen *μεγάλης* bin ich misstrauisch — Aequivalente (Einl. S. 25): wodurch das Recht meiner Beurtheilung des masor. דָּוִד fast unzweifelhaft wird.

42. Um einen vollständigen Satz zu gewinnen, muss man לֵאמֹר streichen; ein Wort, das man oft genug sich einzusetzen erlaubte an Stellen, wo es ursprünglich nicht stand.

XXI.

1. דָּוִד ist nach וַיָּקֶם unentbehrlich.

2. אֲחִימֶ׳, *Ἀβιμελεχ.* So auch c. 22. Ψ. 52. vgl. 26, 6; dagegen 23, 6. 30, 7. 2 Sam. 8, 17. Die gleiche Verschreibung des Wortes findet sich 1 Chr. 18, 16 im hebr. Text, wo LXX umgekehrt das Richtige hat.

3. LXX fanden hinter דָּבָר noch הַיּוֹם, vgl. v. 6. — מְאוּמָה, von LXX nicht ausgedrückt, gehört zur Negation אַל; denn מְאוּמָה אֶת־הַדָּבָר kann natürlich nicht „irgend etwas" bedeuten. יֻדַּעְתִּי wäre das Poal von יָדַע, aber eine solche Bildung ist für יָדַע nicht wahrscheinlich und die ev. Bedeutung passt auch nicht zum Sinn. Man hat ohne Zweifel eine Form von יָעַד herzustellen, die Frage ist nur, welche? Nach dem sonstigen Sprachgebrauch des A. T. würde man sich für יָעַדְתִּי entscheiden, *διαμεμαρτύρημαι* der LXX deutet auf הִיעַדְתִּי, יוֹדַעְתִּי des MT. endlich auf das Poal יוֹעַדְתִּי, das zwar anderweitig nicht belegbar ist, aber der allgemeinen Bedeutung nach, die der Stamm auch im Hebr. trägt (vgl. שׁוֹפֵט Iob 9, 15 und auch 23, 7), vorzüglich hieher

passen würde. — Zu der Uebersetzung der Worte *Φελλανι Μαεμωνι*, welche ihnen in ER. vorangeschickt ist, vgl. Const. apost. 7, 35 und die Anmerkung zu Dan. 8, 18 in der rö-. mischen Ausgabe des Cod. Chisianus 1772.

4 f. מה, LXX *εἰ*. — *Καὶ φάγεται* am Schluss von v. 5 ist ein Zusatz der gemeinsten Art. Hieronymus hat ihn nicht.

6. Der Gegensatz beruht nach יאך־כי deutlich auf היום, dem entspricht aber als Zeitbestimmung in dem Vorhergehenden nur בצאתי. Also sind die durch יאך כי (a minori ad majus) verglichenen Sätze 1) קדש — בצאתי, 2) היום — בכלי, während והוא דרך הל mit der Vergleichung unmittelbar nichts zu thun hat, sondern nur dem untergeordneten Zwecke dient, den Unterschied der beiden entgegengesetzten Zeitbestimmungen, auf den es in diesem Zusammenhange ankommt, ins rechte *) Licht zu setzen, wenn er dem Ahimelech etwa nicht gleich einleuchten sollte. Also aber kann das Subject zu יקדש nicht das eines Satzes sein, der füglich auch wegbleiben könnte; und die Aehnlichkeit der offenbar das tertium comparationis enthaltenen Worte וְיִהְיוּ כלי הנ" קֹדֶשׁ zwingt zur Correctur Ewalds יְקְדָּשׁוּ. Das lässt sich sagen, auch wenn man von dem Sinne des Worts כלי weiter gar nichts versteht, in welcher Lage ich mich befinde. Die Lesart der LXX כל־הנערים ist grundfalsch.

7. Der Plural המוסרים wäre vielleicht an sich dadurch zu rechtfertigen, dass der Vorstellung des Schriftstellers die Mehrheit der Brotlaibe vorschwebte, nicht der grammatische Numerus von לחם. In diesem Falle hätte er aber consequenter Weise auch הַלָּקְקָם am Schlusse schreiben müssen. Dass er dies nicht that, ist ein Beweis dafür, dass das Schlussmem von המוסרם aus dem Anfangsmem des folgenden Wortes gewuchert ist.

8. אביר הרעים. Was bedeuten die Worte? Jedenfalls nicht „der Vorgesetzte der Hirten“, denn אביר ist nicht etwa

---

*) vielleicht auch ins falsche. Fehlten die Worte והוא דרך הל, so wäre das Uebrige verständlicher, wenn man כלי mit Ewald III. S. 114 im Sinne des neutestamentlichen *σκεῦος* auffasst. „Schon damals waren die Jünglinge קֹדֶשׁ (in Bezug auf den von Ahimelech v. 5 beregten Punct), wie vielmehr jetzt (nachdem sie längere Zeit von Haus abwesend sind)!“

ein leeres Wort wie *Herr*, dem der Genitiv erst die Füllung geben müsste. Vielmehr also „der Starke der Hirten", d. i. der gewaltigste Hirt. Aber wozu hier die Poesie? Die LXX bietet νέμων τὰς ἡμιόνους; durch 22, 9 ὁ καθεστηκὼς ἐπὶ τὰς ἡμιόνους wird es aber sehr zweifelhaft, ob damit gegen die Lesart des MT. operiert werden darf; vgl. zu jener Stelle.

9. ואין יש, LXX הְּאָה הַיָּשׁ. Schwierigkeiten in graphischer Hinsicht macht dabei nur ן = ה.

10. Die Auslassung von אהרי האפוד in LXX ist ohne Zweifel tendenziös. — Am Schlusse der Geschichte sind die Worte ויתנה לו (LXX) nicht gut zu entbehren.

14. Die Aussprache וַיְּבְעֵּ liefert keine nachweisliche hebräische Form und der Gebrauch des Suffixes in dieser das Object anticipierenden Weise ist unhebräisch. Es wird vorsichtiger sein, ויטשה zu schreiben, als ein Monstrum für Formenlehre und Syntax zugleich zu schaffen. — ויתו lies mit LXX יֵּתֶךְ. Zeichnen thut man in den Sand, in stillem Irrsinn: die Thüren sind zum Trommeln da für den Tobsüchtigen. Ewalds Annahme, es möge eine unregelmässige Schreibung vorliegen, ist nicht unmöglich — in der That wäre es höchst seltsam, wenn wirklich die ursprünglichen Vff. alle Einer Orthographie gefolgt wären. Aber die Orthographie der ersten Vff. herzustellen, kann vor der Hand nicht unsere Aufgabe sein.

XXII.

1. Die Lokalität von Adullam, welche dem David als Zufluchtsort diente, wird sowohl hier als 2 Sam. 23, 13 f. = 1 Chr. 11, 15 f. nur zuerst מְעָרַת ע″, gleich darauf aber המצודה genannt; vgl. auch 2 Sam. 5, 17. Nun könnte allerdings, wenn man die Bedeutung von מצודה nur nach der Etymologie bestimmen wollte, auch wohl eine Höhle so genannt werden. Aber der Sprachgebrauch, nicht bloss des A. T., widerspricht dem durchaus: מצודה ist nicht das Genus, wovon מערה eine Species, sondern beide sind sich als verschiedene Species innerhalb des selben Genus entgegengesetzt Jud. 6, 2. Ezech. 33, 27; und מצודה bedeutet nur *Bergfestung**). Anders ist es auch in unserem Capitel nicht; denn

---

*) Daran würde mich auch 1 Macc. 9, 2 nicht irre machen, wenn

was liesse sich v. 5 mit der allgemeinen Bedeutung „Zufluchts-
stätte" (Thenius) anfangen? Mir ist daher gewiss, dass
מערת ע hier ein sehr alter Schreibfehler für מְצָדֻת ע sei.
Noch klarer liegt die Sache 2 Sam. 23, 13 f.

V. 3. 4 erwecken, da von einer Rückkehr Davids nichts
berichtet wird, den Schein, als ob er auch v. 5 noch im Lande
Moab sich aufhalte. Ausserdem fällt es auf, dass, nachdem
v. 1 wie 20, 29 nur noch Brüder Davids erwähnt werden,
hier auch seine Eltern noch leben, dass ferner deutlich sein
Aufenthalt auf der Masada v. 4 als länger vorgestellt wird
denn v. 5. Schwerlich also gehören die beiden Verse dem
Zusammenhange ursprünglich an.

3. יצא passt weder zu אתכם noch zu dem folgenden עד;
denn „aus und eingehen" bedeutet das Wort nicht. LXX
γινέσθωσαν.

4. Die Aussprache וִיַנִּחֵם erscheint angemessener wegen
אֶת־פְּנֵי, welches nicht nach einem Verbum der Bewegung
zu stehen pflegt.

5. ארץ יהודה. Dass Adullam hier nicht zu Juda gerechnet wird, fällt zwar auf, aber nicht mehr, als wenn 23, 3
auch Qe'ila ausserjudäisches, doch aber israel. Gebiet ist.
Σαριχ, eine härtere Aussprache für Σαριχ *), ist rückwärts
gelesen הרש 23, 15. חרת des MT. ist eine aramäisierende
Aussprache des gleichen Wortes.

6. Was אשל sei, wusste schon der Vf. der Chronik nicht
mehr, vgl. 1 Chr. 10, 12 mit 1 Sam. 31, 3. Die LXX übersetzt das Wort an allen drei Stellen, wo es vorkommt, gleichmässig mit ἄρουρα. Was sie darunter verstand, lässt sich
nicht ausmachen, da sie das Wort nur für אשל anwendet.
Doch nicht gar arbor oder ein stammverwandtes macedoni-
sches Wort?

7. גם εἰ ἀληθῶς. Nach unserem Gefühl müsste durch
„auch", das auf alle Fälle hier nothwendig ist, „der Sohn
Isais" hervorgehoben werden; der Hebräer stellt sein גם
gerne an die Spitze des *Satzes*, Exod. 10, 25. Er vermeidet

Μαισαλωθ als = Μεσαδωθ von den Höhlen von Arbela zu verstehen
wäre Jos. Ant. XII. 11, 1. XIV. 15, 4. Bell. Jud. II. 20, 6. Ich würde
auch dort eine Verwechslung von מערות mit מצדות annehmen. Vgl.
Ερμων für Σαλμων Jud. 9, 48.

*) vgl. Δωηκ und unzähliges Andere. Nicht bloss die auslautende
Media, sondern auch die Guttural wird in der griech. Aussprache der
hebr. Eigennamen zur Tenuis.

es, einzelne Satztheile, auf die wir ausschliesslich den Ton legen würden, zu sehr vor den übrigen hervorzuheben, s. zu 25, 17. Aehnlich ist der Fall bei اِنَّمَا, das stets an der Spitze des Satzes steht. — לכלכם καὶ πάντας ὑμᾶς. לְ könnte wie 23, 10 und öfter nota accusativi sein; doch vermisst man entweder die Copula oder die Interrogativpartikel.

9. Doeg, der Edomiter, gehört nicht unter die Diener Sauls, denn das sind die königlichen Räthe und Hauptleute, die vornehmsten Benjaminäer, s. 2 Sam. 15, 18. Da folglich Doeg hier zufällig in einer Gesellschaft auftritt, in der er nicht vermuthet werden kann, so ist es passend, dass solches erwähnt und er vorgestellt werde, ehe er das Wort ergreift. Dies geschieht im MT. mit den Worten „er stand nemlich bei den Dienern Sauls", während in LXX Doeg den Mund aufthut, ehe man sich seiner Anwesenheit überhaupt versieht. Gegen ihr ὁ καθεστηκὼς ἐπὶ τοὺς ἡμιόνους Σ. ist ausserdem zu bemerken, dass, da c. 21. 22 des selben Schriftstellers sind, diesem eine einmalige Angabe über Doegs Amt genügt haben wird. Gegen die Wiederholung derselben spricht auch besonders, dass an der zweiten Stelle die Vorstellung umständlicher wäre — sie geschähe im MT. durch einen ganzen Satz — als an der ersten.

18. Indem Thenius, um die Verschiedenheit der Zahlen in LXX und MT. zu erklären, zu dem Auskunftsmittel von der Verwechslung der Zahlbuchstaben greift, muss es ihm begegnen, dass er, den verschiedenen Zahlwerth des Finalbuchstabens ignorierend, ein ך für ein כ macht, weil nur ersteres mit ה leichter verwechselt werden konnte.

19. Die ausdrucksvolle Wiederholung am Schlusse des Verses wird von LXX, welche auch v. 18 kürzt, mit Unrecht für überflüssig gehalten.

22. Der in hohem Grade der mündlichen Rede entsprechende Satzbau hat, wie es scheint, die LXX oder hinterdrein ihren Text in Verwirrung gebracht. — Statt סבהי liest Thenius mit Recht הבמי nach LXX.

23. Οὗ ἐὰν ζητῶ τῇ ψυχῇ μου τόπον, ζητήσω καὶ τῇ ψυχῇ σοῦ ist jedenfalls nicht zu viel versprochen; man erwartet mehr nach der pathetischen Art, wie David sich im Uebrigen hier gegen Ebjathar ausspricht. Ferner würde τῇ ψυχῇ μου, d. i. לנפשׁי, in diesem Zusammenhange bedeuten „mir selbst" — dem entspricht aber nicht „dir selbst", sondern „dir auch":

also wozu auch τῇ ψυχῇ σοῦ statt לְךָ גַּם? Diese Wiederholung verdunkelt im Texte der LXX die Bedeutung von dem
ersten לִנְפֹּשִׁי, ist dagegen zu begreifen in der Redensart
בְּקֵשׁ נֶפֶשׁ, deren nothwendiges Glied נֶפֶשׁ ist in der Bedeutung „Leben." Ich meine daher, dass diese Redensart hier
fest stehen muss. Aber freilich hat Thenius darin Recht,
dass man im MT. eine umgekehrte Vertheilung der Pronomina suffixa bei נֶפֶשׁ erwarte; denn es ist keine Beruhigung
für Ebjathar, zu wissen, dass Davids Feinde nun auch noch
die Zahl seiner eigenen vermehren sollen, und übrigens kann
doch auch das nicht Davids Meinung sein, *Saul* sei sein und
Ebjathars gemeinsamer Feind. Es bleibt schliesslich nichts
übrig, als wirklich die Pronomina zu vertauschen, obwohl
auch LXX die Ordnung derselben im MT. bestätigt. Im ursprünglichen Texte wird לִנְפֹּשְׁךָ und לִנְפֹּשִׁי gestanden haben,
ersteres an der ersten, letzteres an der zweiten Stelle. Von
der falschen Auffassung des לְ als Bezeichnung des Dativs
gieng die Verderbnis des der griech. Uebersetzung zu Grunde
liegenden Textes aus. יְבַקֵּשׁ ward beide Male אֲבַקֵּשׁ, in Folge
dessen wurden die Pronomina umgestellt. Der MT. hat לְ
richtig gedeutet. Die Verkehrung der Pronomina ist hier
entweder zufällig — ך und י wurde häufig verwechselt und
grade auch als Suffixa der ersten und zweiten Person — oder
es liegt darin vielleicht auch eine Einwirkung des LXXtextes.
— Πεφύλαξαι σύ kann nur auf נִשְׁמַר אַתָּה zurückführen,
denn bei dem Finitum hätte das ausdrückliche Pronomen keinen Sinn. Jene Lesart aber verhält sich zur masorethischen
wie das Dürre zum Grünen.

XXIII.

3. Gegen die mas. Lesart מַעַרְכֹות פְּ" wendet Thenius ein,
es lasse sich bei einem Raubeinfalle an keine *Schlachtreihen*
denken. Nun gut, so übertreiben Davids Leute die Gefahr,
um ihre Furcht zu rechtfertigen. So etwas würde ganz am
Platze sein, doch bedeutet מע" nur Linientruppen, das Gegentheil einer irregulären Bande, wie sie um David sich gesammelt hatte. Die Aenderung מִשְׁסֹות welche Thenius vor-
schlägt, ergiebt einen unglücklichen Sinn und ist keineswegs
durch die LXX bezeugt. Die Gestalt des griech. Wortes,
welches in LXX vor τῶν ἀλλοφ. steht, schwankt nach Holmes
zwischen τα σχυλα, τα σχωλα, τας χοιλιας, τας χοιλαδας.

Die Unsicherheit herrscht also hinsichtlich des Hauptvokals — die Endungen der beiden zuletzt aufgeführten Varianten kommen als Spuren der Willkür tragend nicht in Betracht. Nun hat σκοιλα vor σκωλα und σκυλα, welche einen unpassenden Sinn haben, den Vorzug, dass es nichts bedeutet, also wohl einen Eigennamen verbirgt. Aus εἰς Κειλα τῶν ἀλλοφ. konnte εἰς σκειλα, daraus weiter, wenn man bedenkt, welche Ungeniertheit in den LXXhdschrr. hinsichtlich der Setzung und Nichtsetzung des Artikels vor dem Status constr. herrscht, εἰς τὰ σκωλα u. s. w. werden. Dann also wäre εἰς Κειλα und εἰς τὰ σκῶλα Duplette, gleicherweise wie πορευθῶμεν und εἰςπορευσόμεθα, und אל־המערכות hätte LXX überhaupt nicht gelesen. Dass Davids Leute Qe'ila für eine Philisterstadt ausgäben, hielt man wegen des Gegensatzes ביהודה für möglich.

6. Während קעילה aus sachlichen Gründen nicht zur ersten Vershälfte gezogen werden kann, so verbieten sprachliche die Stellung קעילה א״י ב״. Mit der Umstellung ירד אפוד, für die man sich schwerlich auf LXX wird berufen können, wäre in dem Falle geholfen, wenn man בברה übersetzen dürfte „nachdem er geflohen war." Inzwischen erscheint es vorsichtiger, קעילה zu streichen. — Uebrigens hätte der ursprüngliche Vf. die v. 6 enthaltene Bemerkung wohl früher gebracht, wenn anders wirklich die Befragung v. 2. 4 sich an das Los des Priesters wendete.

7. נכר scheint aus מכר (LXX) und נתן zusammengeflossen.

8. Gegenüber den Gründen, wegen deren Thenius לרדת למלחמה (in umgekehrter Ordnung) lesen will, bemerke ich, dass שַׁמַּע nicht „hören machen", sondern „aufbieten" heisst 15, 4 *). Die Veränderung der hebräischen Stellung in der griech. Uebers. hängt damit zusammen, dass וישמע durch καὶ παρήγγειλεν wiedergegeben ist.

---

*) Synonym ist הזעיק. Oder heisst etwa 2 Sam. 20, 4 f.: „Lass mir schreien das ganze Volk!"? — Uebrigens ergiebt Thenius' „richtiger" Text in seiner Uebersetzung (Saul machte hören das ganze Volk herabzuziehen zum Streit) Unrichtiges. Saul liess nicht ausposaunen wem die Rüstungen gelten v. 9, viel weniger gleich Qeila zum Sammelpunkt bestimmen.

9. מהריש = schmiedend. Die Verkennung dieser sonst nur dem Qal eigenen Bedeutung hat in der LXX das οὐ vor παρασιωπᾷ erzeugt; s. Einl. S. 26 f.

11 f. In LXX ER. ist eine grosse Lücke auszufüllen, die dadurch entstand, dass man von dem ersten καὶ εἶπε κύριος auf das zweite übersprang. Dagegen ist εἰ ἀποκλεισθήσεται v. 11 zu streichen als ein erst durch die jetzige Lücke hervorgerufener Nothbehelf, eine aus der Antwort des Herrn conjicierte Verbesserung der Frage Davids — καὶ νῦν ist ein deutliches Zeichen, dass in Wahrheit die Frage erst hier beginnt. Es ergiebt sich also, dass LXX zwar im Uebrigen durchaus mit dem MT. übereinstimmt, jedoch im Anfange היסגרני — בידי nicht kennt. Diese Worte stehen in der That erst v. 12 an ihrer rechten Stelle; hier, wo sie in sehr störender Weise vorgreifen, sind sie wohl nur durch Zufall eingedrungen. Denn da das Suff. der ersten Sing. in בעבורי v. 10 auch durch LXX bezeugt ist, so ist es gefährlich, dasselbe nebst dem folgenden ה zu streichen, um demnächst בעבור יסגרני וגו׳ verbinden zu können *).

13. „Sechshundert" der LXX statt „vierhundert" des MT. erklärt sich durch 22, 2.

14 ff. Zwischen v. 13 und v. 19 kann ursprünglich nichts weiter gestanden haben als etwa die Bemerkung, David habe sich in der Wüste von Zif auf dem Gebirge niedergelassen.

15. וירא. Man hat trotz 26, 3 hier mit Ewald III. S. 127 auszusprechen וַיִּרְא, nicht bloss um einen Zusammenhang mit dem Vorhergehenden herzustellen, sondern namentlich um das Folgende zu motivieren; vgl. „er stärkte seine Hand" v. 16 und „fürchte dich nicht" v. 17. — Den Lokalis חרשה trotz vorhergehenden בְּ fand auch LXX vor.

19. זפים = die Zifäer. Die genaue Angabe der Lokalität am Schlusse des Verses macht das Verständnis der Erwiederung Sauls v. 22 unmöglich, ist also hier fälschlich aus 26, 1 eingedrungen, jedoch mit der Aenderung מימין statt על־פני, welche sich aus v. 14 erklärt.

20. נֶפֶשׁ הַמֶּלֶךְ, LXX נֶפֶשׁ הַמֶּלֶךְ, so dass aus dem Vokativ der Genitiv geworden und damit zugleich die Anrede

---

*) Die arabische Construction בעבור הַסְגִּירֵנִי בַּעֲלֵי קְעִילָה ist für das Hebräische ganz unerweislich. Gegen Thenius.

des Königs mit דו vermieden ist. Vgl. 16, 16. 17, 32. 20, 8. 24, 15. 25, 41. 26, 17. 27, 4 in MT. und LXX.

21. Statt המלתם, welches durch die Präposition על bestätigt wird, las LXX עמלתם, ein erst sehr spät gebräuchliches und in Verbindung mit עם (commodi statt incommodi) nicht nachweisbares Verb.

22. Es ist deutlich, dass שם und אשר Einen Relativsatz begrenzen, dessen Zusammenhang durch מי ראהו nicht gesprengt werden darf. Mit Recht hat darum Thenius nach LXX aus jenem unverständlichen Fragesatze das Adjectiv המהרה gemacht, welches wohl auch Sephanja 1, 14 beabsichtigt ist. — Der Schluss des Verses in LXX ist versehrt.

23. LXX las von v. 23 a nur: וראו ודעו והלכתי אתכם. Weder ein zufälliger Ausfall noch eine absichtliche Auslassung lässt sich wahrscheinlich machen; nothwendig ist in hebräischer Erzählung das Plus des MT. keineswegs. Zu מכל s. Ew. §. 278 c; שבהם hat die Bedeutung des Hifil = Rückbescheid bringen.

24. Man erwartet hier erzählt zu finden, dass die Zifäer thaten wie befohlen und vor Saul kamen meldend: David u. s. w.

25. לבקש, lies mit LXX לבבקש. Die Ursache für den Ausfall des ב in MT. liegt auf der Hand. — Für וישב liest LXX mit Recht אשר, denn הסלע ist kein Eigenname. „David zog hinab (= südlich, vgl. 24, 1 mit 25, 1) zum Felsen, der in der Wüste Maon liegt." Der Fels wird v. 28 specieller benamst und aus v. 26 ergiebt sich, dass David nicht auf denselben hinaufstieg, sondern am Fusse blieb: es dürfte sonst auch wohl kaum הסלע וירד gesagt sein. Die Uebersetzung „er stieg vom Felsen herab" verkennt den Zusammenhang mit v. 26 ff., abgesehen davon, dass ihre sprachliche Möglichkeit unerwiesen ist.

26. Lies zu Anfang שאול ואנשיו.

XXIV.

4. על-הדרך = אֲשֶׁר על-הדר, vgl. 27, 1 mit v. 3. 23, 19. — Zu παρασκευάζεσθαι als Uebersetzung von הסך את-רגליו s. Schleussner, Lex. in LXX.

5. הנה היום הזה (LXX) ist hier nicht möglich, denn ה-" הו könnte nur entweder Subject sein, dann fehlte das

Prädikat oder Akkus. der Zeit, dann fehlte der Satz. Den Sinn „dies ist der Tag, an welchem —" drückt einzig der MT. aus, s. zu 30, 16.

6. אֶת־כָּנֶךָ ist sprachlich verwerflich, lies mit Thenius אֶת־כָּנֶךָ הַמְעִיל.

8. וַיּוֹשַׁע, LXX ἔπεισεν *). Aber ein Tropus ist wünschenswerth wegen der Hinzufügung von בדברים, welche sonst ziemlich matt wäre. — לָקוּם עַל, LXX ἀναστάντας ϑῦσαι.

11. וַאֹמַר passt weder als dritte Person des *Perfectum consec.* noch als *erste Person* des Imperf. cons. **). Richtig darum LXX וָאֲמָאֵן, woraus sich durch den Uebergang וָאֹאמֵר die Lesart des MT. leicht erklärt. — וַתָּחָס ist wohl statt וָאָחֹס (LXX) verschrieben, im Glauben, es folge עֵינִי.

12. Die Uebersetzung ἐγὼ ἀφῆρηκα für כִּי בְכָרֹתִי lockert das Satzgefüge und ist durch Misverständnis von וְלֹא־הֲרַגְתִּיךָ veranlasst, welches nur eine untergeordnete Bestimmung zu בְכָרֹתִי enthält = ohne dich zu tödten. — צָדֶה δεσμεύεις?

14. Als Glosse verräth sich v. 14 aufs unzweideutigste durch Wiederholung der letzten Worte von v. 13. Sie ist gemacht zu v. 12, zu den Worten Davids, Saul könne daran, dass als die Gelegenheit sich bot nichts Böses von ihm ausgieng, erkennen, dass er nicht böse sei.

15. LXX fängt mit einem metabatischen וְעַתָּה an, vgl. 15, 2. 23, 11.

19. Man kann als Object zu „du hast heute gezeigt" im MT. die Worte „dass du mir Gutes gethan hast" nicht wohl gebrauchen; die *That* ist nicht das was gezeigt *wird*, sondern sie ist eben selbst das was *zeigt*, und Gegenstand des Zeigens ist vielmehr die Gesinnung. Hält man sich nun aber wie Thenius an die LXX „du hast *mir* heute gez." und versteht das הִגִּיד als mündliches, so verliert zunächst „heute" jede Bedeutung, und ferner ist es entweder, wenn man הִגִּיד als

---

*) merkwürdig der Chald.: פַּיֵּס.

**) Letztere Aussprache befolgt Hieronymus. Thenius freilich findet aus dessen Uebersetzung die Brücke heraus zwischen angeblichem וְלֹא אֲבִיתִי der LXX und וָאֹמַר des MT. „Die Entstehung der Texteslesart erklärt sich noch näher aus Vulg.: et cogitavi ut occiderem te, mithin (!) וָאֹמַרְתִּי, verschrieben aus אֲבִיתִי und לֹא ausgefallen.

berichten auffasst, in diesem Zusammenhange ganz unpassend, dass Saul die Thatsache, für die er sich bedanken will, vorsichtig als eine auf Davids Autorität anzunehmende bezeichne, oder, wenn man das betr. hebr. Wort *vorhalten* heissen lässt 1 Sam. 3, 13, so ist es noch unpassender, dass Saul hier einen Seitenhieb austheile auf Davids ausführliche Verwerthung des eigenen Edelmuths v. 10—16.

20. Ἀποτίσει αὐτῷ statt יְשַׁלֵּם wird durch das folgende καθὼς πεποίηκας nicht bestätigt und ist veranlasst dadurch, dass man die wahre Apodosis zum Bedingungssatze, nemlich die Frage וִישַׁלֶּה, verkannt hatte und nun wohl oder übel den nächstfolgenden Satz dazu einrichten musste. Durch diese falsche Construction erklärt sich auch ἐν θλίψει: das einfache friedlich Ziehenlassen eines Feindes schien nicht ausserordentlichen Lohnes werth. Der Zusatz ist aber schon deswegen falsch, weil er die Sentenz dem Beispiel inadäquat macht, von dessen Anschauung sie doch deutlich ausgeht: David fand den Saul nicht „in Bedrängnis." — Die Stellung des היום הזה im MT. ist jedenfalls die ursprüngliche.

XXV.

1. Statt פָּארָן lies nach v. 2 מָעוֹן mit LXX, Thenius.

2. Die von Thenius vorgeschlagene Construction von v. 2 —5 ist unmöglich; denn v. 5 ist stetige Fortsetzung des v. 4, also v. 3. 4 keine Parenthese, und וַיְהִי v. 2 kündigt hier nicht וִישַׁלֶּה v. 5 zum Voraus an, sondern gehört eng zu den unmittelbar folgenden Worten. Würde es davon getrennt, so wäre בִגְזֹז subjectslos und בְּגָזְזוֹ nothwendig: es bestätigt aber auch LXX die Richtigkeit des בִגְזֹז. Also hat man zu übersetzen: er war aber bei der Schur seiner Schafe —.

6. לֶחִי, LXX εἰς ὥρας Gen. 18, 10. 14 (Th.). Hieronymus bezeugt mit der Uebersetzung „fratribus meis" das Alter der Vokalisation לֶחָי. Denn der Zusammenhang führte doch auf den Sing. fratri meo, der nach der blossen Schrift ebensowohl möglich war: es kann also nur die traditionelle Aussprache lechái gewesen sein, welche den Plural „fratribus meis" veranlasste. Ueber das Verständnis der Worte wird man schwerlich ins Reine kommen. Der Accentuation, wenn sie den Athnach zu לֶחִי setzt, liegt die Auffassung des Hieronymus zu Grunde, mit welcher sich aber das allseitig bezeugte וְ vor אֶת־ה schlecht verträgt, wonach die Oratio recta vielmehr

schon mit לֹהִי anzugehen scheint. Dennoch muss ich gestehen, dass mir die Uebersetzung „und saget also zu meinem
Bruder (לְהִי): sowohl du —" verhältnismässig am vernünf-
tigsten vorkommt *).

7. Das Hifil von כלא wird nicht gebraucht und schon
deshalb käme הכלאנם, wenn die LXX (ἀπεκώλυσ. αὐτούς) so las,
vgl. v. 15, kaum in Betracht. Wenn LXX nach עמנו liest
וְלֹא, so bestätigt sie damit das mas. היו עמנו gegen ihr οἵ
ἦ. μ. ἦ., denn über die Unrichtigkeit der Construction ὅτι
κείρουσί σοι νῦν οἱ ποιμένες kann kein Zweifel sein.

8. Die עבדיך am Schlusse fehlen vielleicht deshalb in
LXX, weil man sie den anfangs erwähnten נעריך gleichsetzen
zu müssen glaubte und dann die weitgehende Fürsorge Davids für Nabals Gesinde natürlich nicht begreifen konnte.

9. וינוחו wird durch ויקם (Thenius nach LXX) nicht ge-
bessert, denn ויקם ויען נבל ist, da das folgende Object nicht
zu beiden Verben gleicherweise gehört, kein gutes Hebräisch.
Meiner Meinung nach bedarf es indes auch nicht der Besserung; ein „bis sie fertig waren" — darauf würde der Sinn
von וינוחו hier schliesslich hinauskommen — passt durchaus
zum Stile populärer Erzählung.

10. Lies הָעֲבָדִים.

11. Τοῖς κείρουσί μου τὰ πρόβατα würde auf hebräisch
heissen לְגזֹזי צאני. Da aber die Stellung des μου es zu κεί-
ρουσι verweist und also לְגֹזֲזֹי gelesen ist, so ist τὰ πρόβατα
griechischer Zusatz. — Von Wasser ist Nabal nicht trunken
geworden und was er sich selbst leistete, wird er seinen Gä-
sten nicht vorenthalten haben, die er vielmehr regalierte wie
ein König. Auch bringt Abigail v. 18 Wein, kein Wasser.
Also יֵינִי LXX mit Thenius u. Ewald; nicht מימי.

14. Thenius vermuthet, dass נער, welches die LXX, wie
es scheint, nicht vorfand, von einem mit der Erzählung bekannten Schreiber herrühre, der jenes Wort hinzugeschrie-
ben, ehe er bemerkt, dass מה "אהד folge. An sich läge es
noch näher, nach Einl. S. 26 an eingesetztes אחד zu denken;

---

*) Die Freundlichkeit, mit welcher David seinen Leuten gegenüber
den Nabal Bruder nannte, könnte ein ganz beabsichtigter Gegensatz zu
Nabals Grobheit sein. Schreibungen wie לחי für לאהי sind auch im
Hebräischen nicht beispiellos (Böttcher §. 429 A 5).

doch ist die arabische Redeweise „ein König von den Königen" für das Hebr. mit anderweitigen Beispielen nicht zu belegen. — ויטם. Die Uebersetzungen rathen. LXX ἐξέκλινον wie 14, 32 ἐκλίθη, Syr. Chald. Hieron.: aversatus est eos, andere ἀπεστράφη, ἐξουδένωσε. Mit ויקם, auch wenn es Syr. etc. gelesen hätten, wäre nicht geholfen: es kommt hier auf *Aeusserung* der Empfindung an. Empfehlenswerth ist vielmehr die alte Conjectur ויבזם, worauf auch das dem Theodotion zugesprochene ἐξουδένωσε zu führen scheint.

15. Die Worte בהיותנו בשדה am Schlusse des Verses werden in LXX durch vorgesetztes ‍ von den Vorhergehenden getrennt und mit dem Folgenden (v. 16) verbunden. Dadurch entsteht aber der Schein, als berichte v. 16 etwas in Vergleich zu dem v. 15 Erzählten örtlich und zeitlich Verschiedenes, während doch „alle Tage, wo wir mit ihnen herumzogen" v. 15 und „alle Tage, wo wir bei ihnen waren" v. 16 beweist, dass die Aussagen beider Verse sich in Hinsicht auf Ort und Zeit gleichlaufen, indem der negative Inhalt von v. 15 im 16ten Verse positiv gewendet wird. Man fragt sich also vergebens, warum Thenius die Abtheilung der LXX für weit schicklicher hält als die des MT.

17. אם hinter ראי (LXX) ist für uns Moderne unerlässlich — aber der Hebräer liebt solche Retouchierungen nicht sehr und kommt auch ohne sie aus. Vgl. 29, 10. LXX. 28, 22. 2 Sam. 3, 8. 1 Reg. 18, 18. Iob 21, 20.

18. סאים, LXX οἰφι. Thenius findet das grössere Mass wahrscheinlicher wegen der Menge der zu sättigenden Menschen, aber die Erhöhung der Sea auf eine Efa ist eine halbe Massregel, und im Geiste dieser Kritik läge es, aus den Krügen Weins Stückfässer und aus den Schafen Ochsen zu machen. In Wahrheit sind die Geschenke trotz v. 27 nicht zur Sättigung von Davids Leuten bestimmt — insonderheit ist קלי immer nur ein Leckerbissen — und οἰφι, sich erklärend aus 17, 17, ist schon deshalb verdächtig, weil dieses Mass überhaupt nie mit Zahlwörtern verbunden vorkommt und auch nicht im Plural. — Statt ומאה las LXX wohl וגמשא; denn καὶ γομορ kann leicht aus καὶ γόμον (cod. 236 Holm.) entstanden sein, wie 2 Reg. 5, 17 in cod. Al.

20. Abigail geht bergab, David kommt ihr entgegen und geht doch auch bergab — wie soll man das reimen? Thenius meint, wenn ich ihn recht verstehe, David sei von einem dem Karmel gegenüber liegenden Berge herabgekommen und

im Thal zwischen beiden sei dann etwa die Begegnung erfolgt. Es ist aber kaum erlaubt, so viel topische Geographie aus dem doppelten ירד zu erschliessen. Ausserdem kommt Abigail nach den Worten des Textes nicht *vom Berge herab,* sondern בסתר ההר, also an der Seite des Berges her, wo von eigentlichem Herabsteigen nicht die Rede sein kann. Demnach muss ירד hier in einem allgemeineren Sinne gebraucht sein als wäre es etwa s. v. a. רְדָא, vgl. 29, 4. 9.

22. לאיבי דוד, LXX τῷ Δαυιδ. Letzteres ist augenscheinlich das Richtige. Aber da die Bedingung אם אשאיר וג׳׳ ganz gegen Davids Erwarten erfüllt wird, so würde er sich nach der ursprünglichen Lesart hier strenggenommen wirklich Böses an den Hals gewünscht haben — hätte nicht jüdische Vorsorge dasselbe auf das Haupt seiner Feinde abgeleitet durch Einschiebung von אֹיְבֵי. Vgl. 14, 44. 2 Sam. 12, 14.

23. Man erwartet durchaus לפני דוד על־אפיה 2 Sam. 14, 33, vgl. v. 4. 1 Reg. 1, 23. Für לאפי = לפני kann man sich nicht auf Gen. 48, 12. Num. 22, 31 berufen, denn das Verständnis dieser Stellen richtet sich nach 1 Sam. 20, 41. 2 Sam. 18, 28.

24. Ein neues ותפל würde hier nur in dem Falle verständlich sein, wenn Abigail sich von dem Fussfalle v. 23, den man sich als in einiger Entfernung von David geschehen vorstellen müsste, inzwischen erhoben und dann zu Davids Füssen einen zweiten gethan hätte. Das wäre allerdings äusserst kurz erzählt, und man lässt wohl besser mit LXX ותפול v. 24 aus und verbindet לרגליו mit תשתחו ארץ v. 23.

26. Man könnte Anstoss daran nehmen, dass Abigail hier Bezug zu nehmen scheint auf Ereignisse der Zukunft, als wären sie längst geschehen. Zwar dass sie sich bedankt für etwas, was sie eigentlich erst erbitten will, versteht sich bei der klugen Frau wohl, aber wie soll man den Wunsch auffassen: Mögen wie Nabal deine Feinde werden —? Am nächsten läge die Deutung „möge Nabals *Schicksal* deine Feinde treffen", doch mit dem bisherigen Schicksal jenes Mannes liess sich eher segnen als fluchen. Man wird also die Pointe in der Appellativbedeutung des Eigennamens Nabal suchen müssen. Denn die Annahme, dass offene Rücksicht genommen sei auf v. 37, würde die andere nach sich ziehen, dass v. 26 b eine Interpolation sei. Nur wird es nach dem Character des Folgenden wahrscheinlich, dass eine unwillkür-

liche Prophezeiung Abigails von dem Schriftsteller beabsichtigt war.

27. הביא s. v. 35.

28. Man sollte nach dem Vorhergehenden als Sinn der letzten Worte erwarten: und Böses wird dich nicht treffen alle dein Leben lang. Aber בְּךָ scheint das Nifal תמצא zu erfordern.

29. ויקם, lies וַיָּקֶם oder וַיָּקָם.

31. Thenius hält mit Recht das Anderen zugeschriebene λυγμός für die echte Lesart der LXX (ER. βδελυγμός). — לב מכשול, LXX einfach σκάνδαλον. Ob לב richtig ist, hängt von der Bedeutung des Worts פוקה ab. Bedeutet dies wirklich, wie die jüdischen Uebersetzungen bis auf Hieronymus fast allgemein annehmen, *Schluchzen*, so lässt sich gegen לב nichts einwenden. Anders steht die Sache, wenn jenes Wort eine mehr objective Bedeutung hat. In diesem Falle wäre es wahrscheinlich, dass לב = לב eine Wiederholung von לְךָ wäre, an die sich die höfliche Verbesserung לאדני anschlösse, und mit לב fiele auch das folgende לאדני. S. zu 23, 20. — Streiche ן vor לשפך mit LXX, vgl. Einl. S. 26, und restituiere יד nach וּלהושיע, ebenfalls mit LXX: dies Wort, auf Gewalt hindeutend, giebt erst der Redensart, in der es hier vorkommt, den wesentlichen Sinn. — Ἀγαθῶσαι αὐτῇ am Schluss des Verses ist freilich nichts Ursprüngliches, beruht aber auf richtigem Verständnis von הזכרת. Denn um zu sehen, dass die von Thenius befolgte Construction der Sätze v. 30 f. verfehlt sei, braucht man sie nur durchzuführen: „Und wenn Jahwe sein Wort erfüllen und dich zum Fürsten über Israel bestellen wird und dir dies nicht zum Seufzer und Gewissensanstoss gereichen wird, ohne Grund Blut vergossen und dir gewaltthätig Rache verschafft zu haben und Jahwe dir wohl thun wird, so wirst du mir danken —!" Es ist klar, dass der Nachsatz mit dem Anfange von v. 31 beginnt.

32. אביגל, s. Einl. S. 19.

34. תבאתי des Ketib ist eine Verschreibung, die sich aus Abirren des Auges auf die Endung des folgenden Wortes erklärt (Thenius). — כי אם. Die Wiederholung von כי auch im Nachsatze ist etwas ganz Gewöhnliches, z. B. 1 Sam. 14, 39.

Jer. 26, 15; und τότε εἶπα ist einfach Uebersetzung von כי.
Vgl. LXX. 28, 13 (כי = εἰπόν).

37. Dass ὡς ἐξένηψεν ἀπὸ τοῦ οἴνου Ναβαλ Uebersetzung
des mas. כצאת sei, ähnlich wie 1, 14, ist schon an sich das
Wahrscheinlichste und wird bewiesen durch die Stellung von
Ναβαλ hinter ἀπὸ τοῦ οἴνου, welche sich nur aus כצאת היין
מנבל erklärt, nicht aber aus כהקיץ נבל מהיין (Ew. §. 237b).

38. כעשרת הימים. „Als zehn wurden die Tage" darf man
nicht übersetzen, da עשרת als Stat. constr. nicht Prädikat
sein kann. Es wird also wohl der Artikel zu streichen sein,
vgl. LXX ὡσεὶ δέκα ἡμέραι.

42. הלכת ist Prädikat und darf deshalb den Artikel nicht
tragen, dessen Entstehung an dieser Stelle sich leicht erklärt.

43. גם vor שתיהן setzt eigentlich voraus, dass gesagt sei:
sowohl (גם) die eine, als auch (גם) die andere. „Die eine
und die andere" ist nun hier zusammengefallen zu „sie beide",
גם aber sondert es wieder in seine zwei Bestandtheile, obwohl
es natürlich nur einmal stehen kann, da שתיהן nur Ein
Wort ist.

XXVI.

4. אל־נכון würde man eher nach וידע erwarten, vgl. 23,
23; nach בא sieht man in אל die Präposition des *Ortes*, um
so eher, als die Kundschafter doch jedenfalls über den *Ort*,
an dem Saul lagerte, Nachricht bringen sollten. Die LXX
bieten nun auch einen Ortsnamen ἐκ Κειλα (ἔτοιμος ist Duplette), welcher, wenn er sammt der Präposition ἐκ richtig
wäre, beweisen würde, dass sich 26, 1 ff. wirklich einst wie
die Parallele 23, 19 ff. unmittelbar an 23, 1—13 anschloss.
Aber v. 4 muss David Genaueres erfahren, als er v. 3 schon
gesehen hat und darum ist ἐκ Κειλα falsch. Auch der Vorschlag Ewalds III. S. 132, zu lesen אל־נקר מערה, ist nur
theilweise treffend; eine Ortsangabe mit אל wird hier allerdings erwartet, diese besondere entspricht aber nicht der Situation des Folgenden.

5. Der hier ganz widersinnige Zusatz λάθρα zu ויקם
stammt aus 24, 5. Im Weitern irrte LXX vom ersten
המקום auf das zweite ab, wodurch die folgende Erzählung
unverständlich wird; denn sie setzt voraus, dass David von

dem Orte, wo Saul schlief, noch ziemlich weit entfernt war und denselben nur absehen konnte.

8. אלהים, LXX יהוה. Vielleicht אלהיך. — ובארץ ist nicht dem בהיות, sondern dem Suffix in אבי coordiniert. Natürlicher würde gesagt sein wie 18, 11. 19, 10: אבה בהיות בי ובארץ.

9. תשחיתהו, LXX תשחתהו Prov. 12, 25, vgl. dagegen v. 15.

12. Ob eine Verkürzung מְרָא statt מִמְּרָא möglich ist? Jer. 13, 18 ist für den gleichen Sinn punctiert מְרָא. Ich glaube, dass ein drittes Mem zwischen zwei andern ausgefallen ist, vgl. indes Hitzig zu Hos. 4, 19. — Das י am Ende bestätigt die Lesart מראשׁתיו der LXX, statt שׁאוּל מְ.

14. בֵּן בֵּרִי, LXX דֻּבֶּר.

16. Da es Nacht ist und auch bei Tage sich der Speer des Königs auf weite Entfernung von einem gewöhnlichen nicht unterscheiden liess, so wird man unserem freilich sorglosen Erzähler zutrauen dürfen *), dass er nicht, wie es in der Parallele c. 24 geschieht, den David seine Trophäen vorzeigen lässt. Eine Frage also „siehe wo sind Speer u. Trinkschale des Königs?" wird das Richtige sein. Befremdend ist nun aber, dass אֵי הִיָת mit וְאָת־צֵצ fortgesetzt wird. Dass letzteres für וְאֵי verschrieben sei, ist nicht anzunehmen, denn die Gefahr einer solchen Verschreibung läge nur nahe unmittelbar nach רְאֵה für das erste אֵי; nachdem dieses einmal den richtigen Weg vorangegangen, wäre sie für das zweite beseitigt. Behält man aber וְאָת־צֵ bei, so setzt dies auch אֵי־דָה voraus; und dadurch kommt man wieder mit jenen sachlichen Erwägungen in Collisionen, von denen ich ausgieng. Diesen sucht nun Thenius dadurch gerecht zu werden, dass er nach LXX ER. Al. אַיָם hinter הַמַיִם einschiebt. Aber für dieses Wort lässt der folgende Relativsatz keinen Platz. Man wird schliesslich auf den MT., wie er vorliegt, zurückkommen und denselben zur Noth nach 17, 34 erklären.

17. קוֹלִי, LXX עבדך, beides s. v. a. „ja." Vgl. unser „zu dienen" und 2 Sam. 9, 2. 15, 15. Das Höflichere ist das weniger Ursprüngliche.

---

*) Man kann sich dafür auf v. 17 berufen, wo Saul den David an der *Stimme* erkennt. Wenn das Gleiche auch 24, 17 vorkommt, wo es *nicht* motiviert ist, so ergiebt sich daraus die grössere Originalität von cap. 26.

20. Während man der Beweisführung Thenius' gegen את־פרעש אחד des MT. für את־נפשי (LXX) nur beistimmen kann — schon das את genügt, um gegen die mas. Lesart Zweifel einzuflössen —, so kann man sich nur wundern über sein von aller Bezeugung verlassenes הכוס statt הקורא. Abgesehen von dem komischen Einfall, den verfolgenden Saul mit einer Eule zu vergleichen statt etwa mit einem reissenden Thiere oder meinetwegen auch einem anständigen Raubvogel, wäre in den Worten „wie die Eule auf den Bergen jagt" (! Ψ. 102, 7) grade das Wichtigste ausgelassen, nemlich das Object. Darauf kommt es dem David doch nicht an, Sauls Jagd, als ob sie ins Leere gienge und weder Zweck noch Ziel hätte, durch eine abgeschmackte Vergleichung lächerlich zu machen, sondern dass *er*, ein Mensch, davon getroffen wird, will er hervorheben, dass *er* gehetzt werde wie ein wildes Thier — das logische *Subject* darf fehlen, das *Object* nicht. הקורא als *jagdbares*, nicht *jagendes* Thier ist also jedenfalls richtig, und es fragt sich nur, ob man mit den Punctatoren ירדף mit Saul als Subject aussprechen will, wogegen sich Bedenken erheben, oder nicht vielmehr dem sprichwörtlichen Character des Satzes und dem Artikel הַקֹּרֵא zu lieb יִרְדָּף. Zur Noth liesse sich freilich auch ירדף als „man verfolgt" fassen.

22. ה vor חניות ist mit Recht vom Qeri gestrichen.

23. Für ביד lies בידי, vgl. 19, 9. Der Fall ist bei זִמְרָת Ex. 15, 2. Jes. 12, 2. Ψ. 118, 14 und Ψ. 16, 6. Jer. 49, 25 Qeri ein anderer, sofern diese Form weder mit dem Stat. abs., noch mit dem Stat. const. zusammenfiel.

XXVII.

1. אספה ביד ist eine durch LXX bezeugte Prägnanz, welche die übrigen Uebersetzungen verwischen. — Nach אין לי טוב muss man כי entweder so viel bedeuten lassen als כי אם (LXX ἐὰν μή wie 26, 10) oder letzteres wirklich schreiben. Das zweite wird das rathsamere sein, zumal sich nach dem Texte der LXX כי אם אמלט (mit Auslassung des Inf. abs.) der Ausfall des אם leicht begreift.

3. Lies mit LXX הכרמלי wie 30, 5. 2 Sam. 2, 2.

8. In LXX werden hier nur die Gesuräer (Γεσιρί) und Amalekäer genannt. Es scheint somit, dass הגשורי u. הגרזי Duplette seien, s. Einl. S. 14 Anm. 2, S. 27 a. E., und über ן S. 26. Wie aus Jos. 13, 2 trotz v. 11. 13 gefolgert werden könne, dass es auch in der Nähe Philistäa's Gesuräer gegeben habe, ist mir unverständlich — vielmehr steht der Vf. auf dem Standpunkte von Jud. 11, 15—27, wonach Israels Gebiet in der vorkönigl. Zeit sich nicht über den Jabbok erstreckte. Also wird הגרזי als הגזרי vorzuziehen sein Jud. 1, 29. 1 Reg. 9, 16. Vgl. übrigens S. 140 Anm. 1. — כי הנה ישבת הארץ. An der Lesart zu rütteln, empfiehlt sich nicht; ihre Unerklärlichkeit trotz der einfachen Worte und LXX (הִנֵּה יֹשֶׁבֶת הָאָרֶץ) bestätigen sie. Ein Verständnis derselben scheint namentlich deshalb unmöglich, weil in dem Vorhergehenden kein Wort sich findet, worauf הִנֵּה sich beziehen könnte. Böttcher hält es darum für nothwendig, zwischen אל und הגשורי einzuschieben בל־ערי. Indes „eine Stadt bewohnt das Land" sagte man nicht und besonders hier lag gar kein Grund vor, die Völker, die ja eben genannt waren, als Subject zu ישב zu vermeiden. Ausserdem ist der Böttcher'sche Text von aller Bezeugung verlassen. Er beruft sich freilich auf ἐπὶ πάντα τ. Γ. der LXX als einen Rest der von ihm vermutheten Lesart (ἐπὶ πάσας?): ist aber ἐπὶ πάντα wirklich nicht anders denn als Trumm eines einst vollständigeren Ganzen zu verstehen, so ist dieses Ganze jedenfalls ἐπὶ πάντα τὸν ἐγγίζοντα *) — also deutlich nur eine für die Erklärung von הנה werthlose Abstraction aus den folgenden Beispielen.

Es ist nicht möglich, für הנה eine Beziehung in dem Vorhergehenden zu entdecken, es liesse sich indessen vielleicht mit dem Folgenden versuchen. ישבת העיר heisst bei den Propheten „die Einwohnerschaft der Stadt." Darnach liesse sich unsere Stelle probeweise übersetzen: denn das sind die Bewohnerschaften des Landes, welches von Telam bis nach Sur sich erstreckt. Freilich ist es bedenklich, prophetischen Sprachgebrauch einem prosaischen Schriftsteller zuzuschreiben

---

*) cod. 19. Holm. καὶ ἐπετίθεντο ἐπὶ πάντα τὸν ἐγγίζοντα καὶ ἐξέτεινον ἐπὶ τὸν Γ. Hier ist καὶ ἐπετίθεντο und καὶ ἐξέτεινον beides Uebersetzung von ויפשטו, erstere die LXXmässige.

und zwar über die Grenzen hinaus, in der er sich bei den Propheten findet, die יֹשֶׁבֶת nur als Stat. constr. *Sing.* in dieser Bedeutung kennen. Aber einigermassen tröstet darüber das späte Alter unseres Schriftstellers *), auf welchen Lektüre einwirken konnte. Und die Erklärung von הֵנָּה wird auf keinem anderen Wege gelingen, als indem sein Geschlecht durch ein folgendes im Nominativ stehendes Substantiv bestimmt ist. Denn schiebe man im Vorhergehenden ein was man wolle: den Gesuräer und Amalekäer wird man doch an seiner jetzigen Stelle stehen lassen müssen, und so lange diese Völkernamen dastehen, wäre es stets unwahrscheinlich, dass der Vf. diesem an sich allein natürlichen und hier der Rückbeziehung am nächsten liegenden Subject zum *verbalen* יֹשֵׁב geflissentlich aus dem Wege gegangen wäre**). — Für עזלם liest טִילָם nach LXX Τελαμ***), s. Thenius und 15, 7.

10. Für אל־פ̇ lies אָן. LXX ἐπὶ τίνα. — Für הירחמאלי scheint LXX gelesen zu haben יִשְׂמָעֵל, indem Ιεσμεγα leicht durch Ιεσμγεα aus Ιεσμαελ verschrieben sein kann; für הקני las sie הקנזי wie 30, 29. Beides falsch, denn es müssen hier den Israeliten befreundete Völkerschaften genannt sein.

XXVIII.

2. אתה, LXX richtig עתה.

3. ו vor בעירו fehlt in LXX u. scheint von einem Schreiber herzurühren, der nach ברמה gleich fortfahren wollte mit וּשָׁאוּל, dann aber die Apposition noch nachholte, nachdem er ו schon angesetzt hatte.

9. Schreib הידענים, vgl. das folgende מן (Thenius).

14. תראי oder תדעי der LXX (s. für beides Trommius unter γινώσκω) beruht auf Verschreibung von תארו. — Ueber זָקֵף der LXX statt זקן vgl. die Einl. S. 13.

---

*) V. 7—12 leidet an unüberwindlichen inneren Schwierigkeiten und widerspricht dem Vorhergehenden und Folgenden, sofern nicht Siklag, sondern Gath als Ausgangspunct vorausgesetzt wird. Cap. 30 setzt keineswegs das hier Erzählte voraus.

**) Denkbar wäre כי הֵמָּה יֹשְׁבָת הָאָרֶץ, denn hieraus liesse sich die überlieferte Lesart wohl erklären. Vgl. LXX u. MT. in 30, 18.

***) codd. XI 44. 242 und neun andere Minuskelcodices Holmes'.

15. וְאַקְרָאֶה לָךְ, LXX קְרָאתִיךָ וְעַתָּה.

16. Zu וְלָמֶּה (LXX ἵνα τί ohne καί) vgl. Ψ. 2, 6. Für עֵרֶךָ giebt LXX μετὰ τοῦ πλησίον σου, als ob רֵעַ aus den Anfangsbuchstaben von עם und רי zusammengeschmolzen wäre. Dennoch habe ich den Muth nicht, עֵרֶךָ für unangemessen zu erklären. Vgl. 20, 10.

17. לוֹ könnte man allerdings nicht auf David beziehen, wohl aber auf Gott; indes liegt לָךְ der LXX näher.

18. הַיּוֹם הַזֶּה, LXX הַיּוֹם, besser weil unbestimmter. In Wahrheit ist nemlich das hier gemeinte Heute = der morgende Tag.

19. Der erste und dritte Satz des Verses besagen genau dasselbe in wenig verschiedenen Worten und sind ursprünglich identisch. Und zwar steht der dritte an der richtigen Stelle, denn in v. 19a versteht sich strenggenommen weder das גם noch עִמָּך, sondern erst hinter v. 19b. V. 19b gehört also eigentlich an die Spitze des Verses, während entweder v. 19a oder v. 19c ihm folgt. Das zeigt auch die Zeitbestimmung, die, gleichmässig für alle Aussagen v. 19 geltend, vernünftiger Weise in der ersten beigebracht werden muss. — Lies נִפְלִים: עִמָּךְ וּבֵינֶךְ אַתָּה מָהֵר mit LXX; נִפְלִים namentlich deshalb, damit עָשָׂה v. 18 mit Fug gesagt sei.

20. וַיִּבֶל וַיְמַהֵר (vgl. v. 24) ist unverständlich. Auf den richtigen Weg führt die LXX, diesmal durch die Consequenz, mit der sie den falschen geht. Sie liest nemlich auch v. 21 מָהֵר und zwar für בָּבֶּל. Daraus ersieht sich, dass וַיְמַהֵר in unserem Verse aus וַיֶּבֶל verschrieben ist.

23. Man kann sich schwer einbilden, dass der synonyme Gebrauch von פָּרַץ und פָּצַר für „in jemand dringen" etwas Ursprüngliches sei, s. z. B. 2 Reg. 5, 16. 23.

XXIX.

2. יֹּסְרֵי. Die Fürsten der Philister heissen in unserem Capitel durchschnittlich שָׂרִים, סַרְנֵי nur hier, v. 6 f. und in LXX auch noch v. 3 u. 9. Die Abwechslung ist schwerlich beabsichtigt.

3. זֶה. LXX ἡμέρας τοῦτο δεύτερον ἔτος. Das wäre etwa יָמִים זֶה שְׁנַיִם oder שְׁנָתַיִם ז׳ י׳, in dieser

Weise übersetzt unter dem Einflusse von 27, 5, welches keine volle zwei Jahre anzunehmen erlaubte, richtiger zu übersetzen „jetzt schon zwei Jahre." Indes wird ἡμέρας der ER. eine Correctur nach dem Hebr. sein, der LXX gehört nur an τοῦτο δεύτερον ἔτος, d. i. זֶה יָמִים שָׁנִים. Dies letztere halte ich für die richtige Lesart. Die des MT. „schon ein Jahr oder schon Jahre" *) ergiebt einen recht unbestimmten Sinn; ausserdem genügt יָמִים und שָׁנִים nicht, um den Gegensatz Eines zu meheren Jahren auszudrücken. Der MT. entstand dadurch, dass man זה ימים שָׁנִים aussprach (s. zu 2 Sam. 13, 23) und sich demnächst genöthigt sah, ein אוֹ זה einzuschieben, grade wie es Chald. Hieron. 20, 12 thun. — Hinter נפלו LXX πρὸς μέ.

4. „Hinabziehen zum Streit" erklärt sich als Sprachgebrauch der bergbewohnenden *Israeliten* 30, 24. 2 Sam. 23, 21, vgl. den Gegensatz עלה 2 Sam. 23, 9 in der Bedeutung „aus dem Kampfe fliehen." Für die Philister müsste genau der umgekehrte Sprachgebrauch gelten und hienach würde יעלה v. 9 in der Ordnung sein, während der Schriftsteller, wenn er hier dem Achis in gleicher Bedeutung ירד in den Mund legt, vergisst, dass er es mit einem Philister zu thun hat **). LXX ἐρχέσθω, aber was das besagen will, ergiebt sich aus v. 9 ἥξει für יעלה.

8. מיום אשר. Es ist entweder אשר auszulassen (und dann vielleicht auch noch הָיוּתִי zu lesen) oder מהיום zu lesen.

9. ''א כמלאך fehlt in LXX; „*ein* Engel *Gottes*" ist für unser Buch verdächtig.

10. ועבדי אדניך σὺ καὶ κτλ., vgl. v. 11 „David, er und seine Leute." Dass der Philister den Saul Davids Herrn und Davids Kriegsmänner die Soldaten Sauls nennt, ist nicht auffallender als dass er v. 6 bei Jahwe schwört. — Dass Achis, unter Versicherung seiner vollkommensten Hochachtung, seinem Lehnsmanne mit einer gewissen Aengstlichkeit mehr als

---

*) Die Uebersetzung „dieses Jahr oder diese Jahre" ist falsch. ימים durch Tage zu übersetzen, ist wegen des „schon" davor verboten.

**) Man könnte kurzer Hand auch hier wie 25, 20 Verwischung des speciellen Sinns von ירד annehmen; aber man hat doch ein Interesse, diese in möglichst engen Grenzen zu halten.

einmal einschärft, er solle baldmöglichst abziehen, den
nächsten Morgen in aller Frühe, das ist ganz begreiflich —
aber er darf dabei nicht denselben Ausdruck zweimal unmittelbar hinter einander wiederholen in der Weise, wie es im
MT. geschieht. Ein solches Zurückkommen auf die selben
Worte erklärt sich nur nach einer Digression, nachdem inzwischen von etwas anderem die Rede gewesen. In der That
finden sich die beiden gleichlautenden Sätze in LXX durch
einen grossen Zwischensatz getrennt, nemlich והלכתם
אל־המקום אשר פקדתי אתכם שם ודבר בליעל אל תשם
בלבבך כי טוב כי אתה לפני, und ausserdem ist auch die Gleichförmigkeit derselben dadurch gemildert, dass statt בבקר 2⁰
gesetzt ist בדרך.

11. Der cod. Vat. hat nach Mai nicht bloss hier für
ישראל *Ἰσραήλ,* sondern auch v. 1, vgl. 2 Sam. 17, 25. Daraus
ergibt sich der Werth auch des *πολεμεῖν* zwischen *ἀνέβησαν*
und *ἐπὶ Ἰσρ.* Wie Thenius dazu kommen konnte, עלו להלחם
כל ישראל zu schreiben, wird nur dadurch begreiflich, dass er
durch Eusebius verführt Afek in die Nähe von Endor verlegte.
Dann allerdings hat hier die Aussage „die Philister zogen hinauf
nach Jezreel" keinen Sinn, da sie lange dort gewesen wären.
Aber Afek ist 29, 1 das selbe wie 4, 1, und Eusebius hat
seine Weisheit nur aus falscher Auffassung unseres v. 1 ge-
schöpft, was man auch seinen Worten (Lagarde, Onomastica
226, 28) ansieht.

XXX.

1. עמלקי, LXX *Ἀμαλήκ,* vgl. v. 18 עמלק, LXX *οἱ Ἀμα-*
ληκῖται. S. zu 15, 6. — נגב ohne Artikel, wie v. 27. Gewöhnlich wird נגב als Stat. abs. in einem allgemeineren Sinne als
הנ״ gebraucht, nemlich für den Süden als Himmelsgegend.

2. ישבו fehlt der LXX, welche ואת־הנשים von לא המיתו
abhängig macht. Man würde aber dann statt וינהגו erwarten
כי־אם שבו וינהגו; denn vgl. נהג v. 22. — מקטן ועד־גדול
lässt sich nicht auf הנשים beziehen und also hat LXX Recht,
vor אשר noch וכל zu lesen. — איש, LXX fügt hinzu *καὶ*
γυναῖκα, ungefähr so, als wollten wir im Deutschen sagen:
sie tödteten niemand und keine Frau. Thenius: „Nach
איש, LXX וְאִשָּׁה, integrierend."

8. Die Antwort רְדֹף verbietet, ארדף als einen der Frage
האשׂיגנו untergeordneten Bedingungssatz aufzufassen („wenn
ich sie verfolge, würde ich sie erreichen?"). Es ist die Haupt-
frage, darum aber auch conform dem האשׂיגנו mit LXX zu
schreiben הארדף.

9. Die an ihrer jetzigen Stelle unverständlichen Worte
הנותרים עמדו enthalten eine Glosse zu v. 10b und verdanken
ihre Entstehung einem Rechentalente, welches ermittelte, dass
200 = 600 — 400.

10. Die beiden Vershälften scheinen die Plätze gewechselt
zu haben. Die Verstellung hängt möglicher Weise zusammen
mit dem Eindringen der Glosse v. 9.

12. וּשׁני צמקים fehlt in LXX ER. vielleicht mit Recht.
Jedenfalls um den Halbverhungerten zum Bewusstsein zu brin-
gen, genügte ein Stück Feigenkuchen, und in dergleichen
Fällen begreift sich im Allgemeinen eine Vermehrung und
Vervollständigung des Ursprünglichen leichter als eine Ver-
minderung.

14. Lies mit LXX על־נגב הכ". — בָּלֵב, LXX Χελουβ,
vgl. meine Dissert. de gent. Jud. S. 13 und meine Bemerkung
zu 2 Sam. 3, 2.

16. Nach וירדהו LXX ἐκεῖ und nach הנה αὐτοί. Nothwendig ist weder das eine noch das andere, 2 Sam. 1, 18.
9, 4 (LXX). 2 Reg. 6, 20. Ew. §. 299a, indes konnte המה
nach הנה leicht ausfallen.

17. Statt des sprachlich zweifelhaften und hier entweder
widersinnigen oder nichtssagenden למהרתם schreibe ich
לְהַחֲרִמָם.

19. וּמשׁלל steht in LXX richtiger vor ועד־בנים ובנות.

20. Das Subject von נהגו und ויאמרו muss auch Subject
des ersten Zeitworts sein. דוד fehlt mit Recht in LXX und
Hieron. und mit Recht ist dort ebenfalls der Numerus der
beiden ersten Verba der gleiche, wenn auch mit Unrecht der
Singular. Ebenso wie דוד ist auch לפני המקנה ההוא falsche
Explicierung, was sich daran zeigt, dass die LXX vielmehr
las לפני השׁלל. Hieronymus hat, wie Thenius richtig gesehen, noch die wahre Lesart לפניו erhalten. Nach diesen Verbesserungen lautet also das Ganze ויקחו את־כל־הצאן והבקר

וַיֶּהְגּוּ לְפָנָיו וַיֹּאמְרוּ: So erst besagt der Vers Neues und
Verständiges, und die Aenderungen sind alle bezeugt. S.
Einl. S. 23.

21. Lies mit LXX וַיִּשָּׁאֲלוּ, denn die Zurückgebliebenen
sind Subject. Der MT. zwänge dazu, unter dem zweiten הָעָם,
worauf allein בָּהֶם sich beziehen lässt, andere Personen zu
verstehen, als unter dem ersten. Wahrscheinlich ist aber mit
וַיִּשָּׁאֲלוּ noch nicht genug geschehen, sondern auch וַיִּגַּשׁ
zu lesen für וַיִּגַּשׁ דָּוִד, worin wieder ein Mal eine falsche Explicierung vorläge, auch hier wie im vorigen Verse möglich
gemacht durch unterschiedslose Schreibung der dritten Sing.
und dritten Pluralis. Denn es bleibt unnatürlich, zu übersetzen „und es nahete David mit dem Volke"; ausserdem,
wenn עַד der LXX statt אֵת richtig ist, so würde wiederum,
liesse man דָּוִד gelten, הָעָם kurz nach einander die Meinung
wechseln: was unmöglich ist.

22. עַמִּי μεϑ᾽ ἡμῶν. Der Singular ist echt hebräisch, s. 2
Sam. 21, 4. — Für הֵלְכוּ LXX רָדְפוּ.

23. Richtig LXX אֲשֶׁר אַחֲרֵי für אַחֲרֵי אֵת אֲ.

24. וּבְךָ — כְּ Jos. 14, 11. Ew. §. 360 a.

26. לִרְעֵהוּ = לְרֵעִיהוּ.

27. בֵּית־אֵל LXX Jos. 15, 30 = בָּתוּל Jos. 19, 4 =
בְּתוּאֵל 1 Chr. 4, 30. Die Lage dieser Stadt tief im Süden
passt weit besser als die von Βαιϑσουρ, wie LXX liest.

28. עֲרָד, LXX Ἀμαδι, Ἀροηρ ist eine nach dem Hebräischen corrigierende Duplette. Es ist klar, dass LXX hinter עֲרָד
(Ἀμαδ) noch einen Buchstaben las, und zwar ה nach Einl.
S. 15. — Die Form עֲרָרָה wird nun nicht nur durch Jos.
15, 22, wo freilich LXX umgekehrt das ה weglassen, sondern
auch durch die heutige Aussprache Ararah (zwischen Beerseba
und Kurnûb) bestätigt. שִׁפְמוֹת (Σαφα, Σαφεκ) ist in dieser
Form ein sehr zweifelhafter Name — schon deshalb, weil er
Jos. 15 nicht vorkommt *). Mit שְׁפָם Num. 34, 10. 11, womit Thenius ihn zusammenbringt, hat er nichts gemein. —
Die Namen, welche in LXX zwischen Esthemoa und Karmel

---

*) Das Verzeichnis der judäischen Städte, namentlich im Negeb,
ist durchaus vollständig. Was Knobel (Comm. zum Josua, S. 406) Ge-
gentheiliges behauptet, beruht auf Ignorierung der Textkritik, u. Debir
Jos. 15, 7 „sonst nicht erwähnt" heisst der Westen.

stehen, haben durchaus keine kritische Bedeutung. *Τοῖς ἐν Γεθ* ist ein Einfall, eben so viel werth wie *τοῖς ἐν Νομβε* v. 31, nach v. 26 veranlasst der eine durch cc. 27. 29, der andere durch cc 21. 22. *Τοῖς ἐν Κιμαθ καὶ τοῖς ἐν Σαφεχ καὶ τοῖς ἐν Θημαθ* ist weiter nichts als eine noch entstelltere Duplette zu *τοῖς ἐν Ἀμμαδι καὶ τοῖς ἐν Σαφα καὶ τοῖς ἐν Ἐσθιε*, speciell ist in *Θημαθ* der Schluss von *Ἐσθημαθ* (vgl. *Ἐλισαβεθ Γελβουθ*), in *Ἐσθιε* der Anfang erhalten. Also liegt hier kein werthvolles Material zur Erweiterung unserer geographischen Kenntnisse vor.

29. רכל, lies כרמל mit LXX. — Zu *Κενιζι* vgl. 27, 10.

30. הרמה ist durchaus dem *Ιαρμουθ* der LXX vorzuziehen — alle die Städte liegen tief im Süden Juda's. — בור עשן ist später Schreib- oder Druckfehler für בור־עשן, wie die Massora liest, veranlasst durch die Bedeutung von עשן. Auf *Βηρσαβεε* gelangten griechische Schreiber schliesslich auch für Bathseba, wie Jos. 13, 5 von Gablath über Galiath zu Goliath dem Philister; es ist aber möglich, dass LXX wirklich שבע für עשן las. — עתך heisst Jos. 15, 42 im MT. עתר, aber in LXX עתך. Dagegen lesen 19, 7 beide עתר — denn in *Ιεθερ* hat sich das Anfangsjod aus dem vorhergehenden *καὶ* angeleimt. Eine Entscheidung zwischen den beiden Varianten ist unmöglich.

XXXI.

1. נלחמים, 1 Chr. 10 besser נלהמו, denn für einen Zustandssatz ist die Angabe zu wichtig. — הגלבע v. 8. 2 Sam. 1, 6 vgl. 28, 4. 2 Sam. 1, 21. 21, 12.

3. בקשת kann nicht zu וימצאהו gezogen werden. Denn selbst zugestanden, dass מצא bedeuten könnte „treffen", so würde doch dann בהצים nothwendig sein, weil zwar wohl ירה mit dem Bogen geschieht, aber gewiss nicht מצא. Da nun aber auch nicht אנשים בקשת zusammengefasst werden kann, so bleibt nur die Verbindung mit המורים übrig *).

---

*) מורה בקשת zu sagen konnte man sich bewogen fühlen, um Verwechslung zu verhüten mit andern Werfern, z. B. mit מורה, dem Werfer der Loose, daher sowohl Entscheider als Wahrsager. Ich benutze die Gelegenheit zur Wiederholung einer bereits anderswo ausgesprochenen Vermuthung, dass מורדה mit ירה nichts zu thun hat,

Diese ist aber nur möglich, wenn man nach dem Texte der Chronik das die beiden Worte trennende אנשים streicht; und dazu hat man um so mehr Grund, als auch המורים אנשים schon für sich genommen der Grammatik widerspricht. Schwierig ist es allerdings, eine Veranlassung für die Hinzufügung von אנשים zu finden: indessen wird dadurch das Gewicht der Bedenken, die gegen die Richtigkeit des betr. Wortes sich geltend machen, nicht leichter, und es haben nicht bloss berechenbare Gründe, sondern auch der unberechenbare Zufall dergleichen Einsprengungen verschuldet. Vgl. zu 2 Sam. 1, 6. 18. — Die Aussprache וַיָּחֶל ist richtig. Das Nifal von חלל kommt häufig, aber nie in dem Sinne „verwundet werden" vor und: er ward verwundet *von* den Schützen — ist unhebräisch. Auch passt מאד jedenfalls zu וַיָּחֶל, ob aber auch zu וַיֵּחֶל, ist die Frage. Es ist möglich, dass schon die Chronik wie die LXX in letzterer Weise aussprach und darum מאד ausliess.

4. וּדְקָרֵנִי 2⁰ fehlt mit Recht in der Chronik, denn dass an seiner Leiche die Philister ihren Muthwillen ausliessen, dagegen ward Saul auch durch die Massregel, wodurch er hier das התעלל verhüten will, keineswegs geschützt. Vgl. Bertheau zu 1 Chr. 10, 4.

6. גם כל־אנשיו — keine kleine Uebertreibung und keine solche, die man auf Rechnung des ursprünglichen Verfassers schreiben darf. Denn der wird sich gehütet haben, dadurch den tragischen Eindruck der einfachen Wahrheit zu schwächen. Lässt man die Worte mit LXX aus, so bewährt die Kritik auch hier wie oft die Wahrheit des alten Spruches, dass die Hälfte mehr als das Ganze sei.

7. עֵבֶר־הָעֵמֶק. Die Ebene Jezreel reichte nicht bis zum Jordan, sondern nur bis zum Gebirge Gilboa. — הערים LXX. Chr. „ihre Städte." Umgekehrt 1 Sam. 30, 5 „sein Schwert", Chr. „das Schwert." Vgl. S. 3 Anm. 1.

9. Sprich וַיְשַׁלְּחוּ mit Thenius, denn wie לבשׂר und auch wohl סביב zeigt, sind Boten das Object, nicht etwa Waffen

---

sondern = מְעָרָה (vgl. תער) ist; die Aussprache kam den Hebräern mit der Sache von den Phöniciern. Vgl. übrigens ausser Gesenius Mon. Phön. p. 154. Μωχα für מעבה, Νωμα für נעמה u. Aehnliches.

und Kopf Sauls. — Für בית ist wegen des folgenden ואת das weit originellere את der LXX und Chr. herzustellen.

10. Chr. — ואת־גלגלתו תקעו בהומת בית שן תקעו בית דגן. Die nächste Annahme, dass was die gleiche Stelle einnimmt, ursprünglich auch gleichen Inhalts war und übereins lautete, wird durch die Aehnlichkeit der ersten Worte begünstigt. Aber was ist der ursprüngliche Wortlaut? Die Angabe des Buchs Sam. ist, wenn nicht wegen v. 12, doch wegen 2 Sam. 21 durchaus unentbehrlich; die der Chronik wird aber ebenfalls, nach v. 9, ungern vermisst. Also hat man sich bewogen gefunden, von der zunächstliegenden Annahme der Identität abzugehen und beide Texte als verschiedene, aber gleich nothwendige und einander ergänzende Bestandtheile des ursprünglichen Textes zu verbinden. Und zwar denken sich Ewald III. S. 152 und Thenius letzteren folgendermassen lautend: „sie legten seine Waffen im Tempel der Astarte nieder ואת־גלגלתו בית דגן; und seine Leiche hiengen sie auf an der Mauer von Bethsan." Es fragt sich, wie hieraus sowohl der eine als der andere jetzige Text entstehen konnte. Der Samuelistext vielleicht durch Versehen, ואת־גלגלתו sieht dem ואת־גויתו ähnlich, und so konnte ein Schreiber vom einen auf das andere abirren. Aber der Text der Chronik? Ganz abgesehen von anderen schweren Bedenken, woher nahm die Chronik ihr תקעו? Aus dem ursprünglichen Text Ewalds erklärt sich dieses Wort an dieser Stelle nimmermehr *). Bertheau daher, diese unlösbare Schwierigkeit fühlend, nimmt, beide Texte einfach zusammenstellend, auch zweimaliges תקעו mit in den Kauf. So schreibt freilich nicht leicht ein Schriftsteller, doch will ich von stilistischen Bedenken absehen: denn auch aus dem Bertheau'schen Urtexte erklärt sich der Text der Chronik nicht. Bertheau selbst gibt zu, dass man an zufälligen Ausfall nicht denken könne — in der That ist das unmöglich nicht bloss deshalb, weil der Zufall denn doch zu sonderbar an den beiden verschiedenen Stellen gespielt hätte, sondern vor Allem deshalb, weil nur bei einer umgekehrten Stellung der Sätze, wenn ואת גויתו voranstünde, ein Ueberspringen auf ואת גלגלת denkbar ist **). Die Auskunft aber, der Chronist habe absichtlich das Anschlagen des Leichnams an die Mauer von B. mit Stillschweigen übergangen, ist nichtig, so lange nicht

---

*) Der Chronist hätte nur שָׂמוּ ergänzen können.

**) Dies gilt ebenso sehr auch gegen die Herstellung Ewalds.

irgend eine Absicht dafür wahrscheinlich gemacht werden kann.

Positiv beweist nicht nur תקעי der Chronik, welches weder Ewald noch Bertheau von ihren Voraussetzungen aus verstehen können, sondern ebensosehr גלגלת, dass man von der von vornherein wahrscheinlichsten Annahme der ursprünglichen Gleichheit der Texte nicht abgehen darf. גלגלת heisst die Hirnschale: warum aber nur die Hirnschale und nicht den Kopf (1 Sam. 17, 54)? Die Wahl dieses Wortes erklärt sich nur aus גוית, welches, wie גופת 1 Chr. 10, 12 zeigt, späterhin nicht mehr conventionell war. Von dem Gedanken an das Verbleiben des Hauptes Saul erfüllt, sah jemand in גוית die גלגלת, daraus entspann sich das Uebrige. Derjenige aber, der בית עשתרות umsetzte in das allgemeinere בית אלהיהם, hat im Folgenden noch nicht vorgefunden בית דגן, denn „Dagon" und „ihr Gott" können sich nicht entgegengesetzt werden.

Der Text im Buche Samuelis ist richtig; nur hat man mit Lagarde nach 2 Sam. 21, 12 f. zu lesen הקעי für תקעי; s. in Betreff der Verwechslung von ה und ח zu 2 Sam. 2, 9.

II. Samuelis.

I.

1. הָעֲמָלֵק ist völlig vereinzelt und wird auch durch τὸν
'A. der LXX nicht beglaubigt, denn ebenso übersetzt diese artikelloses את־עמלק 1 Sam. 15, 7. Lies עמלק oder הָעֲמָלֵקִי.

2. Die Aussprache מֵעַם שָׁאוּל (LXX) setzt sich in Widerspruch mit v. 6, allwo der Amalekiter behauptet, er sei „zufällig" nicht bloss in die Nähe Sauls, sondern überhaupt auf die Walstatt, auf das Gebirge Gilboa, gerathen. Jedenfalls also wird er nicht zum Heere gehört haben, da er keinen Grund hatte, dies zu leugnen. Gegen Thenius. — Nach ויפל LXX Al. אַפַּיִם.

3. LXX am Schluss: נמל אֲנִי; vgl. 1 Sam. 4, 16.

4. מה היה הדבר wie 1 Sam. 4, 16. LXX las wohl nicht מה הדבר הזה (Thenius), sondern מַה־זֶה הַדָּבָר (vgl. Syr. u. das Fehlen von היו in LXX 4, 2, während 4, 4 היה = καὶ οὗτος).

5. LXX Al. nur: אל המגיד לי; Syr. הַגֶּד לִי, wie v. 4.

6. בעלי הפרשים, von LXX als ἱππάρχοι gedeutet, ist ein sonderbarer und verdächtiger Ausdruck für „Reiter." Vgl. weiter zu v. 18.

7. ויפן, LXX Al. unrichtig ויפל. Die gleiche Variante findet sich 1 Sam. 14, 13. 1 Macc. 4, 32.

9. כל עוד־נפשי בי genau wie Iob 27, 3; vgl. Ew. §. 289a. Der LXX und dem Syr. mangelt עוד, aber dies Wörtchen ist beinah die Hauptsache.

10. ואצעדה kann des Artikels nicht entrathen, lies also וְהַצְּעָדָה. LXX: καὶ τὸν χλιδόνα.

11. LXX ER. fügt am Schlusse hinzu קָרְעוּ אֶת־בִּגְדֵיהֶם. Eine umgekehrte Erscheinung s. 2, 3.

12. Zwischen עִם יהוה und בֵּית יִשְׂ׳ ist, was den Umfang der Benennung betrifft, kein Unterschied. Also ist עִם יְהוּדָה (LXX) jedenfalls die Lesart, welche von וְעַל־בֵּית יִשְׂרָאֵל vorausgesetzt wird, darum aber noch nicht zweifelsohne die richtige. Denn es ist auch der Fall denkbar, dass eine Corruption יְהוּדָה den Zusatz וְעַל־בּ׳ י׳ hervorrief und dass dieser Zusatz dann hinterher auch in ein Exemplar eindrang, welches nicht die Lesart befolgte, wodurch derselbe erst hervorgerufen und allein erklärlich ist, Einl. S. 27. Für diese Möglichkeit spricht עַם י׳ vgl. mit dem folg. בֵּית. — יִבְלוּ, LXX הֵפֵרוּ.

16. דָּמֶיךָ. Warum das Qeri wie die LXX (τὸ αἷμά σου, dagegen τὰ αἷματα 3, 28. 16, 7 f. 21, 1) den Singular lesen, wird aus der Vergleichung von 1 Reg. 2, 33 mit v. 37 klar. Man sieht aber nicht ein, warum nicht auch דָּמֶיךָ als „das von dir vergossene Blut" zulässig sein soll; denn daraus, dass ein anderes Mal, wo dieselbe Redensart gebraucht wird, nur דָּמְךָ passt, z. B. 1 Reg. 2, 37 — denn auf Simei lastete keine Blutschuld —, folgt nicht nothwendig die Allgemeinheit der Regel, nach welcher das Qeri sich richtet.

18. Die einzige Erklärung von קְשָׁת, die den Namen einer Erklärung verdient, diejenige Ewald's („genau") hat doch so viel gegen sich, dass es mir, da LXX ER. das Wort nicht bietet, vorsichtiger erscheint, an ein zufälliges Eindringen desselben an dieser Stelle zu denken, zumal die kurze Ausdrucksweise לַלְמֹד statt לַלְמְדָה nur gewöhnlich ist, wenn das Zeitwort auch nicht einmal durch ein Adverbium erweitert ist. Vielleicht lautete eine zu הַפְּרֻשִׁים v. 6 bestimmte Correctur (nach 1 Sam. 31, 3) בַּעֲלֵי קָשֶׁת, wovon בַּעֲלֵי bei הַפְּרֻשִׁים v. 6 und קָשֶׁת hier eindrang, indem v. 6 und v. 18 in den Columnen sich gegenüberstanden. Auf diese Weise wäre beiden Versen geholfen.

19. הַצְּבִי als Stat. constr. mit dem ה der Frage anzusehen (Thenius), ist unmöglich, weil zwar in der Wiederholung v. 25, aber nicht hier am Anfange der Vokativ zu בָּמוֹתֶיךָ fehlen darf. — In LXX liegt eine Duplette vor: ὑπὲρ τῶν τεϑνηκότων und ἐπὶ τὰ ὕψη σου = עַל מֵתֶיךָ und עַל בָּמֹתֶיךָ; ersteres wird durch den folgenden Genitiv τραυματιῶν und durch die Discrepanz von MT. als das Echte erwiesen.

$\Sigma\tau\acute{\eta}\lambda\omega\sigma\sigma\nu$ (רצב) müsste auf Errichtung von Stelen für die Todten gehen, eine Sitte, die dem Hebräer nicht fremd war 18, 18 (wo als auffallend hervorgehoben wird, dass sich Absalom die Masseba schon bei seinen Lebzeiten errichtete).

21. Wenn Theodotion für $\varkappa\alpha\grave{\iota}\ \grave{\alpha}\gamma\varrho\sigma\grave{\iota}\ \grave{\alpha}\pi\alpha\varrho\chi\tilde{\omega}\nu$ wirklich $\ddot{\sigma}\varrho\eta$ $\vartheta\alpha\nu\acute{\alpha}\tau\sigma\nu$ las, so hatte er diese Lesart, wie die Itala (Vercell. a. a. O. S. 323a) in Verbindung mit verschiedenen Holmes'schen Codd. (vgl. auch Al.) zeigt, aus der LXX; $\varkappa\alpha\grave{\iota}\ \grave{\alpha}\gamma.\ \grave{\alpha}\pi.$ ist Aenderung nach MT. — הָרֵי מָוֶת giebt einen guten Sinn, וּשְׂדֵי תרומֹת einen sprachlich und sachlich *) sehr precären; hinzukommt, dass שָׂדֶה den Plural שֹׂדוֹת bildet (Böttcher). Nur ist die Entstehung von וּשְׂדֵי schwer vorstellig zu machen, denn während הרי מֹות schon von תרומֹת absorbiert wird, ist Thenius' יערי והרי מֹות kein Hebräisch — als ob es an der syntaktischen Originalität noch nicht genug wäre, muss auch die einzigartige Bildung יְעָרֵי hinzukommen. Vielleicht ist auch וּשְׂדֵי nur ein verdorbenes הרי. — Für מָשִׁיח las LXX vielleicht נמשׁח = $\grave{\epsilon}\chi\varrho\acute{\iota}\sigma\vartheta\eta$, vgl. freilich 3, 34 אסרוּת = $\grave{\epsilon}\delta\acute{\epsilon}\vartheta\eta\sigma\alpha\nu$. מָשִׁיח ist wohl jedenfalls unrichtig; man lese מָשׁוּחַ oder נמשׁח.

22. $K\epsilon\nu\acute{\sigma}\nu$ hinter $\grave{\alpha}\pi\epsilon\sigma\tau\varrho.$ ist zu streichen, vgl. $\varkappa\epsilon\nu\acute{\eta}$ am Schluss.

23. $E\mathring{\upsilon}\pi\varrho\epsilon\pi\epsilon\tilde{\iota}\varsigma$ hinter $\sigma\mathring{\upsilon}\ \delta\iota\alpha\varkappa\epsilon\chi.$ ist Duplette zu dem echten (vgl. v. 26 $\mathring{\omega}\varrho\alpha\iota\acute{\omega}\vartheta\eta\varsigma$ für נעמת) $\mathring{\omega}\varrho\alpha\tilde{\iota}\sigma\iota.$ Die nach der Ausscheidung von $\epsilon\mathring{\upsilon}\pi\varrho\epsilon\pi\epsilon\tilde{\iota}\varsigma$ sich ergebende Lesart „ungeschieden im Leben sind sie auch im Tode nicht geschieden" beruht auf der bloss im Griechischen vorhandenen Möglichkeit, $\varkappa\alpha\grave{\iota}$ vor $\grave{\epsilon}\nu\ \tau\tilde{\omega}\ \vartheta\alpha\nu\acute{\alpha}\tau\omega\ \alpha\mathring{\upsilon}\tau\tilde{\omega}\nu$ als *auch* aufzufassen und verstösst gegen die ästhet. Forderung der Abwechslung im Ausdruck. Also wird $\sigma\mathring{\upsilon}\ \delta\iota\epsilon\chi\omega\varrho\acute{\iota}\sigma\vartheta\eta\sigma\alpha\nu$ zu streichen sein.

24. עִם־עֲדִיִם , LXX עִם־עֶדְיְכֶן.

25. Eine Reihe griechischer Codd. u. Ambros. bei Holmes lesen auch hier $\epsilon\grave{\iota}\varsigma\ \vartheta\acute{\alpha}\nu\alpha\tau\sigma\nu\ \grave{\epsilon}\tau\varrho\alpha\upsilon\mu\alpha\tau\acute{\iota}\sigma\vartheta\eta(\varsigma)$, vgl. v. 19.

27. כְּלִי מלחמה wird von irgend einer griech. Uebersetzung, vielleicht der LXX selber, mit $\sigma\varkappa\epsilon\acute{\upsilon}\eta\ \grave{\epsilon}\pi\iota\vartheta\upsilon\mu\eta\tau\acute{\alpha}$ wiedergegeben, was Thenius richtig auf כְּלִי מרהמד zurückführt.

---

*) Die Berge Gilboas sind öde nackte Felsen, keine „fruchtbaren Felder."

II.

2. Ἐκεῖ ist = שָׁם und neben εἰς Χέβρων zu streichen.

3. אֲנָשָׁיו, LXX besser הָאֲנָשִׁים; vgl. umgekehrt 1, 15. —
In LXX Rom. findet sich הַיְכֹלָה דִוד nicht (s. 1, 11), so dass
v. 3a kein selbständiger Satz ist, sondern ein drittes Subject
zu וַיַּעַל v. 2. Aus dieser Verbindung ergiebt sich nun zwar
der Vortheil, dass die Kraft des גַם von v. 2 her in v. 3 fort-
wirkt, wo man in MT. ein ausdrückliches „auch" etwa vermissen könnte, aber zugleich der schwerere Nachtheil, dass
וַיֵּשְׁבוּ sich nun nicht mehr auf die Leute Davids beschränken lässt.

4. Zu der Form τῆς Ἰουδαίας vgl. die ähnliche ἡ Γαλαα-
δῖτις im Folgenden, ἡ Ἰδουμαία c. 8. Grade solche Helleni-
sierungen characterisieren die echte LXX; Σίκιμα und nicht
Συχεμ ist Jud. 9 das Wahre, Μιχαίας und nicht Μιχα Jud.
17. Merkwürdig ist dann aber eine solche Inconsequenz wie
ἄνδρες τῆς Ἰουδαίας und οἶκος Ἰουδα in uns. Verse.

4b. אֲשֶׁר zwischen גִלְעָד und קַבְרוּ fehlt in LXX und
steht an verkehrter Stelle, denn die Uebersetzung „die Männer von Jabes sind es, welche u. s. w." hat nicht bloss etwas
Ungefüges und Schiefes, sondern ist ausserdem in Prosa un-
erlaubt. Woher das fragliche Wort aber stammt oder wie
es an seiner jetzigen Stelle entstanden ist, ist unklar. Vgl.
Einl. S. 26.

5. אַנְשֵׁי יָבֵשׁ, LXX בַעֲלֵי יֽ 21, 12; הֶהֶסֶד הַזֶּה, LXX
Al. הֶסֶד יְהוה. — Das Mehr der LXX am Schluss des Verses
ward eher absichtlich zugesetzt als absichtlich ausgelassen.

6. הַזֹּאת fügt sich auf keine Weise zu dem futurischen
אֶעֱשֶׂה. Denn auch die Erklärung Thenius': „und auch ich
thue an euch dieses Gute, indem ich euch durch meine Gesandten segnend begrüsse" würde עָשִׂיתִי voraussetzen. Lies
תַּחַת, so wird zugleich der Anstoss beseitigt, den hier das
einfache אֲשֶׁר bereitet.

8. אִישׁ־בֹּשֶׁת cod. 93 Holmes. Εἰσβααλ, als die wahre
Lesart der LXX bestätigt durch Isbalem der Itala. Die Sitte,
בַעַל der Eigennamen in בֹּשֶׁת zu ändern, muss erst in sehr
später Zeit eingerissen sein; sie herrschte z. B. noch nicht
zur Zeit der Abfassung der Chronik. Dagegen hat man sehr
früh angefangen, möglicher Verwechslung wegen, das Appel-

lativ הבעל oder besser בעלי für Jahwe zu vermeiden und statt dessen ausschliesslich das freilich auch nicht unzweideutige אדין zu verwenden. Doch siehe noch Hos. 2, 18. Das Syr. Isbosul ist ein sonderbares Gemisch aus Isbaal und Isboset. — Am Schluss liest LXX Al. *καὶ ἀνεβίβασεν αὐτὸν ἐκ τῆς παρεμβολῆς* (*εἰς Μαναέμ* der ER. ist wohl Duplette), also ויעלהו מהמחנה, als ob auch Isbaal an der Schlacht am Gilboa theilgenommen hätte. Es geht übrigens daraus hervor, dass מחנה und מחנים gleichbedeutend ist, Gen. 32, 22. Erst die jüngere Erklärung verwerthet Mahanaim als Dual Gen. 32, 8. 11, während dem Jakob v. 3 nicht etwa zwei Heere Gottes erscheinen.

9. האשורי, Syr. Hier. הַגְּשׁוּרִי, durchaus passend. *Θασιρι* der LXX führt durch תאשורי auf האשורי zurück, vgl. תקעו 1 Sam. 31, 10 für הקעו, תחכמני 2 Sam. 23, 8 für הח״ und תחתים 2 Sam. 24, 6 für הח״.

10. Es ist so deutlich wie möglich, dass v. 10b אַךְ ב״ die unmittelbare Fortsetzung von v. 9 bildet und durch nichts davon getrennt werden darf. Und ausserdem sollte deutlich sein, dass der Inhalt von v. 10a den übrigen chronolog. Daten schnurstracks widerspricht. Zunächst hat Isbaal nicht zwei, sondern sieben Jahre regiert, die Zweizahl erklärt sich hier genau so wie 1 Sam. 13, 1. Dann ist er nicht vierzig Jahre alt gewesen bei seinem Regierungsantritt, sondern noch in einem ziemlich unmündigen Alter und wie es scheint unverheirathet. Das geht nicht nur aus seiner Stellung Abner gegenüber hervor, sondern auch daraus, dass Saul, als er fiel, kein Greis war und sein ältester Sohn etwa in Davids Alter stand — wozu stimmt, dass derselbe bei seinem Tode Einen Sohn von fünf Jahren hat. Die 40 Jahre haben also gar keinen geschichtlichen Werth, sondern sind pure aus der Luft gegriffen: und v. 10a ist zu streichen.

11. Dieser Vers ist zwar ganz anderer Natur als v. 10a, aber gleichfalls hier eingeschoben, ebenso wie auch die statistischen Notizen 3, 2—5. 5, 4 f. Der Schluss von v. 10, eng zusammengehörig mit v. 9, motiviert den v. 12.

13. Nach יצאו, LXX *ἐκ Χεβρών*. — יהדו mit ויפגשום zu verbinden ist unmöglich, aber auch durch ויפגשו kommt nicht Alles ins Reine, weil יהדו, gehörte es zu diesem Verbum, von dem ursprünglichen Verfasser wohl dicht dahinter gesetzt wäre. Man hat die Wahl, das fragliche Wort für ein verderbtes Adjectiv zu ברכת zu halten (etwa ההדשה) oder

für eine mit dem Suffix ם auf gleicher Linie stehende Verdeutlichung eines ursprünglichen ויפגשו.

15. ויעברו במספר = wurden abgezählt, עבר im Sinne des
lateinischen subire. Nur in dieser Auffassung scheint במספר
haltbar. — Das ו vor לאיש־ב״ bleibt besser weg wie in
LXX Syr., vgl. zu v. 31.

16. Hinter איש, LXX ידו, erfordert durch הרבו (Thenius). — הלקת הצרים. Richtig LXX הצדים ח׳ (Ew.). Dass
es keine Tücke war, wenn die Fechtenden aus dem Spiel
Ernst werden liessen, behauptet Thenius, ausgehend von der
irrigen Meinung שהק heisse schlechthin fechten. Die Materie
der Handlung ist gar nicht darin hervorgehoben, sondern nur
der Character des bloss Scheinbaren. Unser Spielen entspricht vollständig bis auf den Punct, dass es nicht κατ᾽
ἐξοχήν vom Kampfspiel, sondern vom Schauspiel gesagt wird.
Vgl. Exod. 32, 6.

21. Ἐκκλινόν συ. Vielleicht war σοι beabsichtigt, aber
v. 22 wird לך bei סור nicht übersetzt.

22. Καὶ πῶς ἀρῶ τὸ πρόσωπόν μου πρὸς Ἰωάβ und καὶ
ποῦ ἔστι ταῦτα; ἐπίστρεφε πρὸς Ἰωάβ ist Duplette, wie sich
namentlich aus ἐπίστρεφε = פנה = פני vor πρὸς I. ergiebt,
und natürlich der letzte Satz die originale Uebersetzung, aber
offenbar nach verderbtem Texte. Gegen Thenius.

23. באחרי החנית. Es ist nicht zu glauben, dass der Me-
tallbeschlag am Ende des Lanzenschaftes so scharf war, dass
er durch den Bauch hindurch und zum Rücken wieder heraus
drang, und übrigens heisst auch אהרי ה״ nicht „das untere
Ende des Lanzenschaftes.“ Es wird ein Irrthum vorliegen,
den ich aber nicht zu verbessern vermag.

24. אמה ist nicht Appellativum (Kanal, s. Buxtorfs Tal-
mud. Wörterb.), da es keinen Artikel trägt, sondern Eigenname. Sofern Zusammenhang zwischen unserem und dem
folgenden Verse obwaltet, ist גבעה אהה dort der selbe Hügel,
welcher hier גבעת אמה heisst. Der Stat. constr. wird auch
dort herzustellen sein; ob aber אמה oder אהה der wahren
Gestalt des Eigennamens näher kommt, lässt sich nicht ausmachen. — Die Worte דרך־גבעון kann man nach dem MT.
nur mit בא verbinden. Was schon an sich curios ist, einen
Weg wohin zu verwenden als Zielangabe, wird in diesem besonderen Falle noch curioser dadurch, dass die Verfolgung,

welche von dem Teiche bei Gibeon ihren Ausgang nahm, jetzt
nicht etwa schon zur Trift von Gibeon gekommen ist, sondern nur erst auf den Weg zu dieser Trift. Der Fehler
steckt in גיה. Dies Wort, hier völlig unbrauchbar, weil ebenso
obscur wie אמה, über dessen Lage es doch Licht verbreiten
soll, ist entstanden aus גי הַ (LXX), vielleicht unter dem Einflusse appellativer Deutung von אמה. Mit גי הדרך ist nun
zwar die Möglichkeit abgeschnitten, הדרך als Stat. constr. zu
fassen und mit באו zu verbinden; aber mit der Verbindung
על־פני גי הדרך hat man sich einen neuen Knoten geschürzt.
Lösung desselben mittelst Interpretierens wird nicht gelingen,
vielmehr ist גי zu streichen. Von einem Hügel erwartet man,
dass er על־פני einer Ebene liegt, vgl. Jos. 15, 8. 1 Sam. 13,
18 und sehr viele andere Stellen: so erklärt sich die Einsetzung von גי sehr leicht. Zu אשר על־פני הדרך vgl. 1 Sam.
24, 4. 26, 3, wo „an der Strasse" ebenfalls als Ortsbestim-
mung benutzt ist — die Strassen sind eben in Palästina un-
veränderlich und darum so gut wie Flüsse geeignet, die Lage
zu fixieren.

מדבר גבעון zu באו zu ziehen, würde aus sachlichen
Gründen nicht gradezu unmöglich sein; es ist aber viel wahrscheinlicher, dass nach dem כ des דרך ein ב ausgefallen ist,
zumal es sich auch darum handelte, einen Genitiv zu dem
vermeintlichen Stat. constr. דרך zu gewinnen.

25. Ueber גבעת אמה = גבעה אהת s. zu v. 24.

26. Statt ועד LXX bloss עד. — Am Schluss ist ἡμῶν für
ὑμῶν verschrieben, wie in unzähligen anderen Fällen. אחיכם
ist origineller als אחיהם.

27. חי האלהים, LXX חי יהוה. Vgl. 3, 35.

29. הבחרון wird auch der LXX vorgelegen haben als
ברתן = παρατείνουσα. Bei Ortsnamen ist dergleichen am
ehesten begreiflich, vgl. Chaifa Kaiphas, Milano Mailand, Mars
la Tour Marsch retour u. a. Einl. S. 10 f.

31. Das ו vor באנשי fehlt in LXX (מאת) und hat den
Werth von dem v. 15. — מתו am Schluss spottet der Erklärung, denn weder kann das Zahlwort zerrissen werden — es
müsste sonst איש auch hinter מאות stehen —, noch ist „welche starben" nach הכו zulässig, denn auf 1, 4 wird man sich
nicht berufen können. Noch weniger Sinn hat παρ' αὐτοῦ

der LXX. Welches hebräische Wort hier ursprünglich gestanden habe und ob überhaupt eins, ist kaum zu sagen. Möglich, dass מֵתַי ursprünglich zu v. 30 an den Rand geschrieben war, vgl. den Syr., wo es als Relativsatz zu אִישׁ passen würde, denn וַיְבַקְרֵהוּ erträgt eine solche nähere Bestimmung und lässt sie sogar beinahe vermissen.

III.

1. וַהֲדֹד, LXX καὶ ὁ οἶκος Δαυιδ, dem Vorangehenden und Folgenden conformierend und durch den Numerus von הָלַךְ vgl. mit הֹלְכִים zurückgewiesen. Man könnte eher geneigt sein, בֵּית auch nach וּבֵין zu tilgen. Vgl. indes v. 6.

2. Das Ketib scheint וַיִּפְּדוּ (s. v. 5) zu beabsichtigen, vgl. Nah. 1, 4. 2 Chr. 32, 30. Thren. 3, 33. 53 und vielleicht Ψ. 90, 3 *). — כְּלְאָב ist für den Sohn der Kalibbäerin kein unerwarteter Name, gegen den Δαλουια der LXX und דָּנִיֵּאל der Chronik (I. 3, 1) nicht aufkommen, so wenig wie Seraja 8, 17 gegen Sasa, Mikaja 2 Chr. 13, 2 gegen Maaka 1 Reg. 15, 2 u. a. Wahrscheinlich unterscheidet er sich nur durch die Schreibweise oder durch eine geringe Modificierung der Aussprache von כְּלֻב, der Nebenform zu כָּלֵב (vgl. LXX 1 Sam. 30, 14). — גְּשׁוּר Γεσσιρ, sonst Γεδσουρ (שׂ = שׁ) 13, 37. 15, 8. 1 Chr. 2, 23. 3, 2, dagegen Γεσιρ 1 Sam. 27, 8. Jos. 13, 11. 13.

5. לְעֶגְלָה אֵשֶׁת דָוִד. Hinter אֵשֶׁת erwartet man wie v. 3 den Namen des ersten Mannes, nicht Davids.

6. V. 6b schliesst an v. 1, v. 2—5 sind später eingeschoben und v. 6a verdeckt die Fuge. Vgl. Thenius und zu 2, 10 f.

7. Da von Isbaal bisher noch gar nicht die Rede gewesen, so ist אֶשְׁבַּעַל בֶּן שָׁאוּל hinter וַיֹּאמֶר (LXX) nothwendig. Vgl. weiter zu 4, 1. 2.

8. אֲשֶׁר לִיהוּדָה fehlt in LXX, wohl als unverständlich, denn mit אָנֹכִי kann der Satz nicht abschliessen 9, 8. — Für

*) wegen בְּטֶרֶם. Von den Stellen, welche Ewald für טֶרֶם cum perfecto anführt, besteht keine die Probe. Denn Gen. 24, 15 ist doch wegen v. 45 höchst verdächtig und zu 1 Sam. 3, 7 vgl. meine Erörterung.

היום wäre הלא wünschenswerth, denn dem Zusammenhange entspricht am besten eine Frage mit affirmativem Sinne; zu הלא הלם היום vgl. 1 Sam. 14, 33. 20, 37. Einl. S. 15. Anm. Will man nicht ändern, so muss man jedenfalls mit dem Syr. היום zum vorhergehenden Satze ziehen. — אל־אחיו καὶ περὶ ἀδ. widerlegt sich dadurch, dass grade LXX nicht אחיו und מרעיו, sondern אחים und מרעים las: diese indeterminierten Plurale können nur das vorhergehende בית exponieren, lassen sich demselben aber nicht auf gleicher Stufe coordinieren. Dagegen spricht auch der Wechsel der Präposition. — המציתך ביד דוד, LXX ηὐτομόλησα εἰς τὸν οἶκον Δαυιδ = 'השלמתי בבית ד, s. Thenius. השלים und (ביד) המציא gelten als Aequivalente, vgl. ܐܫܠܡ des Syr. zu uns. Stelle und LXX. Zach. 11, 6; ביד ך = בבית ך versteht sich leicht. — ותבקק καὶ ἐπιζητεῖς συ, vgl. 1 Sam. 25, 17. עון האשה besser wohl LXX אשה ע'.

9. Am Schluss LXX ER. noch: ἐν τῇ ἡμέρᾳ ταύτῃ.

11. Nach עוד fügt LXX das Explicitum Isbaal hinzu.

12. Statt למי ארץ würde mindestens erfordert למי הארץ, aber auch dann widerstreben die Worte der Deutung. An die Möglichkeit, dass sie nur eine Verschreibung aus לאמר seien, welche hinter sich und vor sich zwei andere לאמר hervorgerufen habe, hat auch Thenius gedacht, es aber doch vorgezogen, den MT. wie er vorliegt beizubehalten und das zweite לאמר nach 5, 6 zu übersetzen „das sollte heissen.“ Aber aus v. 13 ergibt sich, dass in כרתה וג' keineswegs eine nur vom Erzähler gegebene Deutung, sondern die eigenen Worte Abners selbst enthalten sind. Παραχρῆμα λέγων Διάϑου der LXX lässt richtig auf תחתי gleich כרתה לאמר folgen; die Worte εἰς Θαιλαμ οὗ ἦν (ER.) sind klärlich eingeschoben. Sie entsprechen dem למי ארץ, aus λαμου γην ist λαμου γ' ην (Al.) und daraus λαμου ην geworden. Wie Θαι vor λαμου entstand, weiss ich nicht.

13. Nach ויאמר LXX Δαυιδ. — כי אם und לפני (fehlt in LXX) ist Duplette, letzteres soll ersteres wegen der ungewöhnlichen Verbindung mit dem Infinitiv ersetzen. Dieser ist aber seinerseits wohl bloss aus der zweiten Sing. Perf. verschrieben. Vgl. Thenius.

15. מעם איש; lies mit LXX אישה מ'.

18. Statt הוֹשִׁיעַ LXX richtig אִישַׁיַ.

19. גַּם־אָבְנֵר. גַּם gehört in beiden Fällen nicht zum folgenden Subject, sondern zum vorhergehenden Prädikat, das Maqqef ist daher gar nicht angebracht.

21. וַיִּכְרְתוּ, LXX וַאֲבֵרָה, gegen 5, 3.

22. בֹא, lies בָּאָם (LXX); vgl. den Anfangsbuchstaben des folgenden Wortes.

24 f. הָלוֹךְ : יָדַעְתָּ, LXX Syr. הֲלֹא יָדַעְתָּ, nothwendig. Auch בִּשְׁלוֹם der LXX hinter וַיֵּלֶךְ wird richtig sein, wie v. 22. 23; durch den falschen Inf. abs. des MT. ward es ausgestossen. S. Thenius.

26. אַחֲרֵי אַבְנֵר πρὸς Ἀβ. ὀπίσω ist Duplette wie Gen. 24, 5 μετ᾽ ἐμοῦ ὀπίσω.

27. Mit Recht macht Thenius darauf aufmerksam, dass wollte Joab heimlich mit Abner reden, er ihn nicht *mitten unter* das Thor, wo sie sich unter den Passanten befunden hätten, sondern *abseits* führen musste, und dass also statt אֶל־תּוֹךְ mit LXX gelesen werden müsse אֶל־יֶרֶךְ (Lev. 1, 11. Num. 3, 29. 35). Auch das Verbum יִטֵּהוּ deutet darauf hin. — Ἐνεδρεύων beruht kaum auf einer anderen Lesart als בִּשְׁלִי. — Für וַיַּכֵּהוּ שָׁמָּה bietet weder Deut. 22, 26 noch Jud. 15, 8 eine genaue Analogie und in unserem Buche wird sonst constant gesagt אֶל־הַֽחֹ"הּ 2, 23. 4, 6. 20, 10.

30. Diesen Vers halte ich für Interpolation. Ihr Zweck kann nur in dem gesucht werden, was sie Neues bringt, und das ist, dass neben Joab auch Abisai als Mörder Abners genannt wird. Damit sollte wohl gerechtfertigt werden, dass David v. 29 nicht bloss Joabs eigenem, sondern auch seines Vaters Hause flucht und auch v. 39 von den *Söhnen* Seruja's im Plural redet. — διαπαρετηροῦντο für הָרֹג verdeckt den Widerspruch mit v. 26 ff.

31. לִבְנֵי = لِوَجْهِ in Rücksicht auf?

33. הֲכְמוֹת. Dass der Stat. constr. von מָוֶת beabsichtigt sei, ist wegen כְ wenig wahrscheinlich. Die Punktatoren haben irgends in מוֹת den Infinitiv anerkannt wenn ein Genitiv folgt.

34. Οὐ προσήγαγεν ist zu streichen. — כְּבוֹל, LXX בְּנָבָל. S. Einl. S. 15.

36. כֹּכֹל , LXX πάντα, richtig; denn die Uebersetzung „sowie überhaupt alles, was der König that, dem ganzen Volke wohlgefiel" lässt sich sprachlich nicht rechtfertigen und ergibt auch für den Sinn ein Nimium. Uebrigens muss man im Texte der LXX, zu dem 1, 4 Al. zu vergleichen ist, entweder ἐνώπιον αὐτῶν oder ἐνώπιον τοῦ λαοῦ tilgen, letzteres wird durch seine wenn auch geringe Verschiedenheit von בע׳ כָּל־הֹ״ bestätigt.

38. שֹׁר וגדֹיל ἡγούμενος μέγας.

39. רך ומֹשֹׁוֹח מלך kann aus sprachlichen Gründen nicht heissen: „schwach, obgleich zum Könige gesalbt", vielmehr müssen die beiden Attribute im Sinne harmonieren. Also paraphrasiert Ewald III. S. 161: „wohl lebe ich jetzt in Palästen und bin zum Könige gesalbt." Diese an sich sehr wohl mögliche und von Thenius vergeblich bekämpfte Fassung von רך ist hier deshalb nicht anwendbar, weil רך den graden Gegensatz zu קֹשׁים enthalten muss. Dann aber passt dazu nicht ומֹשֹׁוֹח מלך, denn „kaum erst gesalbt zum Könige" würde das Wichtigste eintragen; und also, da רך (LXX συγγενής = דד) und קֹשׁים sich gegenseitig beglaubigen, so muss hier der Fehler stecken. Aber er lässt sich schwer verbessern, der LXX lag er schon vor (καθεστημένος ὑπὸ βασιλέως = מָשֻׁיַח מלך, jedenfalls wohl ein pass. Partic. im Stat. constr. zu מֹלֹך). Es ist möglich, dass מֹשֻׁיח, einst מֹשֹׁה geschrieben, mit שׁוח zusammenhängt; für מֹלֹך liesse sich sehr leicht מִמֶּלֶך ändern, so dass der Sinn wäre: „zu schwach und niedrig für einen König."

IV.

1. בן שֹׁאֹיל Ἰσβοσθε*) v. Σ. Man könnte hier sich mit dem einfachen בן שׁ״ begnügen, aber in v. 2, wo die gleiche Variante sich findet, ist das nicht möglich; und auch 3, 7 vgl. v. 11 spricht in diesem Falle gegen MT. Die Auslassung des Namens an diesen drei oder vier Stellen ist im höchsten Grade auffallend und kann weder zufällig sein noch auch bloss aus jener Freiheit, von der Einl. S. 20 gehandelt ist, erklärt werden; sie hängt gewiss mit dem Grunde zusammen, welcher auch die Verhunzung von Isbaal in Isboset Schuld

---

*) Ἰε für Ἰσ ist Verschreibung.

hat. — Nach אבנר LXX בן נר, zum Abschluss passend und hier leicht zu übersehen.

2. בן שאול, LXX richtig "ב "ט ̔ ̓לאיש—בשת; s. zum vorigen Verse.

V. 2 b. 3. enthalten eine theilweise noch der LXX Al. mangelnde Randbemerkung, deren Alter zu kennen wichtig wäre. Gittaim — die Conjectur Thenius' גַּת רִמֹּה verdient keine Widerlegung — ist eine Stadt, die zuerst und einzig Neh. 11, 33 genannt wird, aber zu der Zeit Esra's und Nehemia's existiert daneben auch Beeroth Esr. 2, 25. Neh. 7, 29. Möglich, wenn auch nicht grade wahrscheinlich, dass Gath Rimmon Jos. 19, 45. 21, 24 in späterer Zeit ebenso Gittaim hiess, wie Rama Samuels später Ramathaim; vgl. רִמֹּין הבארתי v. 2.

3. תחשב עַל, LXX בְּ. Letztere Präposition ist die in dieser Verbindung gebräuchliche, עַל liesse sich entweder als אל verstehen oder als abhängig von dem hier in תחשב liegenden Nebenbegriffe des Hinzukommens.

4. Die Bemerkung ist für eine Glosse zu eigenthümlich, auch als Anknüpfungspunkt für c. 9 nicht zu entbehren. Sie hat hier den Zweck, zu zeigen, dass den Stämmen Israels nach Isbaals Ermordung Niemand aus königl. Geschlechte übrig blieb, dem sie die Regierung hätten antragen können und enthält also eine Voraussetzung zu 5, 1, deren Stellung zu beurtheilen ist wie die von 1 Sam. 14, 3. — מפי—בשת heisst in der Chronik richtiger מרי—בעל. Vgl. Einl. S. 31.

6. Statt והנה באו עד—תוך הבית לקחי lies mit LXX והִנֵּה שׁוֹעֶרֶת הבית סְקְלָה. Mit באושרת stimmt שׁוערת ziemlich genau, nur aus שׁ ist בא geworden, וךְ (= וכ) ist aus הבית entnommen. Der Einwand Thenius' gegen סקלֹה (ἐκάϑαιρε, vgl. Jes. 57, 14, wo LXX סקלֹ las statt סלֹו) erledigt sich durch Ew. S. 144 Anm. 1; seine eigene Herstellung liefert einen Text, der weder durch LXX bezeugt wird noch die Entstehung des MT. erklärt, der, wenn er etwas Richtiges sagen soll, imaginäres Hebräisch ist, wenn er aber als wirkliches Hebräisch aufgefasst wird, etwas zur Sachlage gar nicht Passendes berichtet. פקידת דלה vermeidet fast geflissentlich das Gute, das so nahe lag und „warum sollte nicht לקט auch *durch Auslesen reinigen* heissen können?" ist eine sehr naive Frage. — Für יכהו אל—החמש LXX ἐνίσταξε καὶ

ἐκάθευδε. Misverständuis von נמלטו hat die mas. Lesart erzeugt. Durch die LXX gewinnt man nebenbei den Vortheil, dass doch nun nicht sämmtliche Meuchelmorde, über die in 2 Sam. berichtet wird, durch Stich in den החמש geschehen, während übrigens das Wort gar nicht vorkommt.

8. Ἐκ Σαουλ bis σπερμ. αὐτοῦ ist vielleicht Duplette.

10. אשר כתתי־לו בשרה wäre: „dem ich doch hätte Botenlohn geben sollen." Das würde zu der Lesart כמבשר בעיני stimmen, welche LXX statt der mas. בעיניו befolgen. Es scheint aber nicht, dass David meinte dem Amalekiter Unrecht gethan zu haben; und ich möchte vorschlagen, das אשר zu streichen (s. Einl. S. 26) als entstanden einer falschen Auffassung von כתתי לו zu lieb, welche ihrerseits aus Verkennung des ironischen Sinnes von בשרה entsprungen ist, vielleicht auch לָתֵת zu lesen.

11. Zu את beim indeterminierten Nomen (את־איש) vgl. Ewald §. 277 d.

12. ויתלו καὶ ἐκρέμ. αὐτούς. לקחו וי fehlt der LXX, welche bloss קברו liest. — בחברון υἱοῦ Νήρ.

V.

1. ויאמרו לאמר: so unmittelbar hinter einander selten 20, 18. Exod. 15, 1. Num. 20, 3. Gesenius Thes. S. 119 b, Z. 13 ff., dagegen sehr häufig so wie v. 6. Jud. 15, 3 durch ein Pronomen oder ein anderes Wort getrennt. Die Bemerkung, eins von beiden Wörtern sei offenbar überflüssig (Thenius), richtet sich übrigens unterschiedslos gegen jede Verbindung derselben in Einem Satze und hat somit, wenn sie practisch verwerthet wird, eine ihrem Urheber wohl unbewusste Tragweite. LXX statt לאמר αὐτῷ.

3. על־ישראל, LXX על־כל־יש׳; vgl. v. 5 u. Einl. S. 26.

6. Wenn die Chronik (I. 11, 4) hinter ירושלם hinzufügt היא יבוס, so geschieht das bloss, um den Uebergang von „Jerusalem" auf den „Jebusiter" zu vermitteln. Dem ursprünglichen Verfasser konnte es nicht einfallen zu schreiben: Jerusalem d. i. Jebus, er würde natürlich umgekehrt geschrieben haben: Jebus d. i. Jerusalem. Die Einsetzung היא יבוס veranlasste aber auch שָׁם היבוסי וְשֵׁם für אֶל־הי׳, wodurch die Angabe über den Zweck des Zuges („gegen den Jeb.", על=אל)

verloren geht. Was ferner den Werth des allerdings richtigen Explicitums hinter ויאמר in der Chronik betrifft, so siehe darüber die Einl. S. 22 ff. In unserem Falle lässt sich ziemlich evident machen — was freilich schon von vornherein immer die nächste Annahme ist —, dass das Explicitum hier ursprünglich nicht stand. Nemlich der letzte Satz in v. 8, eine jedenfalls alte Glosse, setzt das nur dann mögliche Misverständnis von v. 6 voraus, welches auch Syr. Chald. Vulg. theilen: „*man* sagte zu David: Du wirst nicht hinkommen, wenn du nicht die Blinden und Lahmen entfernst *).“ — הסירך, LXX ἀντέστησαν, was den Sinn nicht ändert. Das Perfektum und der Singular sind schwerlich richtig, lies יְסִירְךָ. — לאמר לא יבא וגו''. Die Worte der Jebusiter sind klar und bedürfen keiner Deutung, zudem würde dieselbe in diesem Falle nur einen Theil der zu deutenden Worte (לא תביא הנה) wiederholen. Dem Schriftsteller kann man sie also auf keinen Fall zutrauen, einem Leser vielleicht eher **), doch ist es auch möglich, dass der Zufall copiert hat.

8. Es ist aus der Stellung des Verses deutlich, dass David die Worte כל מכה וגו'' erst dann (ביום ההוא) spricht, *nachdem* er die Burg Zion eingenommen *hat* (gegen Chronik, Böttcher, Thenius). Sie müssen also im Allgemeinen besagen, die Vertheidiger der eroberten Stadt (= die Lahmen und Blinden v. 6) seien der Willkür der Sieger (כל מכה יבוסי) preisgegeben. Für das nähere Verständnis kommt es lediglich auf die Deutung von צנור an, welche am besten ausgeht von dem Sinne des ב נגע. Dies heisst nemlich auch im Hifil nicht, wie Ewald III. S. 167 will „stürzen in“ — wie denn auch צנור vielleicht *Felsen* (צֻר) aber nicht Abgrund bedeutet — selten „berühren mit (LXX Syr.)“, fast immer „rühren an.“ Lässt man nun diese letztere gewöhnliche Bedeutung auch hier gelten, so ist צנור der zu berührende Gegenstand und wenn zugleich ואת־הפסחים וגו'' Object des נגע ist, so muss sich das mit ב construierte Object zu dem mit את construierten verhalten wie der bestimmte Punct zur allgemeinen Sphäre („einen an etwas rühren“). Folglich muss

---

*) Zu dieser Construction vgl. 3, 13.

**) Freilich auch einem solchen kaum: es sei denn, dass etwa עֻרְ für דוד (om. LXX Al.) zu lesen wäre.

צנור etwas an den Blinden und Lahmen Befindliches, mit
anderen Worten irgend ein menschliches Glied sein und zwar
ein solches, dessen natürlich unsanfte Berührung den Tod
bringt. צנור heisst nun Röhre *) und Röhre kann ein Vul-
gärname vieler Glieder sein, z. B. der Gurgel oder des Hal-
ses. Hitzig deutet es als Ohr **) (Geschichte des V. Israel
S. 39): es bekommt dadurch der Ausspruch die originelle und
witzige Prägung, welche ihn unvergesslich machen konnte.

Ueber die Glosse am Schluss des Verses und ihre Entstehung s. zu v. 6.

9. Statt ויבן דוד LXX richtig וַיִּבְנֶהָ, denn πόλιν ist als
Zusatz aus der Chronik zu tilgen. — Der Zusatz ויואב יחיה
את שאר העיר 1 Chr. 11, 8 steht zwar, da er sachlich Neues
enthält, nicht auf Einer Linie mit den übrigen Erweiterungen
des Chronisten, weist aber in יחיה eine Spur sehr später
Sprache auf (für das alte בנה) und erscheint auch historisch
nicht eben glaubwürdig. Es gab in der nachexilischen Zeit
ein wie es scheint auch in Jerusalem ausgebreitetes Geschlecht
Joab, welches man möglicherweise mit dem Feldhauptmanne
Davids in Verbindung brachte.

12. נשאמלכתו las der Chronist als נשאתמלכתו. Durch

---

*) Die Wurzel צנר, namentlich im späteren Hebräisch vorkom-
mend (s. Buxtorfs rabbin. Wörterb.), aber keineswegs dort aus aramä-
ischen Quellen stammend, steht neben der Wurzel צור und ציר grade
so wie טפּר neben טוּר und bedeutet *drehen, bohren*, schliesslich *ste-
chen*. Daraus leitet sich für die Substantive u. a. die Bedeutung „Röhre"
ab, welche die mannigfaltigste Anwendung gefunden hat. Ψ. 42, 8
zweifle ich an der Richtigkeit der Lesart צנוריך — man hat nach
زَمّان, Ψ. 69, 3. 16. Knös chr. syr. S. 115. v. 117. 123 (= غمّ٥,
= عُفُن) zu verbessern.

**) Aus der Vulgarität des Ausdrucks (vgl. unser „Löffel") würde
sich genügend erklären, dass er in dem erhaltenen hebr. Schriftthum
in dieser Anwendung nicht weiter vorkommt. „Ohr" ist mit „Röhre"
leicht genug zusammenzubringen — auf die Berührung mit dem himja-
ritischen صِنّار möchte ich nicht so grosses Gewicht wie Hitzig legen,
weil sie eine gar zu vereinzelte Erscheinung ist. Ein directer Zusammenhang zwischen dem hebr. und himjar. Worte findet schwerlich statt,
vielmehr bildet wahrscheinlich die „Röhre" die Brücke zwischen beiden. — Die Conjectur צֻוְר liegt zwar sehr nahe, ist aber gänzlich zu
verwerfen.

ממלכה verglichen mit מַלְכָּת lässt sich sehr wohl entscheiden, welches die ursprüngliche Lesart sei (gegen Bertheau).

13. Die Ordnung פלגשים ונשים kann ursprünglicher als die umgekehrte der LXX sein, die sich sehr leicht als Correctur begreifen lässt. Vielleicht stand hier anfangs nur פלגשים; vgl. 1 Chr. 14, 3. — Lies בירושלם nach der Chronik.

15. Das zwiefache Vorkommen des אליפלט sowohl 1 Chr. 3 als auch 1 Chr. 14 steht wahrscheinlich in Zusammenhang mit der Verschreibung von אלישוע in אלישמע 1 Chr. 3, 6. Es spricht nicht für die Echtheit des weiter nicht als Personenname bekannten und in 2 Sam. fehlenden נגה, dass er in Verbindung mit dem jedenfalls irrthümlichen ersten Elifelet der Chronik auftritt.

16. אלידע, ursprünglicher jedenfalls 1 Chr. 14, 7 בעלידע, s. zu 2, 8. Die LXX haben nicht etwa 1 Chr. 14, 7 אלידע gelesen, vielmehr wird Ελιαδε der ed. Rom. widerlegt nicht bloss durch Βαλεγδαε des Frid.-Aug. u. Βαλλιαδα des Alex., sondern auch durch Βααλιμαθ der ed. Rom. selbst, welches sie 2 Sam. 5, 16 in der *aus der Chronik entnommenen* zweiten Reihe der Namen von Davids Söhnen bietet. Vgl. Jud. 9, 46 אל ברית statt Βααλ διαθηκης.

17. Den Satz וירד אל־המצודה hat der Chronist nicht mit dem Vorhergehenden reimen können und ihm darum alles gefährlich scheinende concrete Colorit genommen I. 14, 8. An einen ursprünglichen Zusammenhang zwischen dem hier beginnenden und dem vorhergehenden Abschnitt ist nicht zu denken, mag man übrigens „die Burg" verstehen wie man will. Versteht man den Zion darunter, so tritt ירד, ein Verb der *Bewegung*, in Widerspruch zu der vorigen Erzählung, wonach David vielmehr schon auf dem Zion wohnte; ist aber die Burg hier nicht der Zion, so kann nicht der selbe Verfasser unter dem selben Worte bald dies bald das verstehen, vgl. v. 9. Es ist also in alle Wege methodisch falsch, über den Sinn von המצודה hier nach 5, 9 entscheiden zu wollen*).

18. ויבשו v. 18. 22, Chr. וישטו I. 14, 9. 13, ebenso unter dem Einflusse der Chr. auch LXX. Aber פשט hat in den Büchern Sam. einen Sinn, der hier nicht zu gebrauchen ist; dagegen vgl. zu נטש Jud. 15, 9.

20. Das ב in בבכא wird durch LXX (ממעל) bestätigt.

---

*) In Wahrheit ist המצדה hier die Bergfeste Adullam.

21. Man hatte keinen Grund, עצביהם in אלהיהם umzu-
wandeln, dagegen wohl einen für die entgegengesetzte Aenderung, vgl. zu 7, 23; also ist אלהיהם der Chr. I. 14, 12 das
Ursprüngliche.

22. בָּעֵמֶק des Chronisten I. 14, 13 statt "בְּע רפאים setzt
voraus, dass man von v. 18 her Bescheid wisse. Unmöglich
kann er dem Leser zutrauen, es von dem Thale von Gibeon
zu verstehen, von dem gar nicht die Rede war (gegen Movers, Unterss. über die bibl. Chron. S. 243).

23. Hinter תעלה LXX לקראתם. Jedenfalls ist eine Limi-
tierung des לא תעלה sehr am Orte, vgl. auch die Chr. I. 14,
14. Uebrigens wird durch diesen Zusatz der LXX das folgende אל אחריהם des MT. als Gegensatz zu לקראתם bestätigt, gegen das an sich schon viel weniger signifikante מֵעֲלֵיהֶם
der LXX und Chr.

24. Statt צעדה lies mit der Chr. I. 14, 15 הצעדה wegen
את. — תצא במלחמה der Chr. für תהרץ hat den selben
Werth und ist ebenso zu beurtheilen wie ihre Aenderung v.
17. v. 8. Aehnlichen Schlages ist καταβήσῃ πρὸς αὐτούς
der LXX.

25. מגבע, richtig LXX. Chr. I. 14, 16 מִגְּבְעֹן, vgl. Jes.
28, 21 (Thenius, Hitzig). Die umgekehrte Verwechslung liegt
vielleicht 1 Chr. 8, 29 vor. Der Ausgangspunct *Gibeon* erklärt sich, da David nach v. 23 nicht von vorne (Süden), sondern von hinten (Norden) angreifen sollte und angriff. Ohne
Rücksicht auf v. 23 zu nehmen, haben Thenius und Bertheau
(zu 1 Chr. 14, 16) den Vers (מִגְּבְעֹן) mit Aufwendung gründ-
licher geographischer und militärischer Gelehrsamkeit misverstanden.

VI.

1. עוד entsprang aus Misverständnis von יָאֶסָף (LXX) als
יאסף 1 Sam. 18, 29. Exod. 5, 7. Mit וַיֹּסֶף war jene Partikel fast nothwendig gegeben. — Die Erhöhung der 30000
(MT.) auf 70000 in LXX ist mit Nichten zufällig, vgl. zu 1
Sam. 11, 8.

2. Das מ vor בעלי stammt nicht aus der Lesart במעלה
(LXX), sondern aus dem falschen Verständnis von בעלי יהודה
als „Bürger Juda's", welches auch Jos. 18, 14 zu Grunde

liegt, und ist nach 1 Chr. 13, 6 zu streichen. Kirjatjearim
heisst Jos. 15, 10. 11 und 1 Chr. 13, 6 בַּעֲלָה, dagegen Jos.
15, 9 בַּעַל יְהוּדָה; letztere Form wird hier herzustellen sein.
Dagegen hat man nicht den Schatten eines Grundes, die Deutung von Baal Juda auf Kirjatjearim aus der Chronik herüberzunehmen. — אֲרוֹן הָאֱלֹהִים. V. 9. 10. 11. 15. 16. 17 hat
sich אֲרוֹן יְהוָה erhalten, in der Chronik I. 18 nirgends. Dass
עָלָיו zu אֲשֶׁר נִקְרָא gehören muss, bedarf keines Beweises *).
Auffallend ist allerdings die Distanz vom Regens. Ich denke,
der ursprüngliche Wortlaut war אֲשֶׁר נִקְרָא שֵׁם עָלָיו, vgl.
Lev. 24, 16. 1 Chr. 13, 6 **), und nachträglich ward שֵׁם
durch die weitläufige Apposition erklärt. Habe ich darin
Recht, so ist aber der ganze Relativsatz späteren Alters.

3 f. Die irrthümliche Wiederholung der Worte von חֲדָשָׁה
am Schluss des v. 3 bis בְּגִבְעָה v. 4 hat nicht bloss den Ausfall von „und Uzza gieng" vor עִם אֲרוֹן v. 4 veranlasst (Thenius), sondern auch die Verwandlung des Appellativs אָחִיו,
welches durch die Verderbnis des MT. in v. 4 seine Beziehung
verloren hatte, in einen Eigennamen אַחְיוֹ. Vgl. meine Diss.
de gentt. Jud. S. 15. Anm.

5. בְּכֹל עֲצֵי בְרוֹשִׁים, Chr. I. 13, 8 entschieden richtig
בְּכָל עֹז וּבְשִׁירִים. Cypressenhölzer sind keine musikalischen
Instrumente, und am Anfang stehe das Allgemeine, dem die
Specialisierung folge. LXX liest wie v. 14 בִּכְלֵי עֹז für
בְּכָל עֹז, ἐν ἰσχύϊ ist Duplette. — Wenn für וּבִמְנַעְנְעִים
וּבְצֶלְצְלִים des MT. die Chronik וּבִמְצִלְתַּיִם וּבַחֲצֹצְרוֹת bietet
und LXX וּבִמְצִלְתַּיִם וּבַהֲלִילִים (Thenius), so liegt es nahe zu
glauben, dass die מְצִלְתַּיִם den צֶלְצְלִים entsprächen und dass
man die unbekannten מְנַעְנְעִים mit einem bekannten Instrument
ersetzte. Aber die dann anzunehmende Umstellung, gleichmässig bei LXX und Chr., begreift sich dabei nicht, auch
sieht man nicht ein, warum צֶלְצְלִים mit מְצִלְתַּיִם vertauscht
sein sollte, denn erstere waren keineswegs zur Zeit des Chro-

---

*) Thenius mit Aenderung des שֵׁם 1⁰ in שָׁם: „woselbst der Name
des H. angerufen wird, der über den Cherubim auf derselben thront."

**) „über welcher ein gewisser Name genannt wird", vgl. die ähn-
lichen Indeterminationen im Qoran.

nisten ausser Brauch gekommen. Es scheint also dennoch, dass man die מנענעים mit den מצלתים und die צלצלים mit den הליכים oder הצצרות zusammenzustellen hat. Ist מנענעים möglich — und nach der Etymologie und der Erklärung Tanchum's scheint das wohl so —, so ist es hier auch richtig; dann aber gleichfalls צלצלים, welches Chr. und LXX nach מצלתים nicht brauchen konnten und welches durch das doppelte צ von הצצרות und das doppelte ל von חליים beglaubigt wird.

6. „*Eine* feste Tenne" genügt dem Sinne nicht, „*die* feste T.*" steht nicht da, also steckt in נכון, wie LXX und Chr. richtig sehen, ein Eigenname *). Die wahre Gestalt desselben lässt sich hier so wenig wie 2, 24 ermitteln, doch wird der Schlussbuchstabe wohl nicht Resh (LXX), sondern Nun gewesen sein. Die Chronik I. 13, 9 liest כידן = כדן = כון (s. רקים : רקדם v. 20): also statt des doppelten Nun am Schlusse von גרן und am Anfange des Eigennamens nur ein einfaches.

7. על־השל. Die Bedeutung des chaldäischen שָׁלָא (erravit, peccavit imprudens) kommt dem hebräischen שלה nirgends zu und würde auch in unseren Zusammenhang nicht besonders passen, denn es würde damit Gotte an dieser Stelle gleichsam ein Vorwurf gemacht, dass er jemanden wegen eines blossen Versehens tödtete. Sprachlich richtiger ist die Deutung Ewalds „unversehens, plötzlich", vgl. בשלום Iob 15, 21 und ﺍﻟﻤﻐﺮ, sie giebt zudem einen völlig angemessenen Sinn **). Doch liegt allerdings, wenn man 1 Chr. 13, 10 על שלח א' ל' וגּ'" vergleicht, der Verdacht nahe, dass על־השל ein Bruchstück jenes Interpretaments der Chronik sei (Böttcher).

7. לפני יהוה (LXX. Chr.) ist ursprünglicher als עם אר' הא'; vgl. zu 1 Sam. 6, 20.

8. ויהר könnte aus וּיּמֶר entstanden sein unter Einfluss des ויהר v. 7, doch vgl. Tuch zu Gen. 40, 6 und Jud. 18, 25 mit 1 Sam. 1, 10.

---

*) Zudem kann ich mir auch unter einer „festen" Tenne im Gegensatz etwa zu einer beweglichen nichts Klares vorstellen.

**) Thenius, auf der Bedeutung „Versehen" fussend, obwohl er weiss, dass diese nur auf unsere Stelle sich gründet, meint Ewalds „*un*versehens" aus „Versehen" erklären zu müssen.

11. עֶבֶד אֱדֹם, ein zwar sehr auffälliger, aber durchaus bezeugter Name. Der Träger war kein Israelit, Edom also wohl der Name eines Gottes. Vgl. Henoch als Stammname in Ruben-Midian; möglich auch, dass noch mehere auffällige Uebereinstimmungen von Namen palästinischer und benachbarter Stämme mit den Namen Gen. 5 auf diese Weise erklärt werden müssen.

12. Der Zusatz der Vulgata von 1590: dixitque David: Ibo et reducam arcam cum benedictione in domum meam, welcher die beiden in MT. nackt neben einander gestellten Thatsachen pragmatisch verbindet, gehört dem Hieronymus nicht an, s. Vercellone zu d. St. Er findet sich auch in meheren Handschriften der griech. Bibel. Gegen Thenius.

13. Wenn nach dem MT. David, nachdem die Träger der Lade sechs Schritt gegangen, ein Opfer *) bringen lässt, so geschieht es zum Danke dafür, dass die Lade sich willig von ihrer Stätte fortbewegen lässt, ohne abermal Unheil anzurichten, und somit der Absicht Davids nichts mehr entgegensetzt; vgl. 1 Chr. 15, 26. Von Unmotiviertheit ist in dieser Angabe, wenn man sie nur versteht, keine Spur; dagegen ist es deutlich, dass die Uebersetzung der LXX: „καὶ ἦσαν μετ' αὐτοῦ αἴροντες τὴν κιβωτὸν ἑπτὰ χοροί" aus dem Hebräischen, welches ihr zu Grunde gelegen haben muss (צעדים = χοροί), nicht herausgelesen werden kann und auch, falls dies der Fall wäre, noch keinen vernünftigen Sinn böte, weder an sich noch in dem Zusammenhange mit dem Folgenden: καὶ θῦμα μόσχος καὶ ἄρνες.

18. הֶעֱלָה, vgl. עֹלוֹת v. 17. Der Wechsel des determinierten Singulars mit dem indeterminierten Plural, in LXX aufgehoben, wird auch durch die Chronik I. 16, 2, vgl. v. 1, bestätigt und lässt sich erklären. Vgl. הַיְרִיעָה 7, 2 mit יְרִיעוֹת 1 Chr. 17, 1.

20. Vor וַתֹּאמֶר LXX וַתְּבָרְכֵהוּ. — הָרֹקְדִם der LXX statt הָרֵקִים ist ziemlich nichtssagend.

21. Mit Recht fügt Thenius nach LXX hinter לִפְנֵי יהוה 1° hinzu אֲרַקֵּד בָּרוּךְ יהוה (der Schreiber des MT. sprang vom ersten יהוה auf das zweite über), über ורקדתי der LXX nach וְשִׂחַקְתִּי kann man zweifelhaft sein.

---

*) natürlich ein einmaliges, schon wegen der Tempora וַיְהִי, וַיִּזְבַּח und צָעֲדוּ.

22. Thenius befolgt hier zwar im Allgemeinen den MT. (מזאת‎ .‏.‏. נקלתי‎ statt כזאת‎ ‏.‏.‏. נלגתי‎ der LXX, עמם אכבדה‎ statt μὲ μὴ δοξασϑῆναι), mit der Ausnahme jedoch, dass er בעיני‎ nach LXX in בעיניך‎ ändert. Diese Lesart scheint indes zu erleichtern und in Zusammenhang zu stehen mit der wohl entschieden unrichtigen Coordinierung von בעינ"‎ u. ועם־הא"‎ bei LXX („ich werde verachtet sein in deinen Augen und bei den Mägden, vor denen, sagst du, ich meine Ehre nicht gewahrt habe"). Auch kann ich nicht finden, dass dem David der Gedanke anstehe, den Thenius nunmehr gewinnt: „die Mägde, *die einfältigen Gemüther,* werden besser als du meine Demuth zu würdigen wissen, *was mich für deine thörichte Verachtung schadlos halten wird."* Für den letzten Satz vielmehr scheint mir durchaus negativer Sinn erforderlich (vgl. LXX) und also Ewald's Uebersetzung im Recht: „und vor den Mägden, wovon du sagst — vor denen sollte ich meine Ehre suchen?" Hiezu enthält allerdings Ewald's Fassung des Vorhergehenden keinen ganz treffenden Gegensatz *): ich weiss aber keine bessere an die Stelle zu setzen.

VII.

6. העלתי‎. Thenius weiss, dass die Versionen aussprechen העלתי‎ und dass dabei אֲשֶׁר‎ zu supplieren sei. Und woher dann der Stat. constr. לְמִיּום‎? Der liesse sich bei der Vokalisation העֱלֵתִי‎ zur Noth erklären, wenn אֲשֶׁר‎ *nicht* zu supplieren ist, beweist aber vielmehr die Richtigkeit der Aussprache der Punktatoren.

7. שבטי‎: 1 Chr. 17, 6 שֹׁפְטֵי‎, richtig. Vgl. 1 Sam. 14, 18 בני‎ für פני‎, 2 Sam. 3, 34 נבל‎ für נפל‎, 10, 16. 18 שובך‎ = שׁופך‎ 1 Chr. 19, 16. 18. S. Einl. S. 15.

V. 8 ff. Da für die Textkritik des Folgenden mehrfach die Auffassung des weiteren Zusammenhanges entscheidet, so lege ich meine Ansicht darüber in der Kürze hier vor. Es sind in den Worten Nathans drei Absätze zu unterscheiden. *Der erste* von אני לקחתיך‎ v. 8 bis מפניך‎ v. 9 umfasst die Präterita. *Der zweite* erstreckt sich von dem ersten Futurum **) ועשיתי‎ v. 9 an bis zum Athnach v. 11. *Der dritte*

---

*) „Wenn ich vor Jahwe spiele, so schätze ich mich noch zu gering dafür und komme mir zu niedrig vor" —

**) Ich brauche nicht zu sagen, dass diese Namen sich nur auf den Sinn der Verba, nicht auf ihre Formen beziehen sollen.

hebt an mit v. 11b und schliesst mit v. 16. Fussend auf
dem, was Jahwe schon gethan (v. 8b. 9a), knüpft Nathan
daran zunächst, was nächste und natürliche Folge davon ist
und sein wird (v. 9b—11a), um dann mit der eigentlichen
Weissagung (11b—16) das Ganze zu krönen.

8. Das sehr seltene מֵאַחֲרִי (statt מֵאַחֲרֵי, vgl. 1 Chr. 17,
7) wird grade für unsere Stelle durch Ψ. 78, 71 in auffallender Weise bestätigt.

9. גָּדוֹל hinter שֵׁם fehlt mit Recht in LXX und Chr. I.
17, 8; denn es schwächt die Bedeutung der folgenden Worte,
aus denen es leicht entstehen konnte.

11a. Die Copula vor וּלְמִן־הַיּוֹם nöthigt dazu, die Unter-
drückung בָּרִאשֹׁנָה, von der vorher die Rede gewesen, zu verstehen von der ägyptischen Gefangenschaft: aber es liegt unserem Zusammenhange nicht nahe, diese zur Vergleichung
heranzuziehen. Das ו wird wohl fehlerhaft die Tage der
Richter von den Tagen im Anfang unterscheiden, vgl. Einl.
S. 26. „Von dem gegenwärtigen Augenblicke an zurück bis
zu dem Tage" bedeutet bekanntlich וּלְמִן־הַיּוֹם nicht. — Im
Folgenden lies mit Ewald וַהֲנִיחֹתִי לוֹ מִכָּל־אֹיְבָיו, nach dem
Zusammenhange und wegen v. 9. Die Betonung וַהֲנִיחֹתִי ist
ein deutlicher Nothbehelf.

11b. Der dritte Absatz der Weissagung wird in der Chronik I. 17, 10 eröffnet mit den Worten וָאַגִּיד לָךְ. In der
That passt in den Zusammenhang nur das Präteritum, welches auch durch v. 21 דִּבַּרְךָ bestätigt wird. Die Einsetzung
des Explicitums „Jahwe" in 2 Sam. beurtheilt sich nach
Einl. S. 22 f.

12. Am Anfang, vor כִּי, ist וְהָיָה (nach יְהֹוָה am Ende des
vorhergehenden Verses) ausgefallen; richtig LXX. Chr. I.
17, 11.

13. Es ist hier im Allgemeinen von dem Collektivum des
Hauses Davids die Rede, זַרְ ist v. 12 nicht so viel als בֵּן
und die Worte v. 14 ff. verlieren, auf Salomo eingeschränkt,
das beste Theil ihrer Bedeutung: sie müssen unter jeder Bedingung auf die Davidische Dynastie im Ganzen bezogen werden, im Gegensatz zu der Sauls v. 15. So versteht sie denn
auch David v. 19, so der Dichter von Ψ. 89, der die Singulare 2 Sam. 7, 14 ff. in den Plural überträgt v. 30—33, so
endlich der Bearbeiter des Buchs der Könige in Stellen wie
1 Reg. 2, 4 u. a.

Darnach bemisst sich auch das Verständnis von v. 13, dessen Aussage nach unserem Gefühle allerdings nur von Salomo gelten kann. Der Hebräer ist stark darin, personificierte Collektiva als einheitliche Personen anzusehen *) und sie dann auch zum Subject von Handlungen zu machen, die wir immer nur dem Concretum beilegen können, z. B. Jud. 11, 1—3. Uebrigens leugne ich nicht, dass ich unsern Vers streichen würde, wäre nicht 1 Reg. 5, 19. Denn abgesehen davon, dass er *vor* v. 14 ff. stehend doch immer verwirrend auf die Deutung des זרע wirkt, bildet er auch einen ganz schiefen Gegensatz zu בית יעשה v. 11, der die Ader der wahren Pointe durchschneidet, und seine Aussage gehört überhaupt nicht hieher, wie denn auch Davids Dankgebet keine Rücksicht darauf nimmt. Zu beachten ist schliesslich, dass v. 13 b die Schlussworte von v. 12 wenig verändert wiederholt.

14. Die Copula in וְהִכְחַתִּיו ist nicht bloss unanstössig, sondern nothwendig; wenn Thenius sie streicht, so streicht er damit zugleich das Futurum.

15. יסור, lies mit LXX Chr. I. 17, 13 אָסִיר. Vgl. יקח = אקח 1 Sam. 2, 15, אראה=יראה Jud. 5, 8 **). Am Schlusse ziehe ich mit Bertheau den Text der Chronik vor: מאשר היה לפניך I. 17, 13. Denn was den Text in 2 Sam. betrifft, so ist die Wiederholung des הסירתי dem ursprünglichen Vf. nicht zuzutrauen und übrigens passt dazu nur מלפני (LXX), so dass also מלפניך für die Chronik Zeugnis ablegt. שאול aber ward deutlich eher eingesetzt als ausgelassen und noch LXX haben es auch in 2 Sam. nicht gelesen. Die Verschweigung des Namens beruht auf feinem Gefühl.

18. וישב, ebenso LXX. Chr. I. 17, 16, so dass die Lesart festzustehen scheint.

19. Für וזאת תורת lies mit Hilfe der Chronik I. 17, 17 וַתִּרְאֵנִי דֹרֹת ***), vgl. Ewald III. S. 180 und Bertheau. Auf

---

*) Z. B. wird Ez. 16 Jerusalem seit der Gründung trotz des Wechsels der Bevölkerung als Eine moralische Person aufgefasst. Denn v. 3 geht auf Jebus, deren chittäische Urbevölkerung als durch Amoräer beherrscht vorgestellt wird, vgl. meine Diss. S. 12 u. z. B. Exod. 1, wo der Versuch, Israel zu entnationalisieren, dargestellt wird als Versuch, es zum Weibe zu machen.

**) Hitzig's Behauptung (zu ψ. 89, 34), LXX drücke deutlich אפיר aus, verstehe ich nicht. Vgl. vielmehr Trommius unter ἀφίστημι 30).

***) vielleicht auch ותרא אתי.

הורה statt des in die Sprache der Bb. Samuelis nicht passenden תור führt das schliessende Taw in הורת und der Sinn.
Wenn האדם richtig ist, so wird man auch למעלה aus der
Chronik aufnehmen müssen, das freilich aussieht wie Inter-
pretation. Der Gedanke ist in dieser Fassung nicht „völlig
modern" (Thenius); denn die Enthüllung der Zukunft hat
doch die Alten ebenso sehr interessiert wie uns. Auch ist
in nuce schon der gleiche Sinn in למרחק enthalten, und ist
etwa die Chronik „völlig modern?"

21. Ist וכלבך echt, so wird damit דברך gegen עבדך der
LXX u. Chr. I. 17, 19 bestätigt (vgl. v. 11 b). Indes LXX
las וכלבך nicht, denn καὶ κατὰ τὴν καρδίαν σου ἐποίησας ist
eine der Chronik entstammende Duplette; dann entschiede
להודיע וגו' am Schluss für עבדך.

22. יהוה אלהים steht in der Chronik überall für אדני
יהוה unseres Textes; hier und v. 25 ist es auch in diesen
letzteren eingedrungen, wie 1 Sam. 6, 11. 17 נהרים. LXX
ER. hier und v. 25, Al. bloss v. 25: κύριέ μου, sonst κύριέ
μου κύριε.

23. Lies גוי אחד mit LXX und wegen לפדות־לו den Sing.
הלך vor dem artikellos zu belassenden אלהים, weiter כָּרָם
גדולת und endlich לְגָרֵשׁ מפני עמו גוי ואלהיו z. Th. nach
LXX und Chr. I. 17, 21 mit Streichung des Relativsatzes *).
So Geiger, Urschrift S. 288, der in überzeugender Weise dar-
thut, wie aus diesem ursprünglichen Texte die verschiedenen
Modifikationen des jetzigen entstanden seien. „Während man
nach einer Seite den Sing. הלך (weil von heidnischen Götzen
die Rede) in den Plural umwandelte, nahm man andererseits
wieder Anstand, selbst nur zu supponieren, dass ein anderer
Gott ein Volk sich erwählen und ihm Grosses erweisen könne
und man bezog Alles wieder auf den wahren Gott und auf
Israel, daher לשום לך in Chr., während der Text in Sam. לי
erhalten hat, לכם und לארצך in Sam., עמך und der Zusatz
ממצרים (לך) אשר פדית in beiden, und endlich, da vor

---

*) Also: „Und welches ist wie Dein Volk Israel ein anderes Volk
auf Erden, welches ein Gott gegangen wäre sich zu erkaufen zum Volk,
ihm einen Namen zu machen, ihnen Grosses und Furchtbares zu erweisen, vor seinem Volke zu vertreiben ein anderes Volk und seinen
Gott." Vielleicht ist am Schluss גוים ואלהים zu lesen nach LXX
σκηνώματα, vgl. Geiger a. a. O. S. 289 f.

Israel nicht bloss ein Volk, sondern mehere vertrieben wurden, noch גוים, das für die Chronik allgemein bezeugt, für Sam. nicht sicher ist. Nachdem der ganze Satz nun diese Wendung genommen, war freilich die Correctur דלכו grade wieder störend und die talmudischen Autoritäten und das Targum suchen den Plural verschiedentlich zu deuten."

VIII.

1. Für מתג האמה las die Chronik גת האמה und glaubte, die Hervorhebung des Metropolischarakters jener Stadt könne hier nur andeuten sollen, dass sie auch Namens „ihrer Töchter" genannt sei: daher גַּת וּבְנֹתֶיהָ 1 Chr. 18, 1. Τὴν ἀφωρισμένην der LXX, wenn es nicht bloss räth, könnte zurückgehen auf מִתְגָרְשָׁה. Durch beide Varianten würde מתג האמה bestätigt. Die Poesie des Wortes würde der freudigen Stimmung des israelitischen Geschichtschreibers wohl anstehen: übrigens dürfte Thenius in Verlegenheit gerathen, wenn er angeben sollte, welche *prosaische* Bezeichnung dem Hebräer für die gemeinte Sache zu Gebote gestanden hätte — jeder frisch für einen neuen Begriff geprägte Ausdruck der Sprache ist poetisch, vgl. z. B. 14, 20: סבב את־פני הדבר. Und etwas „sehr Concretes", d. h. etwas ganz Vereinzeltes, wie etwa die Eroberung von Gath, erwartet man nach ויכניעם zum Schlusse nicht, sondern etwas Zusammenfassendes, Allgemeines.

3. Es ist unrichtig, wenn Thenius behauptet, השיב יד werde mit על construiert, solle es heissen „die Hand wohin wenden"; vielmehr bedeutet es in diesem Falle immer nur „die Hand *gegen* (einen Feind) kehren", was deutlich hier nicht passt. בְ oder אֶל (1 Sam. 14, 27) sind in unserem Zusammenhange die einzig möglichen Präpositionen und in der Bedeutung von השיב יד liegt nichts, was die Construktion mit בְ verhindert. — Für die von Thenius und Bertheau vorgezogene Lesart der LXX und Chr. הציב lässt sich anführen, dass sie augenscheinlich keinen Sinn gibt und also השיב der Erleichterung verdächtig ist. Wollte man aber so entscheiden, so müsste man wenigstens nachweisen, dass in diesem Falle der Augenschein trügt. Dieser Nachweis wird weder von Thenius noch von Bertheau versucht und möchte schwerlich gelingen. הציב יד heisst 1 Sam. 15, 12 „ein Denkmal

errichten"; das ist die einzig gesicherte Bedeutung, die hier wegen des Suffixes ידו nicht anwendbar ist. Wollte man aber die Uebersetzung „seine Macht befestigen" gelten lassen, so *befestigt* man nirgendwo seine Macht, man *habe* sie denn dort vorher: dann würde also Ewald Recht haben, der als Subj. Hadadezer ansieht. III. S. 204. — Der Fluss (lies בְּנָהַר), von dem hier die Rede ist, wird der gleiche sein, wie der 10, 15 erwähnte, nemlich der Eufrat; s. zu 10, 15.

4. Liest man mit LXX Chr. רכב hinter dem ersten אֶלֶף, so müsste man offenbar רכב und פרשׁים als besondere Waffen unterscheiden. Das verbietet aber der Schluss des Verses, denn David lähmt bloss את־כל־הרכב, und es bleiben doch auch bloss hundert רכב und nicht etwa ausser diesen alle Reitpferde übrig. Es ist also klar, רכב am Schluss umfasst auch die Pferde der פרשׁים und ist in einem ganz allgemeinen Sinne gebraucht. Aus diesem Grunde ist die Einschiebung von רכב hinter אֶלֶף falsch; um so mehr, als nur sie dazu genöthigt hat, die 700 in 7000 zu verwandeln. Vgl. weiter zu 10, 6. 18.

7. Der Zusatz der LXX über den späteren Verbleib der Trophäen stammt aus 1 Reg. 14, 25 ff. und ist wie die ähnlichen v. 8. 14, 27. 24, 25 nicht anders zu beurtheilen, als die aus Jud. 1 entlehnten Bemerkungen zum Josua (16, 10. 19, 47), die zum Theil auch in den MT. ihren Weg gefunden haben. — אל vor עבדי = על.

8. בטה, LXX Chr. טבה, ebenso Gen. 22, 24. Vgl. Révue Archéologique 1861. IV. S. 356.

9. תעו (LXX Chr.) ist bezeugter und sprachlich wahrscheinlicher als תעי, welches zudem leichter aus jenem entstand als umgekehrt.

10. יורם, LXX Chr. richtig הדורם. Hinter מלהמות ist natürlich nach LXX Chr. תעי zu tilgen.

11. אשׁר הקדישׁ wird als richtig, אשׁר נשׂא der Chronik als falsch erwiesen durch משׁלל v. 12. Den Grund, wegen dessen Bertheau die Lesart der Chronik verwirft, verstehe ich nicht.

12. מארם, LXX Chr. מאדם. Vergleicht man vv. 12. 13 mit 1 Sam. 14, 47 v. 48, so wird man geneigt, מֵאֲרָם vorzuziehen, zumal hier offenbar eine vollständige Aufzählung der besiegten Völker beabsichtigt ist. Dass mit Aram schlecht-

weg gemeint ist Aram Dammeseq, verursacht nach v. 5 keine Schwierigkeit; wohl aber spricht die Reihenfolge mehr für אֲרָם.

13. Bertheau stellt den ursprünglichen Text aus den sich ergänzenden Resten, die in 2 Sam. u. Chr. enthalten seien, also zusammen: ויואב בן־צרויה הכה את־אדום בשובו מהכותו את־ארם בגיא המלח שמנה עשר אלף. Dieser Text erklärt erstens die Entstehung des Verderbnisses in 2 *Sam.* nicht und nöthigt zweitens zu falscher Verbindung des בגיא המלח. Unmittelbar vor „im Salzthal" kann nur gestanden haben „er schlug Edom." Wollte man in der Weise Bertheau's combinieren, so müsste jedenfalls הכה את־אדום den Platz wechseln mit בשובו — ארם. Aber so liesse sich wiederum nicht die Entstehung der Lesart in der *Chronik* begreifen. Wahrscheinlich ist also statt בשבו מהכותו einfach mit LXX וּבְשֻׁבוֹ הִכָּה zu lesen, was ja auch das Bezeugteste ist.

Weiterer Aenderung bedarf es nicht. Macht man den Joab v. 13 zum Subject, so hat man ihn als solches auch v. 14. In einem Capitel ferner, wo übrigens Alles dem David persönlich gut geschrieben wird, was nach c. 10 nur unter seiner Regierung geschah, thut man nicht gut, an dieser einzigen Stelle von einem Siege *Joabs* berichten zu lassen, noch dazu nach den Worten וַיַּעַשׂ דָּוִד שֵׁם (vgl. die überhaupt sehr ähnliche Stelle 1 Sam. 14, 48 וַיַּעַשׂ חַיִל).

שְׁמֹנֶה, ψ. 60, 2 שְׁתַּיִם, eine Verwechslung, die offenbar geschriebene Zahlwörter voraussetzt.

17. וְצָדוֹק בֶּן־אֲחִיטוּב. Diese Angabe widerspricht den übrigen Nachrichten der geschichtl. Bb., angenommen, dass mit Ahitub jener Enkel Eli's 1 Sam. 14, 3 gemeint sei. 1) Der Vf. von 1 Sam. 2, 30—36 kann den Sadok nicht zum Hause Eli's gerechnet haben — v. 36 passt nicht auf ihn, dagegen auf das Haar v. 35. 2) Das Priestergeschlecht zu Nob ist eben das selbige, welches früher in Silo ansässig war. Nicht etwa blos ein Zweig der Familie Eli's, neben welchem der Stamm in Silo fortbestanden hätte — denn das Gotteshaus in Silo wurde in Folge der Schlacht von Ebenhaezer zerstört und blieb als schauriges Beispiel des Gottesgerichts in Trümmern liegen Jer. 7 *). Nun erzählt aber 1 Sam. 22,

---

*) Da die Zeit, wo das Gottesbild Micha's in Dan verehrt wurde, jedenfalls mit Jerobeam I. abläuft, so hat die Zerstörung Silo's, von der Jeremia redet, nicht nach der Spaltung des Reiches statt gefunden.

dass von den erwachsenen Priestern zu Nob nur Ebjathar dem Blutbad entronnen sei, welches Saul unter ihnen anrichtete. 3) 1 Sam. 2, 30—36 und 1 Sam. 22 bestätigen sich gegenseitig und bestätigen auch die Deutung 1 Reg. 2, 27.

Also ist Ahitub hier nicht der Sohn Pinchas', doch aber auch ein diesem gleichzeitiger angesehener Priester etwa in derselben Gegend? Unsere Stelle ist vielmehr mit Absicht verderbt. Das machen die folgenden Worte wahrscheinlich. Die Verstellung „Ahimelech, der Sohn Ebjathars" kann nicht gut zufällig sein; es wäre unter dieser Voraussetzung zu sonderbar, dass sie gleichmässig in allen Textesrecensionen, auch in der Chronik, vorliegt. Nun finden wir 2 Sam. 15, 24 ff. das Bestreben, den Ebjathar gegen Sadok in den Schatten zu stellen und wo möglich selbst seinen Namen als amtierenden Priesters des Königs David zu unterdrücken. Ein gleiches hat hier gewaltet und zu einer systematischen Verkehrung der Reihenfolge der vier Priesternamen geführt. Es ist zu lesen „Ebjathar Sohn Ahimelechs Sohnes Ahitubs und Sadok waren Priester" — d. h. von hinten anzufangen *). — Für שֶׁרְיָה lies שֵׁרָא. Die Aussprache schwankt zwischen Σασα, שׁוּשָׁא und שַׁשָׁא. Vgl. zu 3, 3.

18. Statt וְהִכְרַתִּי lies wie Hieronymus עַל־הָרֹ, s. Thenius.

Zwischen Eli und Jerobeam I. ist aber 1 Sam. 4 der passendste Zeitpunct dafür, dessen Annahme sogar nothwendig ist, um das plötzliche Auftauchen der Familie Eli's in Nob zu erklären. Jeremia scheint den Bericht über das Ende Silo's im Zusammenhange des 1 Buchs Samuelis noch vorgefunden zu haben. Daraus, dass er 19, 3 die Worte 1 Sam. 3, 11 anwendet auf die Zerstörung des Gotteshauses in Jerusalem — vgl. ähnlich 2 Reg. 21, 12. 13 —, wird es wahrscheinlich, wenn man bedenkt, dass ihm Jerus. als rechtmässige Erbin von Silo und ihr Schicksal in dem der Vorgängerin vorgezeichnet erscheint, dass er 1 Sam. 3, 11 nicht auf den blossen Untergang des Hauses Eli, sondern auf den des alten Centralheiligthums in Silo bezogen hat. Das konnte er aber nicht, wenn ihm 1 Sam. 4—7 nichts Weiteres vorlag, als was uns jetzt vorliegt. Ich vermuthe daher, dass das jetzige c. 7 als Correctur an die Stelle eines älteren Berichtes getreten sei, der die Eroberung des ganzen Landes durch die Philister in Folge der Schlacht von Ebenhaezer und die Zerstörung des einzigen geistigen Mittelpuncts des damaligen Israels enthielt. Beides wird zudem zur Motivierung der ganzen folgenden Geschichte dringend vermisst.

*) Die Abhängigkeit der Chronik von unserer Stelle ergibt sich daraus, dass sie nicht nur den Sadok zum Sohne Ahitubs macht, sondern auch den Ahimelech zum Sohne Ebjathars.

IX.

7. שָׁאוּל אָבִיךְ ,שָׁאוּל בֶּן אֲדֹנֶיךָ v. 9 f., מְפִיבֹשֶׁת בֶּן שָׁאוּל
19, 25. Das πατρὸς πατρός σου der LXX an unserer Stelle
hat denselben Werth wie ihr υἱὸς υἱοῦ Σαουλ 19, 25. אֲבִי
אֲבִי פְּלֹנִי kommt nicht vor, obwohl es natürlich nicht unmöglich wäre.

10. Böttcher (bei Thenius) vermuthet לְבֵית־אָ″ für
לְבֶן־אֲדֹנֶיךָ und vokalisiert im Folgenden וְאָכְלוּ. Dagegen
spricht der Text der LXX (in welchem das erste ἄρτους Correctur nach MT. ist): וְהֵבֵאתָ לְבֶן־אָ″ וְאָכַל לֶחֶם. S. weiter
zu v. 11.

11. Die Verbesserung שֹׁלְחֶנְךָ (Thenius) wäre leicht genug,
aber sie würde nicht ausreichen, sondern auch das Participium אֹכֵל müsste man für Siba in das Imperfectum יֹאכַל
verwandeln. Indes wird das Partic. geschützt durch den anderweiten Eindruck, den der Satz v. 11b macht, wonach er
dem Erzähler, nicht dem Siba angehört. Wenn der König
selbst immer den Mefiboset dem Siba gegenüber „der junge
Herr“ nennt und erst durch den Zorn dahin gebracht wird,
die Etikette fahren zu lassen (16, 4 vgl. v. 3), so fällt es auf,
dass der Knecht unhöflicher ist als der König. Und כְּאַחַד
מִבְּנֵי הַמֶּלֶךְ passt nach meinem Geschmack nur in den Mund
des Berichterstatters. LXX hat also, so viel ich sehe, Recht
darin, v. 11b als Erzählung aufzufassen: καὶ M. ἤσθιεν ἐπὶ
τ. τρ. Δαυιδ κτλ. Dann aber ist der Satz an dieser Stelle
unpassend, da er dem v. 13 vorgreift. Es ist möglich, dass
ebenso v. 10 die Worte וּמְפִיבֹשֶׁת — עַל־שֻׁלְחָנִי dem ursprünglichen Zusammenhange fremd sind. Vielleicht wurde Beides
eingesetzt, um dem Misverständnis zu wehren, als ob wenn
Siba geheissen wird, für das Brot des Mefiboset zu sorgen
v. 10 und diesem Geheisse nachkommt v. 11, damit das Ver-
sprechen des Königs, den Sohn Jonathans an seinem Tisch
essen zu lassen, zurückgenommen wäre.

X.

1. Sonderbarer Weise fehlt in unserem Texte (auch LXX)
der Name des Nahas, in dem der Chronik I. 19, 1 der des
Hanun. Aber entweder müssen beide oder keiner mit Namen
genannt sein: das letztere wird ursprünglich der Fall gewe-

sen sein. Denn für die Auslassung lassen sich weder zufällige noch absichtliche Gründe denkbar machen.

5. Hinter ויגדו לדוד lesen LXX und Chr. כל־האנשים, weil die Gesandten selbst nicht Subject des Verbs sein können.

6. בבאש: 1 Sam. 13, 4; LXX Chr. עם = את 16, 21, wahrscheinlich verdeutlichend. — Wie die 32000 Wagen der Chronik aus den Zahlangaben unsers Verses entstanden sind, hat Bertheau nachgewiesen; dass er trotzdem geneigt ist, wenigstens die *Wagen* für ursprünglich zu halten, ist eine böse Folge der falschen Correctur 8, 4. Vgl. zu v. 18. — Die kleine Zahl des Contingents von Maaka befremdet. Man könnte meinen, dass die *Zahl* der Tausende vor אלף ausgefallen sei, aber wahrscheinlich ist der Fall so zu beurtheilen wie 2, 10. 1 Sam. 13, 1. Denn die Chronik würde, hätte sie hier die Zahl 1000 gelesen, gewiss nicht bloss 20000 + 12000, sondern 20000 + 1000 + 12000 addiert haben *). — Demgemäss ist אלף איש zu streichen: Maaka und Istob werden zusammengefasst, wozu stimmt, dass die Chronik Istob gar nicht besonders erwähnt. Woher die Nachricht stammt (1 Chr. 19, 7), dass die Hilfstruppen der Ammoniter sich vor Medeba gelagert haben, weiss Gott — es ist nach dem Folgenden ganz klar, dass sie sich in der Nähe der ammonitischen Hauptstadt sammelten.

7. Gegen הצבא הגברים ist nichts einzuwenden. Wider Thenius.

8. פתח השער, Chr. פתח העיר 1 Sam. 9, 14. 18. Ob פתח in letzterer Verbindung möglich wäre, ist die Frage. השער ist, da selbstverständlich nur von Einer Stadt die Rede sein kann, nicht unverständlich. — רחוב neben ב׳ ר v. 6, wie מעכה neben בית־מעכה. Vgl. den Gebrauch von οἶκος 1 Macc. 2, 19. Jos. Ant. XV. 10, 1, nach aramäischer Sitte s. Hoffmann in der hallischen Encyklopädie Th. IX unter *Beth*. Ob auch בית יהוה Hos. 8, 1. 9, 15 dahin zu ziehen ist?

16. Für הנהר bietet LXX ed. Rom. τοῦ ποταμοῦ Χαλαμακ. Hitzig greift darnach, um seine Meinung zu stützen, dass der

---

*) ואת־המלך מעכה ואת־עמו 1 Chr. 19, 7 kann nicht anders als ein später Zusatz sein, erst entstanden aus Vergleichung des jetzigen Textes der Bb. Sam.

gemeinte Fluss weder hier noch 8, 3 der Eufrat sei, sondern vielmehr der übrigens schon auf Denkmälern Ramses' II. Arant genannte Orontes (Geschichte des Volkes Israel I. S. 146). Indes haben schon Ewald III. S. 211 und Bertheau in der Hauptsache erkannt, dass Χαλαμαχ, aus Χαλαμα und dem Anfangsbuchstaben des folgenden καί entstanden, weiter nichts ist als eine versprengte Correctur des LXXmässigen Ἀιλαμ nach dem הלאמה des MT. v. 17. Und dass unter הנהר hier wie immer der Eufrat zu verstehen sei, erhellt daraus, dass jetzt die äussersten Hilfsmittel von Seiten der Aramäer herangezogen werden, und auch aus dem *„jenseit* (des Flusses)", denn ich möchte wissen, was ein palästinischer Schriftsteller, der doch nicht vom Standpuncte Hadadezers ausgieng, mit „jenseit des Orontes" hätte sagen wollen. — לפניהם am Schlusse des Verses nöthigt nicht dazu, חילם ap-pellativisch zu verstehen und auf keinen Fall gibt das ה lo-cale und die verschiedene Schreibweise ein Recht, חילם hier zu unterscheiden von הלאמה v. 18: dergleichen Inconsequen-zen der Schrift befremden ʼim MT. der historischen Bücher gar nicht (13, 10. 17 f. 11, 1). Vielmehr fasst man hier חילם als „ihr Herr", so muss man auch v. 17 mit der Chro-nik אליהם lesen. Aber das Erstere ist sprachlich bedenklich, das Letztere hinsichtlich des Sinnes, welcher nothwendig einen Ortsnamen fordert. Richtig Ewald, Bertheau.

18. 40000 Reiter sind hier ebenso unglaublich wie die 32000 Wagen der Chronik v. 6. Hatten denn die Syrer gar kein Fussvolk? Das Richtige wird sein, mit dem Chronisten, einem wahrlich jeder Verkleinerung unverdächtigen Zeugen, zu lesen איש statt פרשים, zumal da man gegen die Coordi-nierung von רכב und פרשים von 8, 4 her ein gegründetes Mistrauen hat und sich auch hier vergebens nach dem Grunde fragt, weshalb David nur die Wagenpferde tödtet, die Reit-pferde aber laufen lässt, oder wenn man רכב in allgemeine-rem Sinne verstehen will, warum er nur 700 Pferde tödtet, dagegen aber 40000 Reiter.

XI.

1. מלאכים fasst das Qeri richtig auf als מלכים, vgl. zum א v. 24. 10, 17. 12, 1 u. LXX 1 Sam. 14, 47. Hitzig spricht מלְאָכִים, indem er als den Zweck der Aussendung der Boten

die Ankündigung des Neumondes ansieht. Er sagt zu Jer. 31, 6: „Man hieng für die Beobachtung der hohen Feste von der sinnlichen Anschauung des Neumondes ab. War dieser glaubwürdig gesehen worden, so steckte man Feuerzeichen auf; und auf diese achten Jer. 31, 6 die Wächter, welche natürlich auf Anhöhen oder Bergen u. s. w. postiert sind, vgl. Silv. de Sacy Chr. Ar. I. S. 90 ff. 309 f. Rosh hash. 1, 5 f. 2, 2 ff. *In weiter entfernte Gegenden sandte man Boten* 2 Sam. 11, 1." Letztere Behauptung ist allerdings nicht grade aus der Luft gegriffen *), obwohl es mehr Sinn hat zu glauben, dass man in die den Beobachtungsstationen nächstliegenden Orte Boten schickte: zur schnellen Ueberwindung grosser Entfernungen dienten offenbar die weithin sichtbaren und leicht fortzupflanzenden Feuerzeichen auf den Bergen. Aber zur Datierung eignet sich das Ausgehen der Boten nicht: man hätte dazu natürlich das *Fest* gebraucht, nicht eine davon abhängige, ganz untergeordnete Einrichtung.

3. בת־שׁבע ist 1 Chr. 3, 5 בת־שׁוּע geschrieben und fehlerhaft בת־שׁוּעַ vokalisiert, da doch שׁבַע nur mit שׁוּעַ zusammengebracht werden kann (Ewald), vgl. שׁוּבָא und שׁוּעָא. Thenius zieht die Lesart der Chronik vor, aber es heisst die Sache auf den Kopf stellen, wenn man nach jener einzigen Stelle der Chronik, wo LXX ausserdem בת־שׁבע lesen, alle übrigen ändert: etymologische Gründe berechtigen nicht dazu, selbst zugegeben, dass בת־שׁבע Tochter des Eides und בת־שׁוּע Tochter des Glückes bedeute. — אליעם wird gegen Ἐλιαβ durch עמיאל 1 Chr. 3, 5 beglaubigt, vgl. Ewald §. 273 d.

4. Der Athnach war bei עמה zu setzen (Thenius).

6. לאמר hinter יואב fehlt auch 19, 15, vgl. Num. 23, 7, und mit Recht verbietet Böttcher es einzusetzen, siehe namentlich v. 22. Höchst wahrscheinlich ist es viel seltener ausgelassen, als später eingeschaltet.

11. היד, LXX היד (= איד). Aber so absolut könnte, wie es scheint, איד höchstens stehen — wenigstens ist das im

*) Vgl. Maltzan, der Ramadhan in Arabien, Magazin für die Literatur des Auslandes 1871. S. 89. Aus dessen sehr lehrreicher Schilderung ergiebt sich aber, dass die Entsendung von Neumonds- und Festboten wenigstens in Arabien keine stehende Einrichtung, sondern eine durch ungewöhnliche Umstände veranlasste ausserordentliche Massregel ist.

Arabischen der Fall —, wenn als Zustandssatz mit וְ folgte, was hier an der Spitze von v. 11 voraufgeschickt ist. Lies also entweder חִי יהוה (15, 21) oder streiche וַהִי נפ֞שךְ als erklärende Duplette.

12. וּמִמָּחֳרָת bedeutet nicht „und einen Theil des folgenden Tages", sondern nur „und am folgenden Tage" (Lev. 7, 16. 19, 6). Also auch nach der massorethischen Abtheilung entsendet David den Uria nicht am andern Tage, sondern am andern Tage bleibt Uria noch in Jerusalem und das Wort מָחָר אֲשַׁלְּחֶךָ wird nicht ausgeführt. Damit fällt der Grund weg, weshalb Thenius die Trennung des וּמִמָּחֳרָת von וַיִּקְרָא לוֹ v. 13 aufrecht erhalten will. Die Punktatoren wagten vielleicht deshalb nicht das וּמִמָּחֳרָת zum Folgenden zu ziehen, weil gewöhnlich statt dessen gesagt wird וַיְהִי מִמָּחֳרָת. Aber ohne Zeitbestimmung steht וַיִּקְרָא לוֹ v. 13 in der Luft.

15. הָבוּ, LXX הָבֵא. Dieser Lesart ist der Plural שִׁבְתָּם in unserem Verse und וַיֵּתֶן im folgenden, sowie auch die eigene Bedeutung von הָבִיא nicht günstig.

22. Nach den letzten Worten lesen LXX noch אֵת כָּל־דִּבְרֵי הַמִּלְחָמָה wie v. 19 und berichten dann, dass eintraf, was Joab v. 20. 21 erwartete. Und zwar werden die daselbst dem David in den Mund gelegten Worte einfach wiederholt, nur für יָרוּ v. 20 wird abgewechselt mit תֻּכּוּ (πληγήσεσθε statt τοξεύσουσι), die hypothetische Einführung derselben v. 20 muss natürlich hier der einfachen Erklärung weichen: וַיֵּחַר לְדָוִד עַל־יוֹאָב וַיֹּאמֶר אֶל־הַמַּלְאָךְ. Thenius hat mit triftigen Gründen nachgewiesen, dass der Text der LXX im Rechte ist; desto sonderbarer ist die Art und Weise, wie er die Lücke im MT. halb aus Zufall, halb aus Absicht erklärt. Zufälliger Irrthum ist es nemlich, dass der Abschreiber seine Sache v. 19. 20. 21 ganz recht gemacht hat; um diesen zufälligen Irrthum, d. h. also in diesem Falle das Richtige zu verbergen, lässt der Schreiber v. 22 (LXX) absichtlich aus *). — In Wahrheit beruht die Lücke in MT. auf Kürzung: man glaubte mit וַיַּגֵּד לְדָוִד אֵת כָּל־אֲשֶׁר שְׁלָחוֹ יוֹאָב sei genug gesagt.

23. וְנָהָיָה עֲלֵיהֶם scheint richtig. Vgl. z. B. den Gebrauch

---

*) „Dass die Sache sich wie angegeben verhalte, ist uns allerdings *in Folge* der Bemerkungen Böttchers gegen unsere frühere Ansicht klar geworden; wir haben uns aber auch hier die Selbständigkeit gewahrt."

von הָיָה Exod. 23, 2. 1 Sam. 12, 14: der Schwerpunkt ruht auf der Präposition, deren Begriff durch הָיָה nur verbal gemacht werden soll. Aehnlich περιούσιος = was περι ist.

25. Zu אֶת־הַדָּבָר vgl. 1 Sam. 20, 13. V. 27 würde nur in dem Falle gegen die Richtigkeit der Lesart sprechen, wenn die Stellung von בְּעֵינֵי dort ebenso wäre. — Was הֹזְקָה betrifft, so ist die Behauptung, הֹזֵק alleine heisse sonst nirgends *Muth einflössen*, aus der Luft gegriffen Deut. 1, 38. Jes. 41, 7. Dan. 10, 18 f. 2 Chr. 35, 2. Dahingegen ist der Sprachgebrauch הֹזֵק עִיר „eine Stadt überwältigen", den Thenius für הֹזְקָה annehmen muss, ganz und gar nicht belegbar, auch nicht durch 1 Reg. 16, 22. Jer. 20, 7 *) und ausserdem wird durch Ezech. 26, 4. 12 nicht dargethan, dass הֶרֶס עִיר bedeute „Bresche in die Mauern legen." Der Versuch aber, הֹזְקָה als im Munde des Boten unpassend zu erweisen, ist Thenius nicht gelungen: der Bote handelt in Davids Namen und der ganze Auftrag, den David ihm mitgab, war ein הֹזֵק Joabs.

XII.

1. Nach נָבִיא LXX ὁ προφήτης. — „Responde mihi judicium" der Vulgata ist nicht aus hebräischem Original geflossen, da der Hebräer עָנָה nicht vom Richter, nur von der Partei und vom Zeugen gebraucht, sondern lateinischen Ursprungs (vgl. jus respondere). Es fehlt übrigens im cod. Amiatinus und gehört somit schwerlich dem Hieronymus an.

4. הֲלָךְ wie „Besuch" und زَوْرٌ.

6. אַרְבַּעְתָּיִם, LXX ἑπταπλασίονα. Thenius bemerkt treffend, dass *David* im Affekte gewiss nicht an Exod. 21, 37

---

*) Der Akkus. nach הֹזֵק an diesen beiden Stellen entspricht dem arab. Akkus. bei intransitiven Verben nach Aenderung des intransitiven Vokals (كَبُرَ statt كَبَرَ, عَظُمَ statt عَظَمَ). In diesen Fällen ist aber der Akkus. eine Person, wie im dritten Stamm, der die Grundbedeutung des Verbs ähnlich modificiren kann. Ganz etwas anderes ist eine Transitivirung von הֹזֵק mit *sachlichem* Object, in welchem Falle das Qal an Stelle des Hifil oder Piel tritt; diese bedeutet nur „stärken", nicht „vergewaltigen."

gedacht habe. Es hat erst ein späterer Jude für ihn gethan. Also שֻׁבֵּעְתִּים.

8. Der Schlusssatz וְאִם מֵעֵט וְגו׳ verurtheilt aufs entschiedenste die übrigens auch in sich abscheuliche Aenderung אֶת־בֵּית יִשְׂרָאֵל. Wenn sich Thenius und Geiger (a. a. O. S. 378) für dieselbe auf den Syrer berufen, so hat dieser auch schon das erste בית des Verses als בֵּת verstanden.

13. Pisqa in der Mitte des Verses entstammt hier deutlich dem Gefühl, dass Nathan unmöglich einer solchen Busspredigt in Einem Athem die Absolution folgen lassen kann, sobald nur David das Wort הֶטֵאתִי ausgesprochen hat. Vgl. 1 Sam. 15, 24 ff. Thenius mag darin Recht haben, dass es mit Davids lebendiger Natur stimme, wenn er, auf seine Schuld angefasst, alsbald sie eingestehe: aber offenbar vollzieht sich der Wechsel der Stimmung des *Propheten* nicht im Handumdrehen. Es ist indes nicht anzunehmen, dass in der Mitte des v. 13 einige Worte ausgefallen sind (Ew. III. S. 227?), denn das גַם v. 13b schliesst sich unmittelbar an Davids Wort v. 13a an. Also läge bloss unperspectivische Zeichnung des Erzählers vor? Vielmehr ist v. 10—12 später eingeschoben. Denn weder nimmt לֹא תָמוּת v. 13 auf die Strafandrohungen v. 10—12 irgend welche Rücksicht, noch lässt v. 14 die Annahme offen, dass ausser der Strafe, welche dort ausdrücklich als einzige bezeichnet wird, auch alle die anderen v. 10—12 aufgezählten über David kommen sollten. Diese Annahme aber wäre deshalb nothwendig, weil die Drohungen v. 10—12 sich in Wirklichkeit alle buchstäblich erfüllten. Schliesslich ist auch הֶעֱבִיר הַטֵאתְ nicht eine Vergebung der Schuld ohne Annulierung der Strafe, sondern es wird deutlich durch לֹא תָמוּת und durch die Exception v. 14 als Aufhebung der Strafe bestimmt. Mit v. 10—12 fällt aber der Anstoss weg, von dem meine Kritik ausgieng: denn dieser entsteht erst durch die Aufeinanderfolge von v. 10—12 und v. 13, während v. 13 nach v. 9 sich ganz gut erklärt.

14. Geiger a. a. O. S. 267 hält אֹיְבֵי für eingeschoben. Die Möglichkeit muss nach 1 Sam. 25, 22 zugestanden werden.

15. „Et desperatus est" des Hieronymus beruht wohl auf Verwechslung von וַיֵּאָשׁ mit נוֹאָשׁ (gegen Thenius).

17. Thenius findet וַיָּקֻמוּ עָלָיו auffällig, es erklärt sich aber einfach genug daraus, dass David am Boden lag: sie traten hin zu ihm.

20. Nach יִשְׂרָאֵל ist לָאֵבֶל לָהֶם (LXX) völlig überflüssig wegen der folgenden Worte.

21. Die einzige Verbindung der Worte בְּעַבִיר הֵילֵךְ, welche einen Sinn gibt, ist die von Thenius gewählte, mit עֲשִׂיתָה, so dass הֵי davon getrennt einen selbständigen Vordersatz bildet, zu dem צָמֵד der Nachsatz ist. Aber die Accentuation hat darin Recht, dass man von vornherein zu אֲשֶׁר עֲשִׂיתָה keinen beschränkenden Zusatz erwartet; und es ist unbequem, dass das blosse הֵי im *ersten* Satze allein das ausdrücken soll, zu dessen Bezeichnung im *zweiten*, wo man naturgemäss im Hinblick auf das Vorangegangene hätte kurz sein können, כַּאֲשֶׁר מַה הֵילֵךְ erforderlich erachtet wird. Ich halte es für wahrscheinlicher, dass das mittlere בּ in בְּעַבִיר zu tilgen und בְּעַיִיר zu lesen sei בְּעַיִד, analog dem v. 21, denn das Bedürfnis der Abwechslung kennt in dergleichen Fällen die hebräische Erzählung nicht. Der Text der LXX in ER. u. Al. ist, glaube ich, nach dem MT. corrigiert. — Am Schluss war nach יִרְאֶבֶל לָהֶם für LXX und Thenius וַתֵּשַׁת unvermeidlich, vgl. Einl. S. 25.

24. Vor וַתֵּלֶךְ ist wohl mit LXX Thenius וַתֵּדַר einzusetzen. Nicht zwar als ob nicht auch ersteres alleine vorkäme; indes nach der Ausführlichkeit von וַיָּבֹא אֵלֶיהָ וַיִּשְׁכַּב עָמָהּ ist das hier nicht wahrscheinlich.

25. Für וַיְשַׁלְּחֶהָ lies mit Thenius וַיֻּצְּפֵהוּ nach 18, 2, wenn nicht vielleicht an beiden Stellen הִשְׁלִים in der in den Dialekten üblichen Bedeutung anzuerkennen ist, da שָׁלָה בּ doch Iob 8, 4. Ψ. 81, 13 eigentlich eine Bedeutung hat, der mit „anvertrauen" nichts gemein ist. Mit וַיְשַׁלְּחֶהָ בְּיַד kommt man nicht weiter, denn es heisst natürlich nicht „er schickte *zu* dem Proph. Nathan."

26. Dass v. 26 nicht anzusehen ist als eine „etwas voreilende sogleich beschränkte Bemerkung, die insofern Wahrheit enthält, als Joab der eigentliche Eroberer der Stadt gewesen ist", folgt aus der wörtlichen Wiederholung des v. 26 Berichteten in der Botschaft Joabs an David v. 27. Es ist darum zwar nicht v. 27 דְּמֵים in הַמְּלוּכָה (Syr.), wohl aber v. 26 הַמְּלוּכָה in דְּמֵים zu verwandeln. Die Aenderung ist, wenn man von der Schreibung הַמְּלֻכָּה ausgeht, nicht so bedeutend

als sie aussieht, ל und י sind sehr häufig verwechselt und
כה lässt sich wohl mit מ vergleichen.

30. מלכם. Die Aussprache מִלְכֹּם der LXX erlaubt die
Worte „er nahm die Krone von seinem Haupte" ganz eigentlich zu verstehen; sie empfiehlt sich auch dadurch, dass das
Suffix âm, da vorher nur von der Stadt Rabba die Rede gewesen, keine nahe liegende Beziehung haben würde und dass
das anderweitige Schicksal des Königs der Ammonäer im
Unterschiede zu dem des Volkes im Folgenden nicht besonders hervorgehoben wird. Vgl. damit Geiger a. a. O. S. 306.

31. Statt וישם lies mit 1 Chr. 20, 3 וישׂרם (Thenius),
vgl. 1 Sam. 2, 20. — Das Ketib מלכן hängt zwischen מִלְכֹּם
und מַלְכָּן und ist wohl weiter nichts als Spielerei. Man kann
vielleicht (obwohl nicht in unserem Zusammenhange, wo David Subject ist) sagen העביר לְמֹלֶךְ כֹם, aber nicht בְּמֹ. Gegen
Geiger a. a. O. S. 306.

XIII.

2. התחלות hat v. 5. 6 eine andere Bedeutung als die
hier erforderliche. Ewald III. S. 232 vermuthet nach v. 4
eine Bildung von דל, aber das ת in der Vorsatzsylbe des
Hitpael und andere grammatische Bedenken sind dieser Vermuthung ungünstig, die ausserdem eigentlich den Sinn nicht
bessern würde; denn die etwa durch Conjectur zu eliminie-
rende Schwierigkeit liegt nicht in הלה, sondern in הִתְ־,
bliebe also bei Ewalds Vorschlage. Es wird nichts übrig bleiben, als dass man „krank scheinen" in v. 2 versteht = krank
aussehen, in v. 5. 6 „sich krank stellen." — Der Athnach
stünde besser bei אהתו, s. Thenius.

7. הברי‍ה, LXX βρῶμα ohne Artikel. Vgl. הבצק im
folgenden Verse.

9. Zu משרת s. Geiger a. a. O. S. 382, Einl. S. 31.

14. אתה. Nach עמי v. 11 sprich אַתָּה; der Akkusativ ist
späterer Sprachgebrauch.

16. Der griech. Text der ER. ist nach MT. corrigiert, indes hat sich ein Bruchstück der echten LXX in v. 15 gesprengt: ὅτι μεγάλη ἡ κακία ἡ ἐσχάτη ἢ ἡ πρώτη. Der Anfang dazu, im cod. Reg. (bei Montfaucon Hexapl.) fälschlich
Ἄλλοις zugeschrieben, lautete μὴ ἀδελφέ. Vgl. die Itala:
„Noli frater expellere me quoniam major erit haec malitia

novissima quam prior quam fecisti mecum, ut dimittas me." — Es ist die Frage, ob man im MT. mit der Besserung וַתֹּאמֶר לֹא אַל אָחִי כִּי גְדוֹלָה הָרָעָה הַזֹּאת וגו׳ auskommt. Nemlich מֵאַחֶרֶת beglaubigt wegen mangelnden Artikels indirect die Lesart der LXX הָאַחֶרֶת. Demnach hätte man also auch הָאַחֶרֶת מֵהָרִאשֹׁנָה statt מֵאַחֶרֶת הַזֹּאת zu lesen. Die Umstellung von הָאַחֶרֶת, nachdem מֵאַ daraus geworden, ist ebenso leicht zu erklären, wie die von הרעה und גדולה, nachdem aus אהי geworden war אהות. Durch jene Umstellung wurde auch הַזֹּאת statt הָרִאשֹׁנָה nothwendig.

18. מְעִילִים (LXX מְעִלָּה) ist מֵעוֹלָם und erweist v. 18a als Glosse. Der ursprüngliche Verfasser hätte nicht nöthig gehabt, seine Leser mit Sitten bekannt zu machen, die zu seiner Zeit unmöglich veraltet sein konnten (vgl. לְפָנִים 1 Sam. 9, 9). Zudem ist die Glosse an falschem Orte eingedrungen: der Natur der Sache nach sollte die zweite Hälfte des v. 18 der ersten voraufgehen.

20. אַמְנוֹן, kein Compositum, ist allerdings im Verhältnis zu אָמִין anders zu beurtheilen als אֲבִינֵר : אַבְנֵר, אֲבִישָׁלוֹם : אַבְשָׁלֹם u. s. w. Ich möchte aber doch eher hier einen Fehler entdecken (LXX Ἀμνων) als ein Analogon der arabischen Deminutivbildung (Böttcher), welche mit Trieben jener Sprache zusammenhängt, die dem Hebräischen fremd sind *).

21. וַיֵּחַר לֹו מְאֹד finden Thenius und Ewald als Schluss mit Recht unbefriedigend; der Zorn muss sich entweder entladen, oder es müssen Gründe angegeben werden, weshalb er verraucht. Diese Forderung wird befriedigt durch den Text der LXX וַיֵּחַר לֹו מְאֹד וְלֹא עָצַב אֶת־רוּחַ אַמְנוֹן בְּנוֹ כִּי אֲהֵבוֹ כִּי בְכֹרוֹ הוּא. Für עָצַב ἐλύπησε verweist Thenius auf 1 Reg. 1, 6. Wie die Lücke in MT. entstand, lässt sich kaum ermitteln.

23. לְשָׁתַיִם יָמִים 14, 28. Gen. 41, 1. Jer. 28, 3. 11 ist

---

*) Es liesse sich freilich denken, dass z. B. כְּלֹאב 2 Sam. 3, 2 innere Deminutivbildung wäre. Ewald nimmt das Gleiche für ܟܠܒܐ, woraus sich غلام erst erkläre, und für جميّ an, dessen Aussprache جميّ, sofern sie in Homeritae vorliegt, jedenfalls nicht auf einem Lesefehler beruht.

eine höchst gewöhnliche Redeweise, vgl. חֹדֶשׁ יָמִים, יְרַח יָ"ר,
שְׁבָעִים יָ', welche die Anstrengung nicht verdient, durch
welche sich Thenius ihr Verständnis erschliesst: „gegen die
Zeit hin, wo die Umkreisung der Tage zwei Mal stattgefunden hatte." S. Gesenius Thes. S. 585b.

26. וְלֹא יֹלֵךְ־נָא. Genau analoge Beispiele der gleichen
Construction sind Jud. 6, 13. 2 Reg. 5, 17. 10, 15 *); das
letztere beweist unwiderleglich die Richtigkeit der Punktation
und nöthigt zu übersetzen: Und wenn nicht, so gehe doch
mit uns Amnon.

27. Nach וַיַּעַשׂ אַבְשָׁלוֹם מִשְׁתֶּה כְּמִשְׁתֵּה הַמֶּלֶךְ LXX הַמֶּלֶךְ,
Veranlassung des Ausfalls war das Schlusswort הַמֶּלֶךְ (Thenius).

31. V. 31b lautet in LXX: וְכָל־עֲבָדָיו הַנִּצָּבִים עָלָיו קָרְעוּ
בִּגְדֵיהֶם. Richtig, denn ein Zustandssatz (MT.) ist ganz unpassend. S. Thenius.

32. עַל־פִּי א" הָיְתָה שִׂימָה. Dass שִׂימָה nicht Part. Pass.
von הֵשִׂים sein könne, hat Thenius ganz richtig gefühlt, denn
das dann nothwendig zu ergänzende Subject „die Absicht,
Amnon zu tödten" ergiebt sich allerdings nicht ohne weiteres
aus den vorhergehenden Worten. So kann es also, wenn
echt, nur ein Hapaxlegomenon sein. Von vornherein nun
sollte man für den ganzen Satz den Sinn vermuthen: „Absaloms Mienen liessen nichts Gutes ahnen", folglich für שִׂימָה
speciell die Bedeutung: „Unheilsverkündigung." Diese Bedeutung hat wirklich die arabische Wurzel שׁאם, vgl. שִׂים **).
S. Ew. III. S. 234.

33. כִּי־אִם Ew. §. 356a. Das Qeri corrigiert auch 15, 21
ebenso wie hier, aber dort mit mehr Grund.

---

*) Elisa weigert sich, von dem geheilten Naaman Geschenke an-
zunehmen. „Da sagte Naaman: "וְלֹא יֻתַּן־נָא וגו'" Jehu trifft den
Rekabäer Jonadab, fragt ihn: "הֲיֵשׁ וגו'", erhält die Antwort: יֵשׁ und
fährt dann fort: וַיֹּאמֶר תְּנָה אֶת־יָדְךָ. — Vgl. Möros in Schillers Bürgschaft (nachdem Philostratos gesagt, es sei zu spät): *Und ist es zu
spät u. s. w., so u. s. w.*

**) Die mit dem hebräischen שִׂימָה genau sich deckende *Form*
ܐ‍ܫ‍ܝ‍ܡ‍ܐ = ܫ‍ܝ‍ܡ‍ܐ hat im Arabischen eine andere Bedeutung, die wahrscheinlich von dem Grundbegriff der Wurzel ausgeht und mit „links"
nichts zu thun hat.

34. ויברה אבשלום, s. zu v. 37. 38. Die Worte sind hier zu streichen. — Der Satz καὶ παρεγένετο ὁ σκοπὸς καὶ ἀπήγγειλε τῷ βασιλεῖ καὶ εἶπεν Ἄνδρας ἑώρακα ἐκ τῆς ὁδοῦ τῆς Ὡρωνιν ἐκ μέρους τοῦ ὄρους ist ohne Frage echtes Bestandtheil der LXX; ob aber auch der vorangehende mit dem MT. sich deckende καὶ ἦρε τὸ παιδάριον ὁ σκοπὸς τοὺς ὀφθαλμοὺς αὐτοῦ καὶ εἶδε καὶ ἰδοὺ λαὸς πολὺς πορευόμενος ἐν τῇ ὁδῷ ὄπισθεν αὐτοῦ ἐκ πλευρᾶς τοῦ ὄρους ἐν τῇ καταβάσει, das könnte aus meheren Gründen zweifelhaft erscheinen. Offenbar ist ὁδὸς τῆς Ὡρωνιν = דרך הרנים von Haus aus identisch mit dem daraus verderbten דרך אהריום; es ist nun nicht eben wahrscheinlich, dass LXX einmal richtig, einmal falsch sollten gelesen haben und ὄπισθεν αὐτοῦ ist verdächtig. Weiter rührt auch ἐκ πλευρᾶς τοῦ ὄρους jedenfalls nicht von der Hand dessen her, welcher hinterher מצד mit ἐκ μέρους übersetzt in Uebereinstimmung mit 1 Sam. 23, 26. Dennoch darf man auf diese Gründe hin noch nicht den ganzen Satz καὶ ἦρε κτλ. den LXX absprechen. Denn die in diesem Falle unumgängliche Annahme, in LXX sei die erste, in MT. die andere Hälfte des Verses zufällig ausgefallen — beide zusammen sind nemlich für den Sinn nothwendig —, diese Annahme wäre doch prekär; ausserdem zeigen ἐν τῇ ὁδῷ statt מדרך und der Zusatz ἐν τῇ καταβάσει am Schluss, dass eine *pure* Eintragung der ganzen Stelle καὶ ἦρε bis καταβάσει aus dem MT. in LXX *nicht* stattgefunden hat. Jene Anstösse (ὄπισθεν αὐτοῦ und ἐκ πλευρᾶς τοῦ ὄρους) müssen auf anderem Wege ihre Erledigung finden. Dass statt ὄπισθεν αὐτοῦ auch hier τῆς Ὡρωνιν stand, geht aus ἐν τῇ καταβάσει hervor, womit nur der מורד בית הרן gemeint sein kann; und da ἐν τῇ καταβ. in dem folgenden Satze nicht wiederholt wird, sondern an seine Stelle ἐκ μέρους τοῦ ὄρους tritt, so folgt, dass nicht etwa für ἐκ πλευρᾶς zu lesen ist ἐκ μέρους, sondern dass ἐκ πλ. als eine nach dem MT. corrigierende Duplette zu ἐν καταβ. zu betrachten und also zu streichen ist.

Der auf diese Weise hergestellte Text der LXX ist in Bausch und Bogen aufzunehmen. Man hat also nach הלבים zu lesen: בְּדֶרֶךְ *) הֹרֹנַיִם בַּמּוֹרָד וַיִּפֶּר הַצֹּפֶה וַיָּבֹא לַמֶּלֶךְ וַיֹּאמֶר

---

*) Die Form הרנים, welche LXX auch zum Josua bieten, wird im MT. nicht anerkannt. Derselbe hat beständig בית־הרן, vielleicht zum Unterschiede von der moab. Stadt, von der merkwürdiger Weise auch ein מורד genannt wird Jer. 48, 5. Aber אהריום entstand nur aus הרנים.

אֲנָשִׁים רָאִיתִי מִדֶּרֶךְ הֹלְנַיִם מִצַּד הָהָר. Der MT. entstand durch Abirren des Schreibers von בדרך auf מִדֶּרֶךְ.

37. Vgl. zu v. 38. Zwischen עמיחוד des Ketib und עמיהוד der Verss. und des Qeri lässt sich nicht entscheiden.

38. Da וגו׳ ברה ואבשלם nicht sowohl hier als auch v. 37 echt sein kann, so fragt es sich, an welcher von beiden Stellen es richtig stehe. Offenbar v. 38. Denn v. 37b schliesst sich, wie schon das zu ויתאבל zu ergänzende Subject beweist, unmittelbar an v. 36 an. Also hat ein Schreiber, der den Satz v. 37b übersprungen hatte, nachträglich sein Versehen bemerkt und das Ausgelassene nachgeholt, hinterher aber es für überflüssig gehalten, den schon einmal verfrüht mitgetheilten Satz an der richtigen Stelle im ganzen Umfange zu wiederholen. Vgl. Böttcher bei Thenius. Da übrigens auch für das Schicksal des Textes gilt, dass ein Unglück selten allein kommt, so erklärt sich אבשלום ויברח v. 34. — Εἰς γῆν Χαμααχαδ hinter גשור ist kaum richtig, denn auf Absaloms Mutter kann המעכה nicht gedeutet werden, des Artikels wegen und weil אמֹו nicht dabei steht.

39. Für das Verständnis, eventuell für die Emendation von v. 39, muss die enge Zusammengehörigkeit der durch die Kapitelabtheilung übel getrennten Verse 13, 39. 14, 1 massgebend sein. Da nun 14, 1 nur gesagt sein kann, Joab habe wahrgenommen, dass der König sich nach seinem verbannten Sohne sehne (s. Thenius), so muss 13, 39 etwas berichtet sein über Davids Verhalten zu Absalom, was dieser Wahrnehmung Joabs mindestens nicht widerspricht: nur eine mildere Stimmung des Königs gegen den Verbannten kann auch durch v. 39b כי נהם׳ begründet werden. Fehl geht somit Hitzig's Auffassung: David entschloss sich (ל׳ ויתבל) zur Verfolgung. Fehl geht aber auch aus anderem Grunde die entgegengesetzte Deutung: David hörte auf mit der Verfolgung; denn von einem Anfange derselben war nirgends die Rede. Beiden Forderungen, sowohl dass hier ein der Wahrnehmung 14, 1 günstiges Symptom berichtet wird, als auch das *Aufhören* einer Sache, von deren *Anfang* wir wissen, genügt Ewald III. S. 234: ותכל המת דוד׳ „der Zorn Davids hörte auf, sich zu äussern." Im Einzelnen aber ist daran auszusetzen, dass die angenommene Bedeutung von לצאת unerweislich ist und dass nicht המת דוד neben einander gestellt werden darf. Denn die ungewöhnliche Stellung דוד המלך (1 Reg. 2, 17. 12, 2.

2 Reg. 8, 29. 9, 15) zeigt, dass in דוד eben das Femininum steckt, welches als Subject zu ותהי כל brauchbar ist. Also hätte man nicht דוד המה zu verbinden, sondern דוד in המה zu ·verwandeln, wenn man nicht ein anderes Femininum finden kann, welches dem דוד graphisch näher steht.

XIV.

1. על verstehe als אל und übersetze „David sehnte sich nach Absalom." Die Präposition hat den Ton; vgl. zu 11, 23.

2. זה ימים רבים folgt in LXX erst hinter מֵה. Aber die Stellung der Worte im MT. ist möglich und dann auch jedenfalls ursprünglich.

4. Statt ותאמר 1⁰ lies mit LXX וַתָּבֹא wie 20, 22; desgleichen wiederhole am Schlusse mit LXX הושיעה hinter המלך. (Thenius).

6. ויכו. Der Sinn und die Fortsetzung וימת erheischt den Singular, ויכו lässt sich aber schwerlich als solcher auffassen (1 Sam. 21, 14), sondern ist Plural, hervorgegangen aus Misverständnis des Subjects: „der eine den andern." Dieses Misverständnis ist nicht zu befürchten bei der Lesart der LXX האחד את־רעהו.

7. נשמידה. Die Frau will nicht in Wirklichkeit den unvermeidlichen Erfolg als Absicht darstellen, sondern der Zusammenhang reisst ihre Rede fort: erst als sie dies Wort gesprochen hat, corrigiert sie sich. Es wäre unzart, zu ändern והשמידו, und der Syrer giebt bei seiner Art zu übersetzen nicht das mindeste Recht dazu.

8. Wegen Stellung und Wortwahl ist ὑγιαίνουσα (βάδιζε κτλ.) den LXX abzusprechen. Gegen Thenius.

10. מִי vor המדבר (LXX) wäre störend, denn der König denkt an Einen bestimmten מדבר*), den Goel v. 11. — Sprich הבאתי.

11. אלהי der LXX gegenüber אלהיך ist zu beurtheilen

---

*) Iob 13, 3. 22. Man könnte die Aussprache מְדַבֵּר vermuthen, aber dass selbige unrichtig, ergiebt die Construction mit אל statt mit blossem Akkusativ.

wie בעיניו 12, 9 gegenüber בעיני. Vgl. v. 22. Die dritte Person hat in solchen Fällen im Allgemeinen den Verdacht gegen sich. — Zu הרבת vgl. Ewald §. 240e; weshalb nicht הרבות gelesen wurde, ist unklar.

13. כזאת wird durch לבלתי וגו׳ epexetisch erklärt, denn dergleichen Infinitive stellt man möglichst an den Schluss 13, 16. 19, 20. — Die Worte על־עם אלהים verstehen sich so, dass das Volk in Absalom seinen יורש verliert. Die bei Thenius aufgeführten Erklärungen treffen die Pointe nicht. — ומדבר המלך הדבר הזה כאשם. Die Aussprache אָשֵׁם musste dazu führen, מִדַּבֵּר als Aequivalent von מפי anzusehen (LXX): „aus dem Munde des Königs ist dieses Wort gleichsam eine Verschuldigung." Aber nicht „dieses Wort" ist die Verschuldigung *), sondern indem der König dieses richtige Wort spricht, fällt er seinem dawider handelnden Verfahren gegen Absalom das Urtheil. Letzteres besagt der MT., dessen Sinn jedenfalls richtig ist. Vielleicht ist היה nach הזה ausgefallen.

14. נדה ist nicht Object zu ידה — denn einen Verstossenen verstösst man nicht, vielmehr einen noch nicht Verstossenen —, sondern Inf. Abs. Das spricht für die Lesart der LXX לנדח ממנו נדה statt לבלתי וגו׳. Nun aber lässt sich aus dem zunächst Vorhergehenden kein Object zu נדה ergänzen, man muss zurückgehen bis auf v. 13 לבלתי הש׳. Standen die Worte ursprünglich hier, so erklärt sich, wie im MT. לבלתי zugesetzt werden konnte. Auch wird unten erhellen, dass das Subject zu ידה nicht Gott, sondern nur David sein kann.

Der Rest von v. 14b lautet nun nach LXX bloss וישא אלהים נפש וחשב. Die Worte sind als Frage aufzufassen mit negativem Sinne (daher ולא im MT., vgl. LXX 19, 22. Einl. S. 26 f.), וחשב ist וְחָשַׁב; also: „Und wenn Gott die Seele genommen hat, gibt er sie wieder her?" ein Sinn, welcher vortrefflich zu v. 14a passt. Vgl. dagegen Thenius' Uebersetzung des MT.: „Und rafft doch auch Gott nicht (sofort) eine Seele weg und sinnet (vielmehr) auf Rathschläge, dass er nicht von sich stosse einen Verstossenen (wenn er reuig

---

*) Dies einsehend fasst LXX den Satz als negative Frage auf: „ist etwa aus dem Munde des Königs u. s. w.?" Aber dadurch wird in Wahrheit die Schwierigkeit nicht beseitigt.

zurückkehrt) *). Wenn die Verbannung Absaloms von Seiten Davids verglichen werden sollte mit dem Fortraffen der Seele von Seiten Gottes — kein guter Vergleich —, so wäre es sehr unzweckmässig, am Schlusse an die Stelle dessen, *womit* verglichen wird (נשא נפש), das zu setzen, *was* verglichen wird (נדח). Gott kann nicht das ursprüngliche Subject zu נדח sein. Und ferner ist auch das Prädikat השב מחשבות für den Allmächtigen unpassend. Beides hat Ewald gefühlt. Er übersetzt III. S. 236: „Aber die Seele eines solchen, der keinen Verbannten *von sich* verbannt sein zu lassen im Sinne habe (חשיב statt יחשב), raffe Gott nicht dahin vor der Zeit!" Man muss gestehen, dass diese Erklärung nicht bloss alle die Schwierigkeiten fühlt, von denen Andere keine Ahnung haben, sondern dieselben auch mit grossem Geschick zu beseitigen sucht. Indem der Nachdruck auf *von sich* gelegt wird, erklärt sich das Object נדח („irgend einen"); durch חושב wird Gotte die Subjectschaft zu חשב und נדח abgenommen. Aber in „raffe Gott nicht dahin" wird jedermann eine warnende Drohung erkennen, nicht so leicht, wie Ewald will, einen Glückwunsch (= lasse Gott lange leben).

17. שפחתך, LXX האשה, s. Einl. S. 32 Anm. 2. Das Richtige ist האשה; das Schlusswort einer längeren Rede pflegt mit erneuertem ויאמר eingeführt zu werden. — Als den Sinn von לשמע וגו׳ gibt Thenius an: er hat Geduld und Nachsicht. Ob aber die alten Hebräer den Engel Gottes als engelsgeduldig sich dachten, ist einigermassen zweifelhaft. Da der Satz כי כמלאך וגו׳, zu dem ja auch לשמע וגו׳ gehört, den vorangegangenen begründen soll, so wird es gut sein, beide im Zusammenhange zu betrachten. Von hier aus kann zunächst mit למשוע — יהיה nicht gemeint sein „der Ausspruch des Königs möge günstig ausfallen", weil dazu השב ודרך im Folgenden nicht passen würde, sondern nur „es habe sein Bewenden bei dem Ausspruche des Königs." Dann aber ist für den Causalsatz der Sinn erforderlich „der König hat absolute Vollmacht **)", also für לשמע etwa die Bedeutung „entscheiden, beschliessen." Mithin לשמיע.

18. דבר ist = im Geringsten, אשר substantivisch = was. Sonst stünde wohl הדבר.

---

*) Man sieht, wozu Klammern gut sind.
**) Vgl. 19, 28.

19. אֹט, Ew. §. 53 c.

21. Ein Grund, die Lesart des Ketib zu ändern, liegt nicht vor; nicht einmal את־דברך für את־הדבר halte ich für nöthig, denn was „dieses Wort" sei, war für Joab aus den Umständen deutlich genug; und die Einschiebung von לְךָ nach עשיתי (LXX) hängt gewiss mit את־דברך zusammen.

26. Die Unterscheidung eines heiligen und eines königlichen Sekels stellt das alte israelitische Gewicht dem babylonischen gegenüber, המלך ist der Grosskönig. Unser Vers verräth also nachexilischen Ursprung und gründet sich auf die Auffassung von 18, 9, welche wir auch bei Josephus finden, als ob Absalom mit den *Haaren* im Baume hängen geblieben wäre. An מאתים wird nicht zu rütteln sein, daran hängt das Interesse der Glosse. Berichtet doch Josephus sogar, man habe kaum in acht Tagen mit dem Scheeren des Hauptes fertig werden können.

27. Ueber den Zusatz in LXX vgl. zu 8, 7.

30. Der 31ste Vers bedurfte für hebräische Leser nicht der langen Vorbereitung καὶ παραγίνονται οἱ δοῦλοι Ἰωαβ πρὸς αὐτὸν διερρηχότες τὰ ἱμάτια αὐτῶν καὶ εἶπον Ἐνέπυρισαν οἱ δοῦλοι Ἀβεσσαλωμ τὴν μερίδα ἐν πυρί. Zudem hätte Joab aus dem blossen τὴν μερίδα nicht klug werden können und auch διερρηχότες τὰ ἱμάτια αὐτῶν sieht hier mechanisch angewandter Reminiscenz gleich.

33. לוֹ nach וישתחו fehlt bei LXX; mit Recht, wegen des folgenden לפני המלך. S. Einl. S. 24.

XV.

2. ויהי. Bis v. 4 incl. wird das Tempus historicum gebraucht und wiederum v. 6.

7. Statt ארבעים lies ארבע (Joseph. Syr.), vgl. zu 24, 15 a. E. — In אשר נדרתי steckt „welche ich zu *bringen* gelobt"; es ist darum unnöthig, בחברון mit ואשלם zu verbinden oder zu ändern.

8. Statt ישב lies mit Thenius הָשֵׁב.

12. Dass hier nicht berichtet wird, Absalom habe den Ahithofel ausgesandt, sondern er habe ihn holen lassen, ist durch מעירו klar. Wie aber im Einzelnen der auch von

LXX ER. Al. *) gebotene Text zu verbessern sei, lässt sich schwer ausmachen. Um wo möglich auch für בובהו, welches nicht wohl Zeitbestimmung zu ויֹשׁלה sein kann, eine Beziehung zu schaffen, empfiehlt sich, statt את־האחרית zu schreiben אל־א und vor מֵעִירוֹ einzuschieben ויבא. Doch ist ויבא an dieser Stelle weder direct irgendwie bezeugt noch indirect dadurch, dass sich die Möglichkeit der Auslassung begreiflich machen lässt. Es fragt sich, ob בובהו את־ההובהים überhaupt eine Berücksichtigung verdient und nicht lieber mit einigen codd. der LXX zu lesen ist וישלה א ויקרא לֹא א. Für diesen Text hätte man Bezeugung und der Ausfall von ויקרא, welche übrigens in אל eine Spur zurückgelassen hätte, würde sich in der Zeile unter קראים v. 11 wohl erklären.

16. את עשׂר־נשׁים פלגשׁים kehrt grade so 20, 3 wieder, obwohl dort nur übersetzt werden kann „die zehn Kebsweiber."

17 f. Die eigentliche Uebersetzung der LXX von v. 17 b und v. 18 ist in der ER. eingekeilt zwischen die zwei zu einander gehörenden Hälften einer anderen griechischen Uebersetzung, welche sich genau an den MT. hält, und zwar sind die Schlussworte der ersten Hälfte am Anfange der zweiten wiederholt: καὶ ἔστησαν ἐν οἴκῳ τῷ μακρὰν 18. καὶ πάντες οἱ παῖδες αὐτοῦ ἀνὰ χεῖρα αὐτοῦ παρῆγαν καὶ πᾶς Χελεθὶ καὶ πᾶς ὁ Φελεθὶ . . . . . καὶ πᾶς ὁ Χελεθὶ καὶ πᾶς ὁ Φελεθὶ καὶ πάντες οἱ Γεθαῖοι οἱ ἑξακόσιοι ἄνδρες οἱ ἐλθόντες τοῖς ποσὶν αὐτῶν ἐκ Γὲθ καὶ πορευόμενοι ἐπὶ πρόσωπον τοῦ βασιλέως. Die inmitten dieser beiden zueinandergehörenden Hälften eingesprengte wahre Uebersetzung der LXX von v. 17 b. 18 lautet wie folgt: καὶ ἔστησαν ἐπὶ τῆς ἐλαίας ἐν τῇ ἐρήμῳ 18. καὶ πᾶς ὁ λαὸς παρεπορεύετο ἐχόμενος αὐτοῦ καὶ πάντες οἱ περὶ αὐτὸν καὶ πάντες οἱ ἁδροὶ καὶ πάντες οἱ μαχηταὶ ἑξακόσιοι ἄνδρες καὶ παρῆσαν ἐπὶ χεῖρα αὐτοῦ. Man sieht leicht, dass der Schluss von v. 18 hier verloren gegangen ist, denn καὶ παρῆσαν ἐπὶ χεῖρα αὐτοῦ ist nur eine verhältnismässig alte Duplette zu παρεπορεύετο ἐχόμενος αὐτοῦ.

Aus dieser Uebersetzung würde sich zunächst ergeben, dass LXX v. 17 b las ויֹ על־הזית במדבר statt ויֹע בית המרהק.

---

*) Dass wenigstens ER. corrigiert ist, ergibt sich deutlich aus τῷ Α. τῷ Θ. σύμβουλον Δ. Der künstliche Casuswechsel ist der LXX nicht zuzutrauen.

Mit welchem Rechte, ersieht sich daraus, dass v. 23 David noch am Kidron ist, v. 30 erst an den Oelberg kommt — hier in unserem Verse ist er kaum aus Jerusalem heraus. Höchstens liesse sich dem LXXtexte ein עד entnehmen, da das blosse בית gewöhnlich nur bedeutet „*im* Hause."

Schwieriger ist der Text herzustellen, der v. 18 der LXX vorlag. Doch ist es sehr wahrscheinlich, dass πάντες οἱ περὶ αὐτὸν καὶ πάντες οἱ ἁδροί wenigstens mittelbar auf כל־הכרתי וכל־הפלתי zurückführt, möglicherweise mittelst einer alten jüdischen Deutung von Kreti und Pleti, die in den hebräischen Text der LXX eingedrungen war. Eine *wörtliche* Wiedergabe irgend eines althebräischen Wortes ist wenigstens οἱ περὶ αὐτόν auf keinen Fall, Ez. 38, 6. 9. 39, 4 wird אגפים so übersetzt. Πάντες οἱ μαχηταί wäre כל־הגברים, ist aber in Wahrheit Correctur, wie sich aus der Wortwahl μαχηταί für δυνατοί ergibt.

Die LXX variiert also in v. 18 nur wenig von MT. Während sie v. 17 כל־עבדיו statt כל־העם liest, ist v. 18 das Umgekehrte der Fall. Unwichtig ist diese Variante keineswegs, denn die עבדי המלך, vornehme Leute und des Königs nächste Umgebung, sind nicht einerlei mit dem Volke, sondern werden z. B. 16, 6 von diesem und von den Gibborim wohl unterschieden. LXX ist im Recht: der König und seine Begleiter (עבדיו) bleiben v. 17 stehen am letzten Hause von Jerusalem, um das Volk (כל־העם) und die Leibwache passieren zu lassen v. 18. Erst v. 23 setzt sich David mit seiner näheren Umgebung wieder in Bewegung.

Der Schluss von v. 18 ist, wie bereits bemerkt, in der Uebersetzung der LXX nicht erhalten. Das ist um so mehr zu bedauern, als jener Schluss im MT. verderbt ist. Es muss hier einst etwa Folgendes gestanden haben: „Und auch Ittai, der Gittäer, welcher vor nicht langer Zeit (v. 20) von seiner Vaterstadt nach Jerusalem übergesiedelt war, zog an dem Könige vorüber." Erst dadurch wird v. 19 motiviert und auch in v. 18 MT. sind noch Spuren des ursprünglichen Textes. Zunächst die גתים statt der zu erwartenden גברים, dann אשר באו ברגלי מגת, was von den Sechshundert und David (auf den ברגליו gehen müsste) gar nicht wahr ist, und schliesslich die Wiederholung des Prädikats עברים, die sich am besten durch das Eintreten eines ganz neuen andersartigen Subjectes begründet. Die Verderbnis entstand durch Eintragung von אִישׁ שֵׁשׁ־מֵאוֹת הַגִּבֹּרִים כָּל־יֵ, vgl. in LXX καὶ πάντες οἱ μαχηταὶ ἑξακόσιοι ἄνδρες und was ich oben dazu bemerkt habe *).

19. Lies mit LXX מִמְקֹמְךָ statt לֹֽמ''.

20. Vor הַסֵּר ist וַיְהִוֹה יֹשֵׁה עִמְּךָ (LXX) in MT. ausgefallen; ein Schreiber irrte von dem ersten עִמְּךָ auf das zweite ab.

21. כִּי אִם wäre hier sehr auffallend, denn 3, 35 hat diese Zusammensetzung nach einer Schwurformel genau den umgekehrten Sinn wie das einfache כִּי (3, 9. 1 Sam. 3, 17) und den gleichen wie אִם.

22. Da der König v. 24 noch steht (seit v. 17) und Revue passieren lässt, so ist μετ᾽ ἐμοῦ hinter וַיַּעֲבֹר und καὶ ὁ βασιλεύς hinter הַגִּתִּי falsch. Erst v. 29 zieht der König selbst weiter.

23. Die zweite Vershälfte muss, damit sie selbst und v. 24 ff. verständlich sei, lauten: וְהַמֶּלֶךְ עֹמֵד בְּנַחַל קִדְרוֹן וְכֹל הָעָם עֹבְרִים עַל־פָּנָיו דֶּרֶךְ הַמִּדְבָּר. Es ist möglich, dass zwischen dem Stat. constr. דֶּרֶךְ und dem Genitiv הַמִּדְבָּר noch ein anderes Wort gestanden hat, von dem את ein Rest ist (vgl. LXX) — doch kann את auch auf andere Weise entstanden sein. — Was die erste Vershälfte belangt, so steckt in וְכָל־הָעָם עֹברִים jedenfalls ein Fehler. Vielleicht ist einfach וְכָל־הָעָם zu streichen: wie leicht man es mit der Einsetzung solcher Worte nahm, habe ich öfter Gelegenheit gehabt zu beweisen, an dieser Stelle könnte es aber auch durch Zufall eingedrungen sein. Also: וְכֹל הָאָרֶץ בוֹכִים קוֹל גָּדוֹל וְעברִים. Der LXXtext ist so entstellt, dass ich ihn nicht zur Vergleichung heranzuziehen wage.

24. Es ist diesem und den folgenden Versen unschwer anzusehen, dass sie unter den Händen eines nachexilischen Bearbeiters gelitten haben, der die aus der Chronik begreifliche Absicht hatte, den Ebjathar aus diesem Zusammenhange gänzlich zu eliminieren. Die Absicht ist nicht ganz gelungen, denn in וַיַּעַל אֶבְיָתָר hat sich, freilich an falscher Stelle **),

---

*) Mir scheint, dass, wo die Gibborim als ein specielles Corps erscheinen, sie mit den Krethi u. Plethi identisch sind 1 Reg. 1, 8. 10. 38.

**) denn עַד־תֹּם הָעָם וְגו'' gehört zu וַיַּצִּקוּ. „Sie setzten die Lade

eine Spur des alten Textes erhalten, ebenso wie v. 27 f. in dem *Plural* der zweiten Person. Aber das ist gelungen, jede Wiederherstellung des letzteren unmöglich zu machen. Denn wenn ἀπὸ Βαιϑαρ wirklich אביתר ist, so ist es klar, dass dessen Erwähnung *hinter* האלהים selbst erst auf nachträglicher Correctur beruht. Vgl. zu 8, 17. 20, 6.

27. Lies הכהן הראש statt des unverständlichen הרואה. Der Ausdruck stammt von dem Bearbeiter.

28. Zwischen עברות המדבר des Ketib und ערבות המ״ des Qeri wird durch 17, 16 (vgl. zu עבר 17, 21) entschieden und zwar zu Gunsten des ersteren.

29. וישבו שם, LXX besser וישב, die Lade nemlich. Umgekehrt erwartet man statt des ersten וישב den Plural.

31. Die Voranstellung des דוד vor הגד erklärt sich daraus, dass v. 31 ein nach hebräischer Sitte vorausgeschickter plusquamperfektischer Umstandssatz ist, welcher eine Voraussetzung zum Verständnis von v. 32 ff. enthält. Gienge die Erzählung einfach weiter, so wäre die Stellung ויגד לדוד unerlässlich. Für הגיד lies חגד und dahinter לו (vgl. das folgende לאמר); oder im Anfange ולדוד.

32. ישתחוה ist jedenfalls dem Sinne nach passiv, d. h. subjectslos und vielleicht auch so auszusprechen. — Hinter הארכי LXX ἑταῖρος Δαυιδ, nach v. 37 richtig.

34. Die LXX hat einen Text vor sich gehabt, der aus dem massorethischen corrumpiert war עברו אחיך והמלך אהרי עבר אביך, entsprechend dem MT. von עבד 1⁰ bis אביך *). Danach folgt eine Duplette, die wahrscheinlich den Schluss der wahren LXX-Uebersetzung verstümmelt hat. Sie stimmt mit dem MT. bis auf den einen Punct, dass sie für אהיה voraussetzt אחיה (vgl. das ח in אהרי, dem entsprechenden Worte der echten LXX). In der That ist אהיה unrichtig, es darf weder zum vorausgehenden אני gezogen werden, noch zum folgenden עבד. Aber אהיה als ἐᾶσόν με ζῆσαι ist zu hündisch. Vielleicht liegt irgend eine uns unbekannte Formel der كَيَّ vor.

Gottes so lange nieder (= blieben mit ihr stehen), bis das Volk alle passiert war."

*) Nur setzt אהיך statt אני voraus אנכי.

XVI.

2. לֹ vor הלהם entstand aus mechanischer Fortsetzung des vorhergehenden לֹ (Maurer bei Thenius).

3. ממלכות s. zu 1 Sam. 15, 20.

10. Fühlbar folgt mit ומי die Apodosis, des Ketib כי ist daher in vollem Rechte.

12. עניי = עני = עניי (LXX), vgl. הלי 2 Reg. 1, 2 = הליי. Wenn Geiger בעיני für das Ursprüngliche ausgiebt, so geschieht das seiner Theorie zu lieb. S. Urschrift S. 324 f. — Des Ketib קללתי ist dem Qeri vorzuziehen, das Künftig (אולי) und Heute (ביום הזה) muss in demselben Tertium, also beidemal in dem Schicksale des *Königs* mit einander verglichen werden. — Das Wort לעמת befremdet hier aufs Aeusserste, und es ist daher ein sehr willkommener Umstand, dass LXX statt des ersten לעמת las על־ידו, statt des zweiten מצהר.

14. Ich sehe keinen Grund, welcher עיפים appellativisch zu verstehen zwänge. Möglich ist allerdings, dass der Ortsname, welcher hier nothwendig gestanden haben muss, ursprünglich etwas anders lautete als עיפים und die phonetische oder graphische Aehnlichkeit mit diesem Appellativ später zur directen Substituierung desselben führte.

23. ישאל ist auch ohne איש verständlich und daher das Ketib vorzuziehen.

XVII.

1. Nach אבהרה בא LXX לי.

3. בשוב וגו״. LXX: בשוב הבקה אל־אישה אך נפש אך איש אחד אתה מבקש וכל ה״. Dass der MT. nur Trümmer dieser Lesart bietet, ist augenscheinlich. Ueber אישה trotz הכלה siehe Credner zu Joel 1, 8. Hätte בעלה hier gestanden, so konnte man nicht, wie im MT. geschehen ist, auf איש überspringen. Vgl. Thenius.

5. קרא, lies mit LXX קראי (Thenius).

6. אם אין (vielleicht fiel nach דברי ein ו vor אם aus) „oder nicht" wird von der Accentuation mit Unrecht von

dem ersten Glied der Doppelfrage getrennt und zum Folgenden gezogen.

8. Ὡς ἄρκος ἠτεκνωμένη ἐν ἀγρῷ καὶ ὡς ὗς τραχεῖα ἐν τῷ πεδίῳ. Sowohl ἐν ἀγρῷ als auch ἐν τῷ πεδίῳ führt auf בשדה. Schon dieser Umstand macht es nicht rathsam, beide Vergleiche zusammen für ursprünglich zu halten. Ausserdem kennt das A. T. die Sau als ein den Gärten gefährliches Thier, würde sie aber nicht, wie etwa Homer, der verwaisten Bärin an die Seite gestellt haben, da grade bei dem Schweine dem Israeliten nur die Eigenschaft der Unreinheit in den Sinn kam.

9. Statt βουνῶν (פההתים) lies βοϑύνων (OӨ). — Da פהת 18, 17 Maskulinum, dagegen מקומת 17, 12 Femininum ist, so scheinen in unserem Verse אהד und אהת die Plätze gewechselt zu haben. — Für כנבל zu schreiben כנבלו (Thenius), wird kaum nöthig sein, da auch sonst Niemand anders als David Subject sein kann.

11. כי יצצתי, LXX כי כה יען יצצתי. Nach כי fiel כה aus und יען vor יצ. Häufig, wo zwei gleichgeschriebene Wörter neben einander standen, ist eins übersprungen; z. B. 1 Reg. 18, 4 המשים איש statt המשים המשים איש, Gen. 6, 14 קנים statt קנים קנים (Lagarde Onomastica II. 95).

13. השיאו als ferre fecit müsste den doppelten Akkusativ regieren. Wenn nun auch אל vor עיר hier leicht aus ישראל entstehen konnte, so ist doch das ungewöhnliche Verbum hier gar nicht motiviert; man erwartet einfach והשימי.

16. למלך ist Object zu יבלע (καταπιῇ), vgl. zu 1 Sam. 22, 7.

20. המים ist im folgenden Verse der Jordan, wahrscheinlich also auch hier. Dann würde zwischen עברו und המים entweder gar kein Wort erfordert (= sie zogen weiter zum Wasser, vgl. 19, 31 ויעבר את־המלך הירדן = er war mit dem Könige zum Jordan gezogen) oder eins des Sinnes von דרך 15, 23. Mit مكا erklärt man jedenfalls מיכל nicht.

25. Statt ישראלי lies nach 1 Chr. 2, 17 ישמעלי (Thenius). איש ישמעלי gehört zusammen und hierauf bezieht sich der folgende Relativsatz. Ob ושמו יתרא bloss versetzt oder überhaupt erst später eingetragen ist, lasse ich dahingestellt. —

בת־נחש ist wohl aus בן־נחש v. 27 entstanden *). Nahas, der hebräischen Anschauung durchaus Maskulinum, ist kein Eigenname einer Frau; עיר־נחש 1 Chr. 4, 12 heisst auf deutsch nicht „die Stadt Nahas“, wie Bertheau übersetzt, sondern „die Stadt des Nahas“ (gegen Thenius). Dass aber Isai auch Nahas geheissen habe, ist mit nichts zu erweisen.

28 f. Wenn man nicht umhin kann, da משכב gar nicht Name eines Geräthes ist, vor diesem Worte עשרת מרבדי nach LXX herzustellen (vgl. wegen מרבדי Symmachus zu Prov. 31, 22), so braucht man sich auch nicht zu scheuen, auch noch zu Anfang מביאים aus LXX mit herüberzunehmen und dann v. 29 ויגישו zu lesen. Denn es ist immerhin schwierig, הגשו לאבל v. 29 als Regens zu den v. 28 registrierten Betten und Töpfen aufzufassen. — Hinter ספות λέβητας wiederholt LXX δέκα.

XVIII.

3. כי־עתה lies mit LXX בי־אתה.

6. השדה, LXX δρυμόν, als ob שדה, hier bloss Gegensatz zu עיר, und das folgende יער sich widersprächen.

7. שם lässt LXX beidemal wahrscheinlich mit Recht aus: es wurde leicht eingesetzt (Einl. S. 26), würde aber, wenn echt, schwerlich v. 8 wiederholt sein. — Hinter אלך LXX איש.

9. Aus der Verbindung mit לפני und aus v. 10 ergiebt sich, dass ויקרא unrichtig ist. Lies etwa ויירא. — ויתן, LXX einleuchtender ויתהל.

12. על־כפי wäge ich nicht, sondern על־כפי wird mir zugewogen. Sprich שקל. Dass eine solche Construction bloss im Arabischen möglich sei, sollte man nach קרע בגדים, נשוא פנים nicht denken, obwohl diese Beispiele allerdings nicht genau dem שקול על־כפי analog sind.

12 f. LXX richtig: שמרו לי בנ׳ בא׳ מעשות בפשע שקר. An sich gäbe או עשית einen ganz guten Sinn, aber es passt

---

*) was zugleich ein Fingerzeig dafür wäre, dass בן־נחש v. 27 ursprünglich am Rande stand.

nicht wohl zu dem Folgenden. Denn am Schluss kann man zu מנגד nur den König ergänzen — tu ipse contra *me* stares würde תֵּעָנֶה בִּי oder תָּקוּם בִּי heissen — und schreibt auch am besten wegen des folgenden ו sogleich מנגדו = und du selbst würdest dich vor ihm zu stellen haben. Dann aber ist die erste Person עשׂיתי im Vordersatze zu einer Apodosis, wo die zweite Person Subject ist, unbrauchbar.

14. שׁבטים, LXX βέλη = שׁלחים (Thenius).. Mit Recht ist bemerkt, dass 23, 21 שׁבט dem Speere gradezu entgegengesetzt werde. — Statt בְּעָב הָאֵלָה will Böttcher בלב ה", es lässt sich darüber nichts sagen.

17. ויקחו. Wer? Doch wohl die Waffenträger Joabs v. 15. Aber nach Dazwischenkunft des v. 16 hätten diese hier als Subject explicite genannt werden müssen. Es scheint, dass einst v. 16, oder besser וימתהו v. 15 und v. 16 auf v. 14 folgten, dann erst v. 15. 17; vgl. ähnliche Versetzungen 13, 37. 19, 11. Man müsste übrigens dann ויכו את־א" v. 15 für ursprünglich identisch halten mit ויקחו את־א" v. 17. Vgl. Χελεϑὶ καὶ Φελεϑὶ am Schluss der ersten und am Anfang der zweiten Hälfte eines durch eingedrungenes Fremdes auseinandergerissenen Ganzen LXX ER. 15, 18; ebenso das doppelte אל־ביתו 19, 11. — Also: Joab nahm drei Speere in seine Hand und stiess sie dem Absalom ins Herz, während er noch lebte im Gezweig der Terebinthe, 15 und tödtete ihn. 16 Und Joab stiess in die Posaune und das Volk stand ab von der Verfolgung Israels, denn Joab gebot ihm Halt. 15. Es machten sich aber zehn Jünglinge, die Waffenträger Joabs, heran 17 und nahmen den Absalom u. s. w." — Dadurch würde zugleich das Unglaubliche beseitigt, dass Absalom, schon halbtodt vom Hängen, durch drei Stiche ins Herz nicht vollends getödtet wäre.

18. Lies את־מצבת אֲשֶׁרָה אֲשֶׁר בעמק המלך. Dass מצבת determiniert sein müsse, geht aus את und aus dem Relativsatze hervor; die Form (Stat. constr.) weist auf Determination durch einen Genitiv hin, der wegen אֲשֶׁר wahrscheinlich אֲשֵׁרָה war. Im Deutschen würden wir stellen: „Absalom nahm die Säule der Ascra im Königsthale *) und errichtete

---

*) Auf die Lage des Königsthals kann man aus dem Orte, wo Absalom sein Denkmal errichtete, auch wenn man ihn wüsste, nicht

sie sich" — denn das Object gehört mehr zu לקח als zu
וישב‎, zu der Stellung im Hebräischen vgl. 17, 19. Absolutes
לקח‎ giebt es auch Num. 16, 1 nicht, sintemal dort zu lesen
ist ויקם statt ויקח‎. — Der LXXtext ist in unserem Verse
gründlich verdorben.

21. Für כושי lies הפושי wie v. 23. 31 f. Zu Spässen wie
„da warf sich *Mohr* nieder" ist hier gar keine Veranlassung,.
Gegen Böttcher und Thenius.

22. מצאת — ולכה‎ kann nicht heissen „dir ist kein Lohn
bereit", andererseits gibt „dir wird kein ausreichender (LXX
εἰς ὠφέλειαν) Lohn" nicht den erforderlichen Sinn. מצאת
sollte Passivum sein, man hat aber wohl kaum an das Paûl
von מצא zu denken, sondern vielmehr an das Part. Hofal von
יצא = מֻצֵאת (Gen. 38, 25) = herausgegeben, ausbezahlt. In
LXX ist σοι und πορευομένῳ einfache oder doppelte Uebersetzung von לְכָה.

23. Am Anfang ist nach LXX ויאמר einzusetzen. — *Tí*
γὰρ ἐὰν δράμω geht wohl auf keinen anderen Text zurück
als *καὶ ἔστω ὅτι δράμω* v. 22, vielleicht aber auf einen andern Uebersetzer.

26. Sprich הֻשֵּׁעַר (s. Thenius) und wiederhole nach LXX
אהֹר hinter dem zweiten איש‎.

28. ויקרא aus der Ferne? Lies ויקרב‎.

29. Die Uebersetzung „indem Joab den Knecht des Königs und deinen Knecht sandte" ist sprachlich unmöglich,
יואב‎ müsste als Genitiv hinter dem Stat. constr. stehen. Aber
auch sachlich ist sie höchst bedenklich. Nicht jeder Mohr
hiess Ebedmelech, dagegen nannten sich alle Unterthanen
dem Könige gegenüber עבד המלך‎, also konnte David gar
nicht wissen, wer anders als Ahimaas unter Ebed hammelech
gemeint sei. Und angenommen, er habe darunter den Mohren
verstehen können, so würde sich Ahimaas gehütet haben,
selbst einen Zeugen für seine Lüge zu liefern. Es ist viel-

----

schliessen. Dagegen könnte עמק שׁוה Gen. 14 wohl das selbe bedeuten, wie עמק אשׁרה‎. — Gewöhnlich werden im A. T. die kanaan. Mas-
seboth nur durch Umdeutung zu geschichtl. Denkmalen, hier durch
derbere Mittel entgottet.

mehr sehr einfach עֶבֶד הַמֶּלֶךְ eine der schuldigen Höflichkeit
Rechnung tragende Correctur für עַבְדְּךָ, vgl. 1 Sam. 23, 20.
Als sie in den Text eindrang — an verkehrter Stelle — ver-
schuldete sie auch das unterscheidende וְ vor אֶת־עֲבָדֶךָ. Lies
also: לִשְׁלֹחַ יוֹאָב אֶת־עֲבָדֶךָ. — Nach מה LXX שָׁם.

XIX.

4. Vokalisiere לָאט nach לוּטָה 1 Sam. 21, 10.

8. Mit וְיִשְׂרָאֵל וגו׳ beginnt ein ganz neuer Abschnitt;
die Worte sind zum Folgenden zu ziehen.

10. Richtig liest LXX hier die Worte, welche in MT. zum
folgenden Verse verschlagen sind וְדִבֶּר כָּל יִשְׂרָאֵל בָּא אֶל הַמֶּלֶךְ.
(Thenius).

11. Ueber den Schluss dieses Verses s. zu v. 10. Bemerkenswerth ist das doppelte אֶל־בֵּיתוֹ nach dem zu 18, 17 Ge-
sagten. Die Wiederholung καὶ λόγος π. ᾽Ι. η. π. τ. βασιλέα
ist schon wegen λόγος vgl. mit ῥῆμα v. 10 den LXX abzusprechen.

16 ff. Hier ist die Versabtheilung wiederum sehr schlecht.
Die ersten Worte von v. 17 וְאֶלֶף אִישׁ עִמּוֹ מִבְּנְיָמִין sind ganz
enge mit v. 16 zu verbinden, dagegen von dem Folgenden
scharf abzugrenzen. Denn mit וְצִיבָא v. 17 fängt eine Art
Parenthese an, die sich bis auf v. 18a erstreckt, während v.
18b den Zusammenhang mit v. 16 wieder aufnimmt. Zu
deutsch: „Und es eilte Simei u. s. w. und tausend Benjaminäer mit ihm. Siba aber und sein Gesinde waren zum Jordan hinabgeeilt (וְ vor צֹלְחוּ entstand aus dem vorhergehenden אֵת) vor dem Könige und über die Furt gegangen (עָבְרוּ
der LXX ist nothwendig wegen des folgenden לַעֲשׂוֹת הַטּוֹב),
um das Haus (die Frauen und Kinder) des Königs hinüber-
zuschaffen und überhaupt seinem Befehl zu Dienste zu stehen. Und Simei fiel dem König zu Füssen u. s. w." Nur
von Siba gilt, dass er vor dem Könige den Jordan erreichte,
nicht von Simei, der mit den Judäern ziehend gleichzeitig mit
dem Könige dort ankam. Und nicht alle die Tausende von
Judäern und Benjaminäern waren dazu zu gebrauchen,
לַעֲבִיר אֶת בֵּית הַמֶּלֶךְ וְלַעֲשׂוֹת הַטּוֹב בְּעֵינוֹ. Wenn aber Siba
diesen Dienst verrichtete, so erklärt es sich, warum er sein
sämmtliches Ingesind mitbrachte: was doch wenig am Platze

gewesen wäre, wenn er bloss wie die Anderen sich hätte prä-
sentieren wollen. Nun erst motiviert sich auch recht das
Verhalten des Königs v. 29: es war der Dank für Siba's
Diensteifer.

24. *Καὶ οὐκ ἐθεράπευσε* und *οὐδὲ ὠνυχίσατο* ist Duplette
und letzteres alleine echtes Gut der LXX. Denn עשׂה erscheint gleich darauf als *ἐποίησε* an einer Stelle, wo ebenso
gut *ἐθεράπευσε* gepasst hätte und der Itala lag vor: *οὐδὲ
ὠνυχίσατο τοὺς πόδας αὐτοῦ* (nec ungues dempsit *de pedibus
suis*). Wollte man dennoch sich an den Nägeln der Fuss-
zehen nicht genügen lassen und wegen *ὠνυχίσατο* jedenfalls
צפרן in den Text bringen, so müsste man schreiben ולא עשׂה
צפרני ידיו ורגליו: denn einfaches Zusetzen von וצפרני oder
von ולא צפר ist nicht erlaubt, da צפרן gar nicht den Fin-
gernagel im Gegensatz zum Zehennagel bezeichnet; Deut. 21,
12. Uebrigens könnte man mit dem selben Rechte im Folgenden zum שׂפם den זקן hinzufügen.

25. Thenius fordert מירושׁלם, mit Grund.

26. Statt אהבשׁתה LXX לִי הָבְשָׁה. לֹּי ist erforderlich aus
sprachlichen Gründen, damit sich ירגל v. 27 daran anschliessen könne; damit ist aber auch הבשׁה gegeben, für welches
ausserdem auch sachliche Gründe auf der Hand liegen. Vgl.
Thenius.

31. את־בירדן ist aus את־הירדן und בירדן zusammengeflossen, vgl. Einl. S. 14 Anm. 2.

32. בשׁבתו. LXX liest v. 33 statt אתך vielmehr שׁיבתך.
Diese originellere Lesart muss in dem massorethischen Ar-
chetyp am Rande bemerkt sein zu אתך; durch ihren zufälligen Einfluss ist hier שׁבתו in שׁיבתו verändert. S. Einl.
S. 27.

36. את־הירדן ist ein falsch ergänztes Object zu falsch
aufgefasstem עבר, Einl. S. 22 f. Barzillai kann nur sagen:
„nur ein wenig wollte ich dich begleiten"; nicht „beinahe
wäre ich mit dir über den Jordan gezogen", oder „nur ein
wenig will ich mit dir über den Jordan gehen", denn beides
widerstrebt dem Zusammenhang und letzteres ist gar nicht
Barzillai's Absicht, wie sich aus seinen weiteren Worten deutlich ergiebt. Vgl. v. 31: „er zog mit dem Könige zum Jordan, um dort von ihm Abschied zu nehmen."

40. ויעבירו, LXX עִבְרִים. Der Sinn muss sein, ganz Juda
und ein Theil Israels habe dem Könige von Gilgal an bis
Jerusalem das Geleit gegeben 20, 2. Dieser Sinn wird durch
die Lesart der LXX („sie zogen mit dem K.") *klar*, durch
die des MT. sehr undeutlich, wenn überhaupt ausgedrückt.
Wahrscheinlich hat falsche Auffassung von את־דמלך als Akkusativ erst die Aussprache des ויעברו als Hifil veranlasst.

42. Ἡ δόμα ἔδωκεν und ἢ ἄρσιν ἦρεν ist Duplette.

43. בדוד, richtig LXX בְּכוֹר, s. Thenius.

XX.

1. Zu לאהליו vgl. Geiger Urschrift S. 290, der es übers
Herz bringt, לְאֵלֹהָיו für das Ursprüngliche zu halten.

3. אלמנות חיות ist beabsichtigt. Dass Witwen lebender
Männer lebende Witwen heissen, ähnliche Erscheinungen kommen in allen Sprachen vor; es könnte übrigens הי auch in
der Bedeutung „frisch grün" hier angewandt sein. Jedenfalls
ist חיות eine nicht vorkommende Bildung, die ausserdem
das scheinbar Absurde des Ausdrucks gar nicht aufhübe.

4. Vor שלשת ימים muss ו ausgefallen sein, denn diese
Zeitbestimmung gehört zu עמד und enthält deutlich den v. 5
erwähnten מועד. Ohne ושלשת ימים ist ואתה פה עמד gar
nicht zu verstehen.

6. אבישי ist, wie alles Folgende beweist (s. Thenius),
Correctur für יואָב, wie 1 Chr. 18, 12; vgl. ähnliches 15, 24.
Uebrigens hat schon Thenius angedeutet, dass LXX nach dem,
was ER. v. 7 bietet, zu schliessen in unserem Verse urspr.
Ἰωαβ gelesen haben muss. Wodurch die Beseitigung dessel-
ben in MT. veranlasst ist, brauche ich nicht auseinander zu
setzen. — הציל עינו, LXX σκιάσει τοὺς ὀφθ. ἡμ., eine mit
Recht von Ewald III. S. 262 gebilligte Uebersetzung.

7. Nach אחריו LXX ER. ? אבישי, was natürlich im MT.
der Aenderung v. 6 zu lieb ausfallen musste.

8. Die zweite Hälfte des Verses enthält mehere Anstössige. Lässt man vor der Hand die Vergleichung der LXX
aus dem Spiel, so würde man vom MT. aus zu folgenden Re-
sultaten gelangen. מדו, welches nur maddâw ausgesprochen
werden darf, ist eine Correctur des unerwarteten לבשׁו, denn

der Singular וְעָלָו kann sich nur auf letzteres Wort beziehen. הָגוּר הרב spricht unrichtig aus, denn בתערה — מצבדת kann nicht auf den Schwertgürtel, sondern nur auf das Schwert selbst gehen: also הָגוּר oder auch הָגֵר. Die LXX ER. und Al. übersetzt den MT. Aber die Itala: „et Joab indutus erat mandyam indutoriam suam super se et gladium rudentem in vagina sua cinctus erat ad lumbos suos" setzt folgenden Text voraus: ויואב מדיו לבוש עליו והרב מצמדת בתערה הָגוּר על מתניו*). Dieser Text vermeidet das doppelte הגור und dadurch zugleich die ganz ungewöhnliche Phrase הגר מדיו oder gar הגר לבשו, er entgeht der mislichen Zusammenstellung von על—מתניו בתערה und der überflüssigen Wiederholung על—מתניו: עליו in Einem Satze, er stellt schliesslich die Pointe auch an die Spitze. Sprachliche Gründe müssen hier aber um so mehr den Ausschlag geben, als man nicht weiss, was mit בת מצמדת beschrieben ist. — Am Schluss lies nach LXX: והיא יצאה ותפל.

13. כאשׁר. Das Gewöhnliche wäre ויהי כ; וכאשׁר ist unhebräisch. — הגה, LXX ἔφθασε. — Nach כל אישׁ LXX Ἰσραηλ!

14. Subject kann nur Seba sein: denn warum Joab nach Abel bet Maaka (so ist mit Ewald nach v. 15 zu lesen) gieng, ist an sich gar nicht klar. Ferner ist auch in אהריו, ebenso wie in עליו v. 15 der „er" nicht Joab, sondern Seba. ויבאו אף—אהריו heisst „und verfolgten ihn auch." — Lies הַבֵּרִים, s. Thenius.

15 f. ותעמד בהל möchte ich aus seinem jetzigen Zusammenhang entfernen und nach העיר v. 16 stellen, dahinter noch mit LXX ותאמר hinzufügend. — משהיתים ἐνοοῦσαν. Ob מחשֺּבים Prov. 24, 8. Jon. 1, 4? Zur Bedeutung der Texteslesart s. Ew. III. S. 264.

18 f. Nach לאמר liest die echte LXX**): שאיל ישאלו. בְּאָבֵל וּבְדָן הָתַמּוּ אֲשֶׁר שֶׁשְׁמוּ אֱמוּנֵי יִשְׂרָאֵל. Zu שׁימו = שׁלמי vgl. 1 Sam. 2, 20. Einl. S. 15 Anm. איל=אהל Ez. 41, 1, הללים = חיל 1 Reg. 1, 40; in אשהה = אנבי ist שׁ = נ

---

*) indutoriam ist Correctur im griechischen Original der Itala, rudentem verschrieben statt bidentem.

**) ἐρωτῶντες bis στηριγμάτων Ἰσραηλ ist handgreiflich Correctur nach MT.

auffallend. Der Sinn ist klar. Wollte man sich beim Ue-
berhandnehmen neuer Sitte überzeugen, dass doch noch irgendwo wahrhaft israelitisches Wesen herrsche, so brauchte
man sich nur an Abel und an Dan zu wenden. Vgl. Ew. III.
S. 264, doch ist die gute alte Sitte Dan's nicht grade als
friedfertige Moral und gelassene Frömmigkeit zu verstehen —
Wegelagern an den Heerstrassen, die sich hier kreuzten, gehört auch mit zu seinen berechtigten Eigenthümlichkeiten *).
Dass Thenius in der Polemik gegen Ewald sich weder an
Dan noch an Abel wenden will, hat sich bitter gerächt;
Böttchern hat die gleiche Versäumnis folgende Uebersetzung
des MT. eingetragen: „Und sie sprach als spräche sie: Reden reden sollte man doch zuerst noch, als spräche sie: Fragen anfragen sollte man in Abel; und so würde man gewiss
fertig." Hoffentlich — aber es sieht nicht so aus!

22. In LXX liegt eine Duplette vor: καὶ εἰσῆλθε πρὸς
πάντα τὸν λαόν und καὶ ἐλάλησε πρὸς πᾶσαν τὴν πόλιν, die
letztere Variante ist echt und der hebr. Text, auf den sie
zurückgeht (ותדבר אל כל העיר) dem MT. vorzuziehen. Vgl.
die Verwechslung von ותבא und ותאמר 14, 4.

23. ישׂראל, wie es in LXX hinter אישׁ v. 13 falsch eindrang, so hier auch im MT. hinter דֽ.צבא — הכרי vgl. 2
Reg. 11, 4. 19.

24 ff. אדרם ist kein israelitischer Eigenname, also
אדֹנִרם (LXX) 1 Reg. 4, 6. — וּשׁיא s. zu 8, 17. — Dass
עירא היאירי mit היתרי ע' 23, 38 identisch sei, ist kaum wahrscheinlich; denn וְגם zeigt, dass unser Ira in der selben Weise
Priester war wie Ebjathar und Sadok, während dagegen sein
Namensvetter ein Kriegsmann.

XXI.

1. Abzutheilen ist בֵּיתֹה דָמִים, denn בית muss ein Suff.
3. m. s. und דמים darf keinen Artikel haben: „auf Saul und
seinem Hause ruht eine Blutschuld." LXX ER. ἀδικία ἐν

---

*) Gen. 49, 17 — vgl. 14, 14. Jer. 4, 15. 8, 16. Aus Gen. 49, 16
folgt keineswegs, dass Dan im Segen Jakobs noch am Meere wohnt wie
Jud. 5. Soll etwa Simson ein „Richter" gewesen und wo möglich bei
Lebzeiten so genannt sein? Kann der Vers den Sinn haben: Dan wird
so gut einen Richter haben, wie die übrigen Stämme Israels?

θανάτῳ = מות הֻבָּאת, ein Aequivalent für דָּמִים, s. Einl. S.
25 Anm. 1. *Αἱμάτων αὐτοῦ* ist zu streichen.

2. ויהודה hat hier so viel Werth wie 1 Sam. 15, 4.

3. וברכו, LXX *εὐλογήσετε*. Vgl. 2 Reg. 9, 2: וּרְאָה,
LXX *καὶ ὄψει*.

4. לי des Ketib ist richtig, s. 1 Sam. 30, 22. Ex. 14, 25.
15, 1 ff. Num. 20, 19. — Exod. 21—23 sind die späteren Zusätze dadurch kenntlich dass sie „ihr" sagen statt des „du"
des alten Textes.

5. נשמדנו: würde man נַשְׁמִידֶנּוּ (in ER. *ἀφανίσωμεν αὐτόν*) aussprechen müssen. Da aber nach v. 6 eine gänzliche
Ausrottung des Hauses Saul gar nicht in der Absicht der
Gibeoniten lag, so wird mit Ew. III. S. 184 die Lesart der
LXX לְהִשָּׁמְדוּ für נשמדנו לנו (=נשמדנו לנו = לְהִשָּׁמְדוּ) herzustellen sein. *Ἀφανίσωμεν αὐτόν* und *αὐτόν* hinter *ἑστάναι*
ist durch Correctur eingesetzt, wie sich auch aus der Wortwahl ergiebt.

6. Man kann den Bericht v. 9 kaum anders verstehen,
als dass die Söhne Sauls auf dem Berge *bei Gibeon* gehenkt
wurden; das ist auch an sich das Natürliche, während keine
Veranlassung vorlag, Gibea aufs Aeusserste zu reizen. Ist
aber גבעה in גבעון zu verwandeln (5, 25), so fällt damit
שאול בחיר יהוה von selbst. בהר יי v. 9 verdarb in בהר יי
(E. Castellus bei Thenius) und גבען בהר יי wurde als גבעת
שאול בחיר יהוה verstanden.

8 f. Für מתחלת קציר v. 10 liest LXX שׁעירים ק״מח״.
So entsteht der Verdacht, dass die selben Worte am Schluss
von v. 9 fälschlich wiederholt seien, und dieser Verdacht wird
dadurch bestätigt, dass, wenn vor תחלת v. 9 eine Präposition
ausgefallen ist, dieselbe wahrscheinlich מִן gewesen ist.
מתחלת würde aber v. 9 gar nicht am Platze sein.

12. Das Ketib spricht תְּלֻוִם.

14. Hinter בני fehlt ואת־עצמות הבוקעים (LXX), durch
Zufall, vgl. die selben Worte in der darüber stehenden Zeile
v. 13.

15 f. Nach v. 18. 19 wird es wahrscheinlich, dass auch
v. 15 von einem Kampfe bei Gob die Rede ist; zu beachten
ist in jenen beiden Versen der Artikel הַבִּלֹהֵמָה, welcher sofort v. 20 ausbleibt, wo der Kriegsschauplatz sich ändert.

14

Nun würde Niemand die Worte וישבו בנב v. 16, für sich allein betrachtet, anders lesen als וַיֵּשְׁבוּ בְּנֹב, und Jedermann
würde zugestehen, dass נב und גב leichte Varianten sind.
Da aber Erwähnung des Ortes, wo der Kampf stattfand, hier
völlig nothwendig ist, so ist die Lesung וַיֵּשְׁבוּ בְּנֹב wirklich
die richtige; die Worte sind verstellt und standen ursprünglich hinter עמו v. 15. Dadurch tritt ויעף דוד אשר בילידי"
zusammen: in ויעף דוד steckt der Name des Philisters und
vielleicht noch ein Verb, wie ויקם, an das sich ויאמר anschlösse. Es schadet gar nichts, wenn wir den Riesen Jisbo-
benob und die Nachricht, David sei müde geworden, los würden; und wie gesagt, die Scene des Kampfes kann am wenigsten hier am Anfang verschwiegen werden.

16. Für משקל 2⁰ lies wie LXX שֶׁקֶל. — In הדשה hat
man den Namen einer auffallenden Waffe zu suchen, den man
aber schwerlich je errathen wird. An ein Schwert zu denken, ist nicht nothwendig, הגר wird auch von einem eng an-
schliessenden Panzer stehen können.

17. לו hinter דוד fehlt in LXX.

18. Einmaliges גור der Chr. I. 20, 4 kann gegen dreimaliges
גב ev. נב in 2 Sam. nicht aufkommen, zumal ein zweibuch-
stäbiges Wort v. 18. 19 auch durch LXX (Γεθ Ρομ) bezeugt
ist. גב = גור = גור. — Zu סף, 1 Chr. ספי, vgl. meine Diss.
De gentibus Jud. S. 37 f. — ויכנעו der Chr. am Schluss des
Verses braucht zwar kein Zusatz des Chronisten zu sein, man
hat aber auch keinen rechten Grund, es in 2 Sam. nachzutragen.

19. Die Schreibung יערי statt יעיר Chr. wurde wohl durch
das folgende ארגים veranlasst, dessen zufälliges Eindringen
aus der darunter stehenden Zeile leicht zu erkennen ist.

20. גת. Hier ist nicht etwa גב zu ändern. Denn die Artikellosigkeit von מלחמה gegenüber v. 18. 19 deutet darauf
hin, dass von einem neuen Kriegsschauplatze die Rede ist,
und legt den Nachdruck auf בגת. — Man thut besser, מדין
aus מִדָּה וְ (1 Chr. 20, 6) entstanden zu denken, als durch
grammatische Kunst beides als gleichwerthig zu erweisen.

22. את Ew. §. 277 d.

XXII.

Da es mir widerstrebt, eine Auswahl zu liefern aus schon Vorhandenem, so schliesse ich das Capitel von der Untersuchung aus.

XXIII.

Die letzten Worte Davids v. 1—7 sind am besten in MT. erhalten, nur v. 4 könnte man geneigt sein, nach יבאיר mit LXX יהוה einzusetzen und v. 5 wird zu lesen sein הלא יצחי für חפץ כי לא; endlich ist am Schluss בשבת aus v. 8 eingedrungen. Die Vergleichung der LXX, wenn anders wirklich v. 1—7 der LXX angehört, hat fast nur pathologisches Interesse.

1. Für נאם LXX beide Male אמן πιστός. — Wie richtig die Punctatoren הקם על von dem Folgenden abgesondert haben, geht aus der Vergleichung von Num. 24, 3 hervor. Die von Thenius reproducierte Auffassung der LXX ὃν ἀνέστησε κύριος ἐπὶ χριστὸν θεοῦ Ἰακώβ ist nicht bloss aus sprachlichen und ästhetischen Gründen zu verwerfen, sondern schneidet auch die Möglichkeit einer richtigen Verbindung der nächstfolgenden Worte ab (LXX: καὶ εὐπρεπεῖς ψαλμοὶ Ἰσραήλ).

3. צור, LXX נצר, φύλαξ. — Ἐξ hinter φύλαξ in ER. ist zu streichen. — מושל, LXX מִשֵׁל. — באדם, LXX אמר, was auf die Lesart מישל אדם führen würde, die mit מ"ב gleichwerthig ist. Ἐν ἀνθρώπῳ ist christliche Correctur. — צדיק מושל, LXX איך תמשלו. — יראת אלהים, LXX Al. יראת יהוה; φόβον χριστοῦ ER. stammt von christlicher Hand.

4. „Der ist wie Licht Gottes (LXX ER.) am Morgen, wenn die Sonne aufgeht, am wolkenlosen Morgen, wenn vom Strahle nach dem Regen das Grün spriesst aus der Erde." — ובאיר, LXX "בא. — עבת, LXX עבר. Κύριος in ER. als Subject zu עבר würde von LXX schwerlich zwischen οὐ und παρῆλθεν gestellt sein. — Καὶ ὡς ἐξ ὑετοῦ ist gar nicht ins Hebräische übersetzbar, ich schliesse daraus, dass καὶ ὡς eine zu καὶ ἐν φωτί am Anfange des Verses bestimmte Correctur nach MT. ist und also zu streichen.

14*

5. בכל, LXX ἐν παντὶ καιρῷ. — LXX verbindet בליעל
(ohne ו) v. 6 mit יצמיח, und wenn man כי־כלא beibehält, wird
man ihr darin folgen müssen. Der Sinn fordert aber הפצי
הלא. Die Schwierigkeit, כי auf יה zurückzuführen, ist nicht
so gross als sie scheint, denn nichts ist häufiger als Verwechslung von ה und י, namentlich als Schlussbuchstaben,
י = כ aber ist durch den Uebergang ר möglich.

6. יקהו ληφθήσονται, s. den Wechsel des Pass. u. Akt.
Iob 6, 2.

7. יגע οὐ κοπιάσει, s. Einl. S. 26 f. — ימלא, LXX
וּמְלָא. — Καὶ ἐν πυρὶ καύσει καὶ καυθήσονται αἰσχύνην αὐτῶν ER. kann nicht der richtige Text sein; dass aber εἰς
αἰσχύνην αὐτῶν der meisten Codd. Holm. Correctur sei, ergiebt die einen andern Weg einschlagende Aenderung des Al.:
καὶ καυθήσεται αἰσχύνη αὐτῶν. Man wird in ER. entweder
καὶ καυθήσονται oder besser αἰσχύνην αὐτῶν zu streichen haben. Vgl. zu v. 8.

8. Die Einsetzung von ראשי vor הגברים (Thenius) ist
unberechtigt, zumal auch nach 1 Chr. 11, 11. Woher steht
es fest, dass unser Vf. unter den Gibborim die 600 Leibwäch-
ter verstand? *) Und soll man etwa ראשי auch v. 17 und
v. 22 vor הג״ wiederholen? — ישבכבשת, LXX ישבשה, Chr.
ישבעם = יִשְׁבְעָל. Die letztere Form fand noch LXX 1 Chr.
11, 11 vor, denn die Combination des Ιεσεβαδα der ER. mit
Ισβααμ des Al. führt auf יֹשְבֹעל. Ueber die Schreibung ישׁ
für אשׁ vgl. zu 1 Sam. 14, 49. Ist בשׁת statt בשׁבת richtig,
so fällt daraus Licht auf die Entstehung von αἰσχύνην αὐτῶν
LXX v. 7 und בשׁבת MT. v. 8. — Statt תהכמוני lies הח״
mit LXX; s. über den Wechsel von ת und ה zu 2, 9. בן חכ״

---

*) Das Gegentheil lässt sich leicht erweisen, nicht bloss aus der
Entgegensetzung der Drei und der Dreissig (s. zu v. 18) und aus der
Stellung, welche hier Benaja einnimmt v. 20 ff., sondern überhaupt aus
der Beschaffenheit des Verzeichnisses. Das selbe ist nemlich nichts
weniger als eigentlich statistischer Natur, was sich namentlich aus der
Zusammenstellung der Helden aus Davids Philisterkämpfen mit Asael
ergiebt. Danach hat man auch den historischen Werth der Stücke 21,
15 ff. 23, 8 ff. zu beurtheilen. Ich kann ihn nicht hoch anschlagen.
Es sind aus dem historischen Zusammenhang losgerissene Anekdoten,
zum Theil sagenhafter Natur, die wahrscheinlich erst ziemlich spät in
ihre jetzige äusserliche Verbindung gebracht wurden.

ist nicht darum unwahrscheinlich, weil חב״ nach der Endung zu schliessen kein Personenname ist, sondern deshalb unmöglich, weil überall in unserem Verzeichnisse jedenfalls der Ort der Herkunft, gar nicht regelmässig aber der Vater des betreffenden Helden genannt wird. Auch v. 9. 20. 34. 1 Chr. 11, 35 drang בן unrichtig ein. — Statt ראש השלשׁי lies ר״ השׁלשׁה. Denn Isboseth Eleazar Samma sind v. 17 *die drei* Helden, denen v. 18 ff. die Dreissig an die Seite gestellt werden: unter ihnen ist Isboseth der vornehmste, nach ihm v. 9 kommt Eleazar, zu dritt v. 11 Samma. — עדינו העצנו, Chr. ערר הניתי wie v. 18. Die LXX zu unserer Stelle stützt die Lesart der Chronik nicht; denn ἐξήγειρε τὸ δόρυ αὐτοῦ v. 18 beweist, dass ἐσπάσατο τὴν ῥομφαίαν αὐτοῦ v. 8 aus der LXX zur *Chronik* stammt. Bei der Tendenz der letzteren, die Archaismen zu vermeiden, wird man sich hüten müssen, einfach ihren Text auch für 2 Sam. zu adoptieren. — „Ueber 800" ist richtiger als „über 300" (Chr.); nur die grössere Zahl verschaffte dem Isboseth den ersten Platz; s. v. 18. (Thenius).

9 f. LXX hat wegen בן־דדי, wie sie hier und v. 24 las, aus Eleazar den Elhanan gemacht und האההי — so muss mit Streichung von בן gelesen werden nach v. 28. 1 Chr. 11, 12 — ausgelassen. — Statt עם ד״ בה״ בזבל״ lies nach der Chr. הוא היה עם ד״ בפס דמים ופל״, s. Thenius. — Da der letzte Satz unseres Verses in enger Beziehung zu dem ersten des folgenden steht, so dass der Sinn ist: „und als die Männer Israels sich zurückzogen, da blieb er stehen", so möchte wohl für ויעלו zu lesen sein ויהי כי עלו, vgl. 1 Sam. 2, 21. 4, 7 und Jes. 39, 1 mit 2 Reg. 20, 12.

11 f. Vor הררי (vgl. v. 33) ist der Artikel zu setzen; über die Nothwendigkeit der Aussprache לחיה siehe Thenius. Der Schauplatz ist der von Jud. 15, 9—20, wo die Entstehung des לחי und des Quelles, der aus dem einen שן desselben entsprang, sehr grotesk erzählt wird. Vgl. Gen. 16, 14, wo לחי auszusprechen ist *). — עדשׁים, Chr. שׁערים; ähnlich v. 12 ויעש, Chr. וישׁב.

---

*) In ברד ist vielleicht *Βηρδάν* zu suchen, welches Eusebius in der Gegend von Gerar kannte. Lagarde, Onom. 299, 76 f.

13 ff. „Drei" ganz unbestimmte und durch die Hinzufügung des Genus erst dem Leser vorzustellende Helden sind jedenfalls nicht *die* drei erwähnten: und wer sind die dreissig Obersten? V. 13 bis 17a ist ein später eingeschobenes Stück, dagegen gehört v. 17b als Abschluss zu v. 8—12.

13. Liest man statt des unverständlichen אל־קציר mit der Chronik אל־הצור, so kann man um so weniger im Folgenden מערת beibehalten, als auch die folgende Parenthese entschieden מצדת voraussetzt, s. zu 1 Sam. 22, 2. — הית des MT. für Erleichterung zu halten im Vergleich zu מהנה der LXX u. Chr., ist ein sonderbarer Gedanke; letzteres vielmehr ist Erleichterung, veranlasst durch הִנֵּה v. 13 und מַחֲנֵה v. 16.

15. בּאר, Qeri und Chr. בּור. So auch v. 16. 20.

17. Statt יהוה fand die Chronik das gewöhnliche und wahrscheinlich richtige מיהוה vor. — Zu der Ellipse des Verbs in dem Fragesatze הדם וג׳ vgl. Ew. §. 303a. Dass LXX wirklich אשתה gelesen habe, macht die Stellung ihres πίομαι nicht grade glaublich; der Chronist andererseits hat den ursprünglichen Text so verarbeitet, dass sich nicht mehr sagen lässt, in welcher Gestalt er ihn vorfand. Ich gestehe übrigens, dass ich auch den MT. zu 2 Sam. für überarbeitet halte. Ursprünglich ist nur: „er goss es aus für Jahwe und sprach: Das Blut der Helden, die u. s. w." Als Blut gehört das Wasser dem Jahwe.

18 f. Für שלשה ist die ersten drei Male zu lesen שָׁלִשִׁם. Die Drei sind mit der Unterschrift v. 17b abgethan, jetzt kommt die Reihe an die Dreissig. „Abisai war der erste von den Dreissig und hervorragend unter den Dreissig. Von den Dreissigen war er berühmt, aber an die Drei reichte er nicht." V. 19 muss im Allgemeinen ebenso lauten wie v. 23, doch lässt sich כי הכי als הְלּוּ nach 1 Chr. 11, 25 beibehalten.

20. בן vor אִישׁ streiche nach LXX. Chr. — Mit Recht hält es Thenius für unwahrscheinlich, dass man den Namen Ariel — der wegen des folgenden Genitivs nicht für einen gewöhnlichen Personennamen gelten kann — zwei gleichzeitigen Männern Eines Volkes ertheilt habe und liest deshalb nach LXX τοὺς δύο υἱοὺς Ἀρ. את־שני בני א׳ [*]). Setzte man

---

[*] Uebrigens giebt die LXX kein Recht, המואבי zu schreiben, wie Thenius thut.

בן falsch ein (zu v. 8), so konnte man es auch falsch auslassen; auch der Singular אריאל bestätigt die Lesart der LXX.

21. Der Gegensatz von Waffe und Stock, auf den es allein ankommt, wird verwischt, wenn die Waffe möglichst auffallend beschrieben wird; die einfache הנית des MT. wird daher um so mehr beizubehalten sein, als die Ausmalung derselben in LXX und Chr. verschiedene Wege einschlägt. — איש מראה heisst ein *schöner* Mann, nicht ein *ansehnlicher;* darum ist mit der Chronik איש מדה zu lesen, wie 21, 20.

22. Lies בשלשים הגבר nach v. 23 und dem zu v. 18 Erörterten.

24 ff. Hier macht die LXX, der Chronik folgend, durch ein paar eingeschobene Worte einen Absatz, aber mit Unrecht, da im zweiten Buch Samuelis das v. 18 begonnene Verzeichnis der Dreissig v. 24 ff. nur fortgesetzt und vervollständigt werden soll. Dass statt der noch fehlenden achtundzwanzig *) vielmehr einunddreissig erscheinen, ist ebenso zu beurtheilen wie wenn Jos. 15. 21—32 an die vierzig Städtenamen statt der durch die Unterschrift geforderten neunundzwanzig aufgezählt werden **). Für die Kritik ist wichtig, dass die Helden paarweise zusammengestellt werden und gerne je zwei aus der selben Stadt, wie v. 24 zwei aus Bethlehem, v. 25. 33 zwei aus Harod oder Harar, v. 28 f. zwei aus Netofa, v. 38 zwei aus Jattir. Ferner ist zu beachten, was ich schon oben gelegentlich bemerkt habe, dass das Adjectivum der Herkunft immer, der Watername aber nicht regelmässig dem Namen des Helden hinzugefügt wird. Für sichere Verbesserungen des MT. von 2 Sam. 23 nach dem der Chronik I. 11 halte ich folgende: מבית לחם v. 24 statt בית לחם, סבבי v. 27b vgl. 21, 18 statt מבני, עלי = אלון LXX v. 28 ***) statt צלמין, הפרעתי und הורי (הדרי LXX) v. 30 statt פרעתני und הדי, אבי־בעל (= אביאל 1 Chr. 11, 32) statt אבי־עלבין, הברהמי v. 31 statt ההררי הברהמי,

---

*) Diese Zahl wird annähernd von der Unterschrift v. 39 vorausgesetzt, denn 37 = 3 (v. 8) + 3 (v. 13) + 2 (v. 18—23) + 29. Man müsste also zunächst versuchen, die Zahl der v. 24 ff. genannten Helden auf 29 zu reduciren. Der denn noch zu eliminirende Eine ist sicher Uria v. 39. — Nur durch die Absicht, grade die dreissig Helden v. 18 hier namhaft zu machen, erklärt sich, dass mit Gareb v. 38 das Verzeichnis 1 Chr. 11 abgebrochen wird.

**) Von בזיותיה Jos. 15, 28 würde uns בנותיה der LXX befreien.

***) s. meine Diss. S. 37. 38.

am Schluss des v. 33, Streichung von בן vor המעכתי v. 34, נשׂא v. 37 *). Anlass zu Verdacht giebt die Trennung der beiden Stadtgenossen v. 28 f. und die Unregelmässigkeiten v. 32 f. In בני ישׁן v. 32 muss der Eigenname einen neuen Helden enthalten sein, dahinter wird das Adj. relat. vermisst, welches in der Chronik (hinter dem entsprechenden Namen) הגזוני lautet, wahrscheinlich richtig — wenigstens ist הגלני wegen v. 34 eine verfehlte Conjectur, wenn anders ich darin Recht habe, dass die Ortsgenossen zusammen gestellt werden. Was mit Jonathan zu machen sei, hängt von der Beurtheilung des v. 33 ab. Hier fällt in 2 Sam. Samma der Har. nach v. 11 unangenehm auf — vgl. freilich 21, 18 mit 23, 27 und 21, 19 mit 23, 24 —, vorzuziehen ist also wohl בן שׁגא ה״, als Appos. zu Jonathan v. 32, was die Chronik bietet. Jonathan, Sohn des שׁגא, der Harariter war der Bruder von Samma **), dem Sohne des אגא, dem Harariter: entweder ist v. 11 שׁגא oder v. 33 אגא herzustellen, ersteres aber liegt näher auch wegen des Anfangsbuchstaben von שׁמה. Im Uebrigen verweise ich — z. B. für die Beurtheilung der Variante אור חפר für אליפלט v. 34 oder בן־ארבי für הארבי für v. 35 — auf die oben dargelegten kritischen Grundsätze, deren Suspension wenigstens immer eine specielle Ursache haben muss. So z. B., wenn v. 36 „Joel ben Nathan, Mibhar ben Gad" richtig und Nathan sowie Gad die bekannten Propheten sind, so war in diesem Falle die Nisbe überflüssig. Einer Nebeneinanderstellung der Varianten in solchen Fällen, wo eine Entscheidung nicht möglich ist, halte ich mich für überhoben. Durchgreifendere Correcturen sind hier nur möglich, wenn man das gesammte Material der im A. T. erhaltenen Eigennamen nebst den Varianten der LXX vollständig zunächst gesammelt und dann verarbeitet hat — was beiläufig gesagt eine sehr nothwendige Arbeit ist.

XXIV.

1. Schon Thenius hat erkannt, dass mit 24, 1 „und Jahwe's Zorn entbrannte ferner gegen Israel" der Faden 21, 1 —14 fortgesetzt werde, vgl. auch 21, 14 mit 24, 25. Daraus

---

*) Der Plural in 2 Sam. MT. erklärt sich aus der Zehnzahl 18, 15.
**) so erklärt sich das Eindringen desselben 2 Sam. 23, 33; vgl. übrigens auch v. 25.

folgt, dass 21, 15 — c. 23 erst nachträglich — vielleicht erst
nach der Abfassung der Chronik S. 215 Anm. 1 — an diese
Stelle gerathen sind. In dem nachgetragenen Stücke selbst
schliessen sich aber offenbar 21, 15—22 und 23, 8—39 zusammen: die beiden Lieder also c. 22 und 23 sind ein Einschiebsel im Einschiebsel. Der Einsetzer scheint nicht gewusst zu haben, dass c. 22 in die Sammlung der Psalmen
aufgenommen sei. — Ewald III. S. 219 vermuthet den Satan
als Subject von יסת, vgl. zu v. 16.

2. Nach v. 4 hat die Chronik I. 21, 2 Recht: אֶל־יוֹאָב
וְאֶל־שָׂרֵי הַחַיִל.

3 f. Das sehr schwierige ו vor יוסף lässt die Chronik
aus I. 21, 3. Statt לִפְנֵי v. 4 lies "מִ, s. Thenius.

5. Schreib וַיָּחֵלּוּ מֵעֲרוֹעֵר וּמִן הָעִיר nach Deut. 2, 36. 3,
12. 16. 4, 48. Jos. 12, 2. 13, 9. 16. 2 Reg. 10, 33. Es muss
hier der Ausgangspunkt genannt sein, von wo man *anfieng*
zu schätzen. Am natürlichsten war das die Südgränze (Num.
22, 36), da sie am nächsten bei Jerusalem lag. — הָגָד ist
der Akkusativ der Richtung; die Verbindung „nach Gad und
bis nach Ja'zer" ist ähnlich wie die v. 5 „nach Gilead und
bis zum Lande der Chittäer."

6. Für תהתית schlägt Hitzig Gesch. d. V. I. S. 29 richtig
הַחִתִּים vor, vgl. zu 1 Sam. 3, 1; für הדשי Thenius ebenfalls
richtig קָדֵשָׁה, s. Einl. S. 15 Anm.; also: bis zum Lande der
Chittäer nach Kades. Dies ist ein bestimmterer Ausdruck für
das gewöhnliche „bis in die Gegend von Hamath." Nemlich
Kades Naftali kann nicht gemeint sein, da es nicht auf dem
Wege liegt und für unser Capitel ein zu wenig idealer Grenz-
punkt ist. Vielmehr wird die Ansicht Brugsch's, Geogr.
Inschrr. II. S. 16 ff., wonach Kades die Hauptstadt der Cheta
in dem künstlichen See des Orontes zu suchen ist, der noch
jetzt von jener alten Stadt den Namen trägt, durch unsere
Stelle bestätigt. Das a. a. O. S. 24 gesammelte alttestament-
liche Beweismaterial für die Existenz nördlicher Chittäer in
Cölesyrien bedarf zwar vielleicht der Sichtung *), ist aber an-

---

*) Mit Jos. 1, 4 כֹּל אֶרֶץ הַחִתִּים ist nicht viel zu machen. Ue-
berdies sind jene Worte eingeschoben. Lies nach Deut. 11, 24: Von
der Wüste (im Süden) bis zum Libanon (im Norden) und *von* (יָמִין,
עֵד verkannte in והלבנון den terminus ad quem) dem Eufrat (im Osten)
bis zum Westmeer soll euer Gebiet reichen.

dererseits wohl noch der Vermehrung fähig. Jos. 11, 3 liest die LXX: *die Chittäer* (MT. הַחִוִּי) am Fusse des Hermon in der Libanonspalte (v. 8); um so eher mit Recht, als der MT. nach der Genesis und nach Jud. 3, 3. 2 Sam. 24, 7 sich leicht zur Vertauschung der beiden Völkerschaften bewogen fühlen konnte. Vgl. ferner Hitzig zu Amos 1, 5. — Für יַעַן וְסָבִיב erheischt der Sinn: וּמִדָּן סָבֵבוּ, vgl. den übrigens greulich verderbten Text der LXX ER., aus welchem aber so viel erhellt, dass Dan zwei Mal hinter einander stand.

9. Es ist recht charakteristisch, dass die Exegeten sich um die geographischen Schwierigkeiten v. 5 f. im Ganzen wenig Sorge gemacht haben, dagegen unverhältnismässige über die Differenzen in den Zahlangaben, welche zwischen unserem Verse und 1 Chr. 21, 5 obwalten.

10. Für Beides zusammen, sowohl für כֵן als auch für סְפַר אֶת־הָעָם ist nicht Platz, eins muss weichen. LXX μετὰ τὸ ἀριθμῆσαι τὸν λ.

11. „Des Herren Wort geschah zu Gad" schliesst sich an die nächstvorhergehenden Worte „da stand David am Morgen auf" nicht an, letztere erfordern eine andere Fortsetzung. Ueberhaupt aber gewinne ich von v. 10b 11a den Eindruck, dass sie dem anderweiten Zusammenhange fremd sind. Während v. 10a passend den ersten Abschnitt schlösse, würde v. 11b ebenso passend den folgenden eröffnen — was dazwischen liegt, scheint eine Ausmalung von v. 10a, welche der natürlichen Entwicklung der Dinge ungeduldig vorgreift. Das verdächtige Stück ist in zwei Pisqa's eingeschlossen, über deren Zweck ich die jüdischen Gelehrten um Auskunft bitte.

12. נטל „auferlegen" ergiebt unrichtigen Sinn, also ist נטה der Chr. „ausbreitend zur Wahl vorlegen" vorzuziehen.

13. Nach וַיַּגֶּד לוֹ vor וַיֹּאמֶר ist man darauf gefasst, dass nicht die ganze Rede Gad's an David hier berichtet wird, sondern bloss das, was man aus v. 12, worauf וַיַּגֶּד לוֹ sich bezieht, noch nicht wissen kann. Darum lässt der Chronist, wenn er nach וַיֹּאמֶר den Inhalt von v. 12 kurz recapituliert, dafür וַיַּגֶּד לוֹ aus. Hätte ihm בְּהַר מֶה לִהְיוֹת לָךְ am Anfange der Rede Gad's wirklich vorgelegen, so würde er es nicht in קַבֶּל לָךְ abgewandelt haben. Uebrigens ist es die Frage, ob man ein Recht hat, ἔκλεξαι σεαυτῷ γενέσθαι der LXX auf das angegebene Hebräisch zurückzuführen: möglicher Weise haben die Worte stets nur Griechisch existiert —

wenigstens ist eine wörtliche Uebersetzung ins Hebräische nicht möglich. — שׁבּי, LXX Chr. שׁלֹשׁ — „nothwendig, denn: *drei* Uebel zur Wahl, und jedes *drei* Zeitabschnitte hindurch." Thenius. — והוא רֹדְפֶךָ des MT. kann ebensowenig das Richtige treffen wie והיי רֹדְפִיךָ der LXX: man sollte וְהֵם יִרְדְּפֶךָ fordern. Die wahre Lesart hat die Chronik aufbewahrt וְהֶרֶב רֹדְפֶיךָ. Es ist unbegreiflich, wie Bertheau diese Lesart, die noch dazu durch das unmittelbar folgende הרב יהוה wenigstens für die Chronik aufs handgreiflichste bestätigt wird, gegen die sinnlose des zweiten Buchs Sam. aufgeben konnte. Es scheint geschehen zu sein, um das folgende לְמַשִּׂיגֶ der Chronik halten zu können. Aber dieses, schon aus formalen Gründen einigermassen verdächtig, ist weiter nichts als entstelltes האִם היוה des zweiten Buchs Sam., sowie vorher נְסָכָה verdorbenes נִסְפֶּה. Gegen diese Identificierung spricht die Wiederholung von ואם nach לְמַשִּׂיגֶת gar nicht, denn diese Partikel war des Sinnes wegen schlechterdings nothwendig. — דבר, Chr. ודבר יהוה הרב — für eine Erweiterung des Chronisten zu originell, obwohl darum nicht nothwendig in 2 Sam. nachzutragen.

14. מאֹד, LXX מִבֵּל, denn σφόδρα ist Duplette. — נִבְלָה wird sehr mit Unrecht von LXX Chr. zum Singular gemacht.

15. Für עַד־עֵת מוֹעֵד bieten die Uebersetzungen sämmtlich keine Varianten, sondern nur Deutungen. מוֹעֵד ohne Artikel ist, da der Sinn Determination erheischt, hier ein fast zum Eigennamen erstarrter Terminus technicus. Wenn schon dieser Umstand auf spätere Zeit deutet, so wird der Werth der Worte מהבקר — מוֹעֵד noch problematischer dadurch, dass sie in noch weit höherem Grade als v. 10b. 11a der folgenden Entwicklung vorgreifen und alle Illusion und Spannung zerstören. Der Schreiber von v. 16 ff., also der urspr. Vf., kann gar nicht anders als vorausgesetzt haben, der Leser denke sich mit Entsetzen während der vollen Frist dreier Tage die Plage fortwüthen, deren Anfang siebzig Tausenden das Leben kostete. Die betreffenden Worte, welche durch vorlautes Ausplaudern der folgenden Erzählung die Pointe rauben, fehlen denn auch wirklich nicht allein in der Chronik, sondern auch in der LXX zu 2 Sam. Denn καὶ ἔδωκε κύριος θάνατον ἐν Ἰσραὴλ ἀπὸ πρωίθεν ἕως ὥρας ἀρίστου ist erst aus dem MT. in den reinen LXXtext eingetragen, wel-

cher vielmehr v. 15a lautet: καὶ ἐξελέξατο ἑαυτῷ Δαυιδ τὸν θάνατον. Καὶ ἡμέραι θερισμοῦ πυρῶν καὶ ἤρξατο ἡ θραῦσις ἐν τῷ λαῷ. Man sieht, ויבחר לו דוד את־הדבר ist, wenn man auf den Sinn sieht, etwa ebenso viel als ויתן יהוה דבר בישׂראל. Was aber den Ueberschuss betrifft, der in LXX nun noch folgt und sowohl in 2 Sam. als 1 Chr. fehlt, so ergiebt sich zunächst dem ersten Blicke, dass derselbe auf hebräischer Grundlage ruht: וימי קציר חטים ותהל המגפה בעם. Weiter aber sprechen sachliche Gründe *für* seine Ursprünglichkeit. Denn durch die Angabe, die Pest habe in den Tagen der *Weizenernte* angefangen, wird die Scene auf der Tenne v. 16 ff. motiviert, vgl. 1 Chr. 21, 20, und indem man mit dieser Angabe den Schlusssatz eng zu verbinden hat (= gleich am Anfang fielen, gleichzeitig im ganzen Lande, 77000 Mann), verliert dieser den abschliessenden Character, den er unpassender Weise in MT. trägt. Ist aber dieses Plus der LXX echt, so ist auch im Vorhergehenden „und David wählte sich die Pest“ sinngemässer als „und Jahwe verhängte Pest über Israel.“ Denn die Hervorhebung der Zeitbestimmung bei dem Satze „und als die Tage der Ernte kamen, da fieng die Plage an“, impliciert, dass nicht schon bei dem vorhergehenden Satze die gleiche Zeitbestimmung gilt. Dort zieht sich das Gewölk nur vollends zusammen — eine Pause, dann erst fährt der Blitz hernieder. — שׁבע שׁבעים ist Duplette. LXX: ἑβδομήκοντα, 1 Chr. 21, 14: שׁבעים. Daher auch die fehlende Copula.

16. Aus triftigem Grunde sträubt sich Thenius gegen den Vorschlag Movers', nach der Chr. zu lesen וישׁלח יהוה מלאך. Sein eigenes מלאך האלהים für המלאך genügt aber auch nicht, abgesehen davon, dass es unbezeugt ist, denn ὁ ἄγγελος τοῦ θεοῦ ist, wie v. 17 lehrt, nur eine Deutung von המלאך. Schwierigkeiten macht vor Allem die Stellung ידי המלאך im MT. Dieselbe deutet mir darauf hin, dass המלאך erst nachträglich als Explicitum hier eingesetzt worden ist. In dem ursprünglichen Texte, dessen völlige Herstellung nicht mehr möglich ist, muss schon vorher von dem Würgengel die Rede gewesen sein und auch zu וַיְּמָת v. 15 (beachte den Singular) ist er Subject. Hiedurch gewinnt auch Ewald's Vermuthung zu v. 1 an Wahrscheinlichkeit*). Vgl. Num. 22, 22. — An der

---

*) Auf ihn deuten auch שׂוּט und הסית v. 1. 2 nach Iob. 1. 2.

Verbindung רב עתה hat Thenius sich mit Recht durch den
Widerspruch der Accente und Bertheau's nicht irre machen
lassen. — Ueber die verschiedenen Schreibungen des Namens
Ornan s. Einl. S. 18 und De gentt. Jud. S. 37 f.

20. Ueber die Corruption der ersten Hälfte dieses Verses
in der Chronik s. Bertheau. Aber hinter עברים אליו ist
וארנך דש הטים auf keinen Fall von dem Chronisten er-
sonnen.

22. Das blosse ויעל des MT. ohne weitere Ergänzung ist
das Richtige: nur so erklärt sich das ויעש in der Chronik,
nicht, wenn ויעל ליהוה vorlag. Gegen Thenius.

23. In ארונה המלך hätte schon Böttcher um ein Haar
אדוני המלך erkannt: davor ist עבד ausgefallen. Denn Ornan
muss hier sprechen; es ist nur eine Anerbietung: „dies alles
will der Knecht meines Herrn des Königs dem Könige geben
(יתן)", angenommen wurde sie nicht. Dass die Rede des
Ornan noch in v. 23a fortgeht, hätte man auch aus v. 23b
sehen können, welcher nach hebräischer Sitte die Quintessenz
der Rede in einem durch ויאמר markierten Schlusssatze wiederholt. — Für ירצך erwartet man eher ירצני, namentlich
auch nach der folgenden Antwort Davids.

*　　*　　*

Zu 2 Sam. 24, 5. 6 habe ich nachträglich gefunden, dass
die Vorschläge, welche ich gemacht habe, bestätigt werden
durch die codd. Holmes. 19. 82. 93. 108. Selbige lesen: 5
καὶ διέβησαν τὸν Ἰορδάνην καὶ ἤρξαντο ἀπὸ Ἀροηρ καὶ ἀπὸ
τῆς πόλεως τῆς ἐν μέσῳ τοῦ χειμάρρου τὸν Γαδδι καὶ τὸν
Ἰεζερ. 6 καὶ ἔρχονται εἰς Γαλααδ καὶ εἰς γῆν Χεττιειμ Καδης
καὶ ἔρχονται ἕως Δαν καὶ ἐκύκλωσαν τὴν Σιδῶνα τὴν μεγά-
λην. Das Interesse, welches ich in Folge dessen an diesen
Handschriften nahm, ward gesteigert durch die Notiz bei
Vercellone, Variae Lectiones II. S. 436, dass sie an entschei-
denden Stellen übereinstimmen mit dem Texte der am Rande
einer früher der Domkirche zu Leon angehörigen Vulgata-
handschrift angemerkten Abweichungen einer älteren lateinischen Uebersetzung. „Fere omnes veteris hujus latinae inter-
pretationis lectiones, quae a recepto alexandrinae versionis
textu *) recedunt, consentientes habent Holmesianos codices

---

*) Gemeint ist die Sixtinische Ausgabe.

praenotatos numeris 19. 82. 93. 108, quorum primus est chigianus, alter coislinianus, tertius musaei britannici, postremus vaticanus; atque unum idemque antigraphon ad singularem quamdam recensionem spectans repraesentant. Quotiescumque quatuor horum codicum lectio a reliquis graecis dissentit, quod frequenter contigit, illorum vestigia presse sequitur noster interpres, eisque omnino adhaeret" *). Ich dachte dabei an das, was Lagarde, de N. T. ad fid. verss. or. ed., über die angeblichen codices latinissantes des Neuen Testaments gesagt hat. Hinzukommt, dass cod. 108 auch geschichtlich merkwürdig ist, weil er wie Vercellone a. a. O. behauptet und in der Vorrede zu Mai's s. g. Ausgabe des Vaticanus urkundlich nachweist, dem griechischen Texte der Complutensischen Polyglotte in den historischen Büchern zu Grunde liegt **). Diese Thatsache erhellt auch aus der Holmes'schen Variantensammlung, zugleich aber auch, dass die Herausgeber der Complutensis jenen Codex an den interessanten Stellen castriert haben. Sie haben dann wohl meistens die zweite von Rom aus dem Cardinal Ximenes geliehene Handschrift eintreten lassen, den cod. Holm. 248; mitunter mag das „spanische Griechisch" der Polyglotte ausgeholfen haben.

Alle diese Umstände bewogen mich, die angeführten Handschriften an einigen Stellen zu vergleichen, wo ich conjiciert hatte, um zu sehen, wie sie sich zu meinen Vermuthungen stellen würden. Es ergab sich u. a. Folgendes. — 2 Sam. 13, 34 lesen codd. 19. 82. 93. 108: καὶ ἀνέβη τὸ παιδάριον ὁ σκοπὸς καὶ ἦρε τοὺς ὀφθαλμοὺς αὐτοῦ καὶ εἶδε καὶ ἰδοὺ λαὸς πολὺς πορευόμενος τὴν ὁδὸν τῆς Ὡραιμ ἐκ μέρους τοῦ ὄρους ἐν τῇ καταβάσει· καὶ παρεγένετο ὁ σκοπὸς καὶ ἀπήγγειλε τῷ βασιλεῖ Ὁρῶν ἑώρακα ἄνδρας ἐκ τῆς ὁδοῦ τῆς Ὡραιμ ἐκ μέρους τοῦ ὄρους. Hiedurch wird die S. 189 versuchte Herstellung des griechischen Textes bestätigt, derselbe erhält nur an einigen Puncten eine für den Sinn unwesent-

---

*) Vercellone macht bei dieser Gelegenheit darauf aufmerksam, dass schon 1853 Joh. Pet. Nickes in einer Münster'schen Dissertation (de Veteris Testamenti codicum Graecorum familiis) behauptet habe, „codicem holmesianum 108 aliosque ad eamdem familiam pertinentes ad veterem italam prae caeteris propius accedere." Ich habe diese Dissertation gelesen; Nickes versucht darin am Buche Judith nachzuweisen, dass cod. 108 nicht bloss mit der Itala, sondern auch mit dem Syrer übereinstimme. Der Beweis ist aber sehr mangelhaft geführt und überhaupt zeugt die Arbeit mehr von gutem Willen, als von Gelehrsamkeit und Urtheil.

**) ipsum fere continet complutensem textum, drückt sich Vercellone aus.

liche concretere Färbung (ἀνέβη, ὁρῶν ἑώρακα); dass ἐκ μέρους τοῦ ὄρους ἐν τῇ καταβάσει Duplette ist, bleibt auch so zu Recht bestehen. — 2 Sam. 13, 39 wird die Annahme, dass in דוד ein feminines Substantiv stecke, durch codd. 19. 82. 93. 108 und viele andere dahin bestimmt, dass רוח dieses Substantiv sei *). Darnach bedeutet ותכל „und es sehnte sich" — ob לבנת richtig ist oder auf der Lesart דוד und auf dadurch erzeugtem Misverständnis von ותכל beruht, muss dahingestellt bleiben. Der folgende Vers, auf die gemeldete Thatsache ותכל רוח המלך לצאת אל־אבשלום zurückgreifend, ändert den Ausdruck nur wenig ab in (היה) לב המלך אל־אבשלום. — Am meisten erfreut bin ich durch den Text von 2 Sam. 15, 23b, den diese Handschriften bieten: Καὶ ὁ βασιλεὺς διεπορεύετο ἐν τῷ χειμάρρῳ τῶν κέδρων καὶ πᾶς ὁ λαὸς διεπορεύετο πρὸ προσώπου αὐτοῦ κατὰ τὴν ὁδὸν τῆς ἐλαίας τῆς ἐν τῇ ἐρήμῳ. Mein Vorschlag S. 197 wird dadurch, ich darf wohl sagen glänzend bestätigt mit alleiniger Ausnahme der Conjectur עֵמֶי statt עבר — aber diese ist nichtsdestoweniger richtig; vgl. Jos. 3, 16. 8, 33 in MT. und LXX. Ebenso wird das Recht meiner Beurtheilung von 2 Sam. 19, 29. MT. dadurch unzweifelhaft, dass codd. 19. 82. 93. 108 ἐν τῷ ἀποστεῖλαι Ἰωαβ τὸν δοῦλον τοῦ βασιλέως τὸν δοῦλόν σου lesen.

Diese flüchtigen Bemerkungen heben einseitig nur einige Vorzüge der in Rede stehenden vier Handschriften hervor, um das Interesse für sie zu wecken, erheben aber natürlich nicht den geringsten Anspruch auf eine wirkliche Würdigung derselben. Diese muss einer sorgfältigeren Untersuchung vorbehalten bleiben. Zum Zwecke einer solchen wäre es wünschenswerth — da man nach Holmes doch nur eine sehr ungenügende Vorstellung gewinnt —, dass man ihren vollen Text herausgäbe, wenn auch vielleicht nur für Ein biblisches Buch. Man sollte das um so eher thun, als man hier einmal eine „Familie" von Handschriften besitzt, mit welcher wirklich etwas zu machen ist. Hin und wieder scheint die Meinung verbreitet, als ob die Eintheilung der Handschriften in Familien an sich selbst von Wichtigkeit wäre und als ob es an

---

*) Dass Δαυιδ erst durch Correctur in die griechischen Handschriften gerathen sei, scheint sich aus der Stellung hinter ὁ βασιλεύς zu ergeben — übrigens lassen es 23 Zeugen aus. ה ward zu ד durch „Abspringen" der linken Stütze.

sich werthvoll wäre, die einzelnen in gesellschaftlichen Gruppen unterzubringen. Vielmehr ist das nur Mittel zum Zweck und hat nur insofern Werth. Die „Familie" dient hier nur dazu, „den Vater" zu reconstruieren; wird das nicht beabsichtigt — und in den meisten Fällen, wo Dekaden von Handschriften zusammengeworfen werden, ist es kaum möglich —, so ist das Classificieren nur ein gelehrtes Spiel. Sinn hat es dagegen, wenn man eine Gleichung mit vielen unbekannten Grössen in mehere zerlegt und auf diese Weise erst die untergeordneten x y z eliminiert, bis man allmählich zur Bestimmung des letzten und eigentlich gesuchten x schreiten kann. Codd. 19. 82. 93. 108 nun sind so geartet, dass durch sie ein untergeordnetes x bestimmt werden kann, welches dann wieder mit gleichstufigen Grössen combiniert werden muss, um schliesslich zur Bestimmung des Einen hauptsächlichen x zu führen, welches wir suchen, des wahren Textes der Septuaginta.

Druck der Univ.-Buchdruckerei von E. A. Huth in Göttingen.